おもしろ大相撲百科

桜井誠人 著

目次《もくじ》

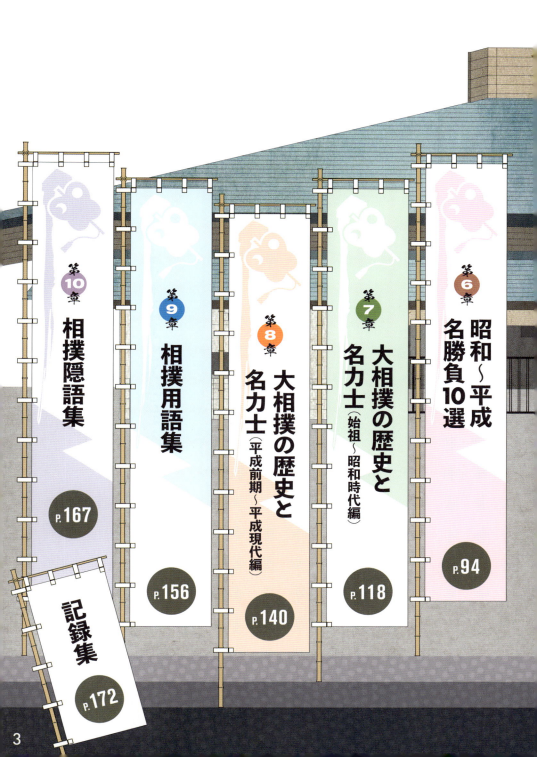

第1章 力士入門から横綱までの道

中学卒業後の入門が増えつつある大相撲界

平成29年1月場所後、稀勢の里が第72代横綱に昇進し、20年ぶりに日本出身横綱が誕生した。稀勢の里に引っ張られるように、同じ田子ノ浦部屋の関脇高安も5月場所後に大関昇進を果たし、大相撲人気はかつての若貴人気を凌ぐものとなっている。

大相撲に入門する力士も、この人気によって入りやすい環境になってきたようだ。稀勢の里や高安のように15歳での入門にならって、この3月場所も中学卒業後すぐに大相撲の門をたたく者が増えたのだ。

自ら入門するか、親方や相撲部屋の関係者やOB、後援者などの情報、あるいは入門希望者は両親や親戚や学校の先生からの勧めがある。進学や就職はいつでも出来るが、体格を生かして厳しい大相撲の世界での修行は簡単には出来ない。周りから勧められるなどで、親方が実際に出向き入門となるようだ。

インターネットの普及が進む現在は、相撲部屋によってはホームページを作成して募集するようになり、それを見て志願者は電話や

毎日の厳しい稽古の積み重ね
で力をつけていくのである

メールで応募してくることもあり、時代にマッチしてきている。志願者は、まず体験入門をして実際の相撲部屋で生活をし、相撲の基礎運動などを体験するなど、大相撲界でやっていけるかどうかを本人はもちろん、親方や周りの判断によって入門を決めているようだ。入門規定としては義務教育を終了している健康な男子であり、中学校を卒業しないと入門は許されない。

相撲部屋の親方は、やる気のある目つきや顔つき、体や筋肉のバランスなどを見て、この子は将来上がっていけそうかを判断する。ただどの子も判断どおりとは限らない。ここはまず入れてみてから、その子をどこまで出世させられるかを考える。体つきなどを見て、長身で腕の長い子や短身でも丸々と太った子など、体型にあった相撲の取り口なども親方の方針によって決まる。体の柔らかい子は鍛えていけば、相手が力を出していてもそれを吸収出来るほどの強さを発揮するようになるようだ。

熱のこもった稽古を見守る師匠

今の大相撲界は、横綱白鵬をはじめとするモンゴル勢など外国人力士がひしめいているが、外国人には部屋に1名の外国人枠があり、外国人は、入門したい部屋ならどこでもというわけにはいかない。

志願する者は、①親権者による承諾書、②戸籍抄本または謄本、③住民票、④中学卒業（見込）証明書、⑤スポーツ履歴、これらを入門したい部屋の師匠（親方）へ提出する。師匠はこれを日本相撲協会に提出し、ようやく新弟子検査へとコマを進められる。

入門にあたり体格検査があり、23歳未満で身長167センチ以上、体重67キロ以上が合格ラインだ。ただし、毎年3月場所前の中学卒業見込みの者については、身長１６５センチ以上、体重67キロ以上とやや緩和されている。また日本相撲協会が定めている大学、社会人などアマチュアでの実績が認められた入門者や格闘技経験者（平成29年1月場所入門より規定が緩和）は25歳未満までが受検可能となる。

アマチュア相撲で実績があり、全日本学生相撲選手権大会（学生横綱）、全日本相撲選手権大会（アマチュア横綱）、全日本実業団相撲選手権大会（実業団横綱）、国民体育大会相撲競技（成年男子A・国体横綱）などビッグタイトルのいずれかを獲得した者は、幕下15枚目格で入門が認められる。

さらに学生横綱に加えて他の3つのうちいずれか1つを獲得した場合、幕下10枚目格で入門が認められる。ただしタイトル獲得日から一年以内に入門しなければ資格は喪失される。

平成27年から、新しく三段目最下位（１００枚目）格付出という入門制度が出来た。これは全日本相撲選手権大会、国民体育大会相撲競技（成年男子A）のいずれかで8強以上に進出した場合に適用される。

平成28年3月場所に石橋（現在の幕内朝乃山）と小柳（現在の幕内豊山）がこの制度を受けて、初の三段目最下位格付出で入門した。

体格検査の次は、日本相撲協会指定医の健康診断、心電図、エコーなどの検査を受診しクリアしたら、初めて協会名簿に登録され晴れて力士となれるのだ。

体重に自信のない者は、体格検査の日にどんぶり飯を何杯も詰め込んだり、一升瓶で何杯も水を飲んで体重を増やしたりする。検査終了後に吐き出しても見ないふりをしてくれたようだ。身長に自信のない者は、昔は頭を殴ってもらいタンコブを作ったりしていた。

元小結舞の海のように、シリコンを頭に注入する手術を受けてまでと涙ぐましいケースもあれば、堂々と背伸びをして受検するなどほほえましい者もいた。

プロ力士が名乗るしこ名

入門したての新弟子でもプロ力

士であり、プロ野球選手でも登録名があるように入門すると力士は必ずしこ名をつける。しこ名とは力士の名前であり、本来は醜名と書き、四股名は当て字といわれている。

由来には諸説あり、自分を卑下する、へりくだる意味が含まれており、同時に憎らしいほど強い者、たくましい者を意味するとの説がある。

醜（しこ）を踏みしめて邪気をはらう↓四股を踏む↓四股名に通じるものと考えられる。

しこ名は入門すると親方やおかみさんが考えてつけてくれるが、最近では自分で考えたり、後援者の方から勧められた名前をしこ名にしたりと様々である。

しかしそれぞれの相撲部屋の慣わしによりパターン化されたものもある。例えば春日野部屋なら栃○○、佐渡ヶ嶽部屋なら琴○○、九重部屋なら千代○○、尾車部屋なら○風などがある。

相撲部屋にある名札　師匠から弟子、裏方まである

また老舗や名門と呼ばれる相撲部屋だと、それぞれゆかりのしこ名が存在する。

例えば高砂部屋だと明治時代から続く朝潮、高見山、小錦や、伊勢ノ海部屋だと柏戸、藤ノ川など、平成29年5月場所で新入幕を果たした時津風部屋の小柳は、部屋の出世名である豊山に改名し将来を嘱望されているのがわかる。

自分の故郷にちなんで富士櫻、土佐ノ海、岩木山とつけたり、本名と読み方は同じでも明歩谷↓明武谷（みょうぶだに）、宇田川↓宇多川（うだがわ）、霜鳥↓霜鳳（しもとり）などと一部を改名してつけたりすることもある。

関取以上で本名をしこ名とする力士はあまりいない。幕下時代までは本名で取り、関取昇進と同時に改名する力士が多い。

しかし輪島、出島は本名のまま横綱や大関へ昇進した。出世があまりに早く改名する間もなかったのと、本名がしこ名として浸透したからだろう。

最近は、平成29年7月場所から新大関となった髙安、あるいは遠藤、石浦、宇良など本名で活躍中の現役関取も増えつつある。

また本名に一字を加えただけのしこ名もあり大内→大内山、安念→安念山、木村→木村山、山本→山本山など、関取以上でも結構いるのだ。

昔は男女ノ川、幡瀬川、若瀬川など、川のつく力士が多かったが、川は流れるというイメージから、白星が流れると連想され、現在は敬遠されがちである。

外国人力士は出身地など当て字にする傾向がみられ、エストニアのバルト海に近い出身から把瑠都（ばると）、アルゼンチン出身から星誕期（ほしたんご）、星安出寿（ほしあんです）などがいる。

また、出身地ではなく本名のシャーランから取って、大砂嵐（おおすなあらし）、本人のガガというニックネームから取って、臥牙丸（ががまる）などユニークなしこ名もある。

また、プロ野球でいう永久欠番のような名乗れないしこ名もあり、これは止め名といわれている。谷風、雷電、常陸山、太刀山、双葉山などの古今の強豪力士や、最近では大鵬、北の湖、貴乃花など現役時代の功績によって一代年寄（千代の富士は辞退したが同等の扱いと思われる）を与えられた力士のしこ名は止め名といえる。年寄名跡（親方）と同じ名を名乗ることもできない。例えば、苗字が中村でしこ名を中村にしたくても、年寄名跡に中村が存在するので、力士としての中村はすぐ改名する必要があるのだ。

晴れて初土俵を踏む

体格検査の済んだ力士志願者は、健康診断、書類審査の合格を経て晴れて初土俵となる。

学生相撲、実業団出身などで実績のあった者は、幕下10枚目格、15枚目格、三段目最下位格付出で入門となるケースもあるが、それ以外は前相撲からのスタートとなる。番付表にはしこ名もなければ、前相撲の取組自体が正式な記録に残らない。

前相撲では3日目（3月場所は2日目）からスタートし、2勝した者から勝ち抜けていくが、3月場所のような入門者の多い場所は、5日目までで2勝した者が一番出世、8日目までで2勝した者が二番出世、以降1勝以下だった者は三番出世となる。昔は立ち合いの仕切りもなくて、いきなり飛びついて取組開始となったが、今はきちんと所作をしたうえで取組となる。

8日目の三段目の取組間に、新序出世披露が行われ、師匠や兄弟子の化粧まわしをつけて、土俵上で出身地としこ名が呼び上げられて観客の前で紹介される。3月場所は入門者が多いので、出世披露の日程や回数も変わる。

現在は休場さえしなければ、1つも勝てなくても翌場所序ノ口に出世することが出来る。

力士の階級

横綱
▲
大関
▲
三役（関脇）
▲
三役（小結）
▲
幕内
▲
十両（ここから関取）
▲
幕下
▲
三段目
▲
序二段
▲
序ノ口

日々、修行…序ノ口から幕下までの道のり

新序出世披露が行われた新弟子は、次の本場所から序ノ口に昇進する。番付表にしこ名が載りようやく力士として認められるのだ。

序ノ口から幕下までは力士養成員といって一人前の扱いはされない。修行の身であるわけだ。そのため決まった月給はない。わずかな場所手当だけが支給される。まげも大銀杏は許されずちょんまげである。ただし、部屋に所属しているので衣食住に困ることはない。

まわしも稽古と本場所の取組同じまわしで、黒色の木綿のまわしを締め、さがりも木綿で綿のひもを使用する。さがりの色は黒、白、緑など自由である。

本場所は15日間連続で開催されるが、幕下以下の力士は7番しか

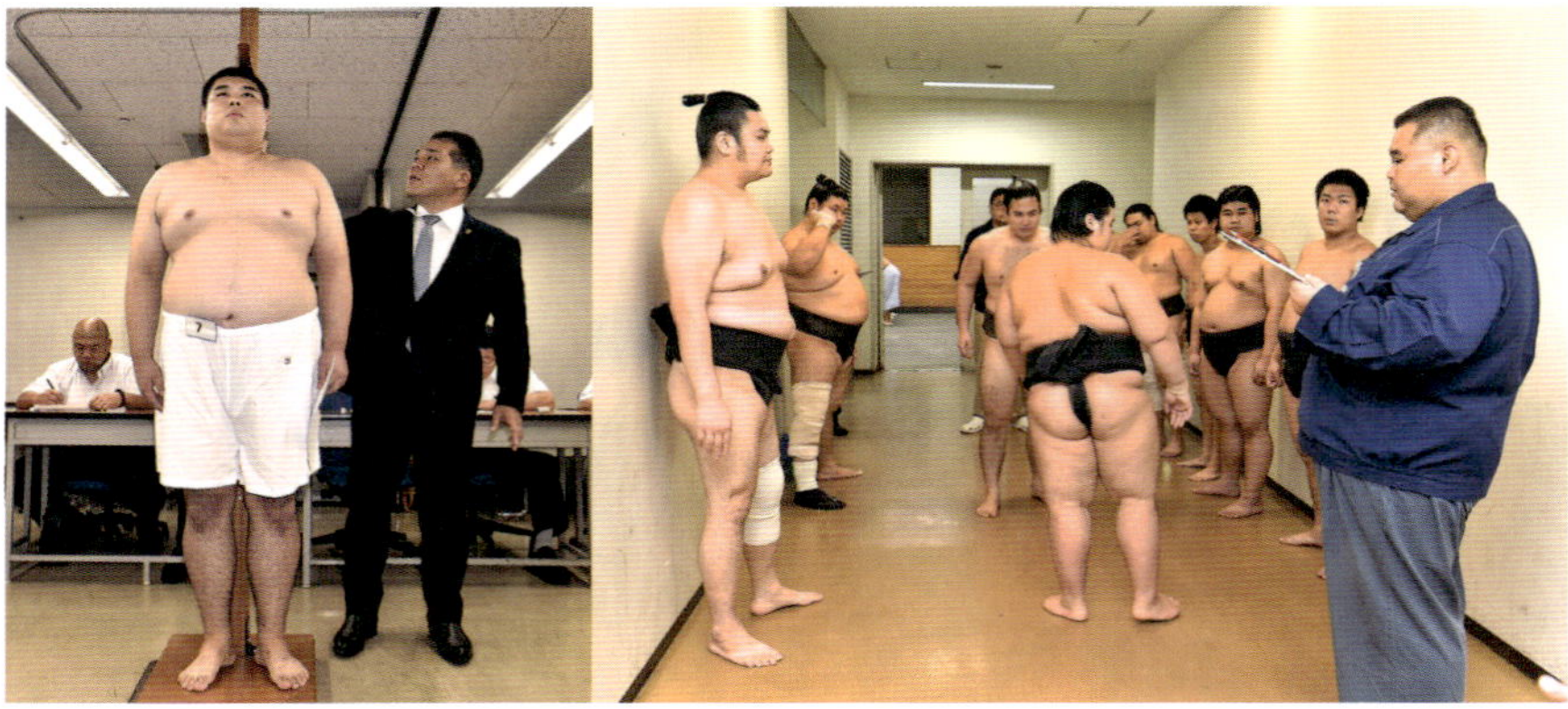

新弟子検査に合格すると前相撲が始まる

新序出世披露に緊張した面持ちで臨む新弟子たち

新弟子の学校、相撲教習所へ６ヶ月通い、成績優秀者は表彰される

取らない。取組が少ないからとはいっても楽なわけではない。

親方や関取の身の回りの世話や雑用のほか、交代でちゃんこ番をするなど働くことはたくさんある。修行の身である以上は当たり前のことなのだ。

新弟子の学校、相撲教習所に通う

初土俵を踏むと新弟子は6ヶ月間、相撲教習所という学校のようなところへ通い、相撲の実技と学科を学ぶ。

両国国技館に併設されているため東京にしか教習所はなく、本場所中などは休講しているため、実質の日数では2~3ヶ月だけ通うこととなる。まずは3月場所後から5月場所の番付発表前までに1期、5月場所後から7月場所の番付発表前までに2期、7月場所後から9月場所の番付発表前までに3期通うと卒業となる。卒業式では皆勤賞や、欠席の少ない精勤賞の表彰もある。

実技の授業内容は、肩幅に足を広げて腰を下ろし、左右の足を交互に上げ下ろす四股、鉄砲柱を前に重心をかけながら左右片手で突く鉄砲、重心を落として、右手と右足、左手と左足を同時に出しながら前進するすり足、両足を180度に開脚し、胸を地面につける股割りなどがある。

ランニング、腕立て伏せ、伸脚なども取り入れている。土俵での転び方は真剣に学ばないと、無差別級の大相撲の世界では大きな怪我につながるので大変重要な稽古である。そして、そんきょ、ちりちょうずといった土俵上における相撲所作など、力士にとって大事なことも習う。

学科（教養講座）の授業内容は、相撲史、社会、運動医学、運動生理学、相撲甚句、書道がある。かつては詩吟も教えていた。

書道は精神修養もかねているが、将来関取になると色紙にサインを頼まれたりする際の練習になるからだ。

幕下、三段目付出初土俵の力士も、この相撲教習所で学ぶが、出世が早くて6ヶ月以内に関取昇進となると受講免除となる。

しかし、幕内力士遠藤と逸ノ城

場所入りする関取と付け人。関取はコートを着用出来るが付け人は着物のみ。ここでも服装で階級がわかる

は師匠の意向で、関取昇進後もきちんと通ったそうで立派である。

相撲は国技と呼ばれる伝統文化であり、力士はみなその伝統文化の継承者だ。

礼にはじまり礼に終わるというように、全力を尽くして戦い、そして終われば相手を思いやり礼をする。正しい所作や挨拶や行儀作法を身に着けるため、新弟子は相撲教習所に通うのだ。

幕下以下の階級別の待遇

幕下以下の力士にも階級（段）によって受ける待遇の違いがある。

月給がないとはいっても場所ごとの手当は支給され、幕下15万円、三段目10万円、序二段8万円、序ノ口7万円が支給されている。幕下以下の居室は大部屋である。

服装にも違いがあり、序ノ口、序二段だと、着物は浴衣かウール製の一重、帯はポリエステルやレーヨン製で、履き物は下駄、足袋は黒。

三段目から着物に羽織が許され、履き物もエナメルの雪駄（せった）が許される。

幕下になるとコートとマフラーが許され、帯は博多帯を使用出来る。

幕下以下は取組の控えに入っても座布団はない。

ただ、一度でもそれぞれの地位に昇進すれば、たとえ陥落してもそれぞれの地位の待遇は受けられる。

少しでも強くなって、序二段ならば早く三段目に上がって雪駄を履きたいとか、三段目なら早く幕下に上がって博多帯を締めたいなど目標が持てる。

関取の仲間入り、十両昇進

晴れて関取（十両以上）に昇進となると、幕下以下の待遇とはまったく違う。一段違えば虫けら同然といわれているが、幕下と十両では生活が一変するのだ。

十両は江戸時代のころまでは地位ではなく、幕下10枚目までの力士が十両の給金を貰っていたところから十両となった。地位としての名称の正しくは十枚目である。相撲協会では十両優勝した力士の表彰式では、今でも地位を十枚目と呼んでいる。ただし、ＮＨＫ大相撲中継や相撲協会ホームページ、場内アナウンスは十両で統一されている。

力士は十両になってようやく一人前の扱いを受けられる。のちの横綱や大関でも、十両昇進が力士生活の中でなによりもうれしかったと語るのもわかる。

月給１０３万６千円が支給されるようになり、場所ごとの力士褒賞金も関取昇進とともに初めて支給される。同時に付け人が付き、今まで関取の世話をしていた身分から、身の回りの世話をしてもらえることになる。まげはちょんまげから大銀杏を結えるようになり、着物は紋付、羽織、袴、白足袋が許される。

居室も幕下以下の大部屋から、個室が与えられ結婚も許される。そして、稽古まわしは黒から関取の象徴である白まわしとなり、取組のまわしは絹のしゅす織となり、さがりはまわしの色と同色を使い、ふのりで固められてピンと張っている。

後援者から化粧まわしも贈られて、土俵入りで締めて観客の前で披露出来る。新十両昇進の知らせは、化粧まわしや取組のまわしを制作する時間がいるため、本場所終了3日後の番付編成会議で発表される。

一人前の関取になったので晴れて故郷に錦を飾れるのだ。送り出した親御さんをはじめ学校関係者、地元でも大歓迎ムードに包まれる。新十両力士は有り難いとか照れくさく思っても、昇進を機にお世話になった方々への挨拶回りなどをして、そしてさらに上を目指そうと再び発奮するのである。

取組の控えでは座布団が許され、土俵上の所作でも力水や力紙が使える。ただし、幕下以下に落ちると雪駄や博多帯やコートは着用出来るが、服装や待遇は幕下以下に戻される。

このように様々な待遇の違いが

あるため、関取に昇進することがなによりもうれしいことなのである。

相撲中継にも登場する幕内昇進

十両で好成績を挙げれば幕内昇進となる。大相撲中継で放映される幕内と呼ばれるこの地位の語源は、将軍の観戦する上覧相撲で、相撲場に幕を張って、その中で控えている地位の力士のことを幕内と呼ぶようになったことからきている。

幕内の月給は130万9千円と上がり、褒賞金の額も増額される。

着物も自分のしこ名の入った染め抜きの着流しが許され、控え座布団も自分のしこ名の入ったものを使用出来る。

幕内でも横綱、大関、三役（関脇、小結）以下は前頭といい、前頭筆頭（1枚目）から前頭16枚目を平幕と呼んでいる。

横綱、大関と総当たりする前頭3枚目あたりまでを幕内上位と呼んでいる。

なんといっても幕内力士となれば、全力士の最高の栄誉である幕内最高優勝のチャンスがあり、優勝すれば天皇賜杯を授与され優勝写真を国技館に掲額される。

また内閣総理大臣杯や国内及び世界各国からの表彰と副賞が贈られる。

十両の取組にはなかったスポンサーからの懸賞金や、殊勲、敢闘、技能の三賞があり、好成績を残せば収入は倍増となる。

また、幕内通算20場所以上、幕内・十両通算30場所以上で年寄（親方）襲名の権利を得られる。

大関への足固め、三役（関脇・小結）昇進

前頭筆頭の上は三役で小結となり、さらにその上の三役は関脇となる。昔は小結、関脇、大関の総称を三役と呼んでいたが、現在は関脇、小結を三役と呼んでいる。

小結には諸説あり、その昔、関脇や大関が少なく、その次の力士が結びの一番を取ったことによる呼び名（小口の結び）、あるいは結び3番のうちの最初の取組を取った者を小結と呼ぶようになったとの説がある。

関脇は三役だが大関昇進の足がかりになる地位で、その昔、最高の成績を上げた者が関を取るといっていたが、大関の次にランクする、その脇にいるということで関脇と呼ばれるようになった。

三役は月給169万3千円となり、小結と関脇では月給の差はない。

平幕で好成績を上げれば、三役から落ちてくる力士次第で翌場所三役に昇進することが可能だ。三役に定着し実績を残さないと大関昇進とはならない。

三役（小結以上）1場所で、年寄（親方）襲名の権利を得られる。

角界の看板、大関昇進

大関は明治時代までは力士の最高位であり、語源は大関取からくる文字通り力士の看板である。大関昇進の条件として、三役の地位で直前3場所の通算成績が33勝を目安とされている。しかし明文化されているわけではなく、条件に満たさなくても昇進した者もいれば、逆に見送られた者もいる。

その時の大関の人数など、時代背景によっても昇進が異なるが、やはり横綱や大関をどれだけ倒したか、相撲の内容によって大関昇進を左右される場合があるといえる。

月給も234万7千円となり、力士褒賞金の額も相当上がる。

場所入りも国技館には自家用車で地下駐車場へ乗り入れ可能となり、飛行機もビジネスクラスからファーストクラス、鉄道もグリーン車使用となる。

看板力士として様々な行事に参加するなど、まさに角界の顔となる。

本場所終了3日後に、翌場所の番付編成会議と理事会を経て大関昇進が決定し、昇進にあたり相撲協会から使者が派遣され、昇進伝達式が行われる。

その地位の特権として、2場所連続で負け越さなければ関脇に落ちない。関脇に陥落しても直後の場所で10勝以上挙げれば1場所で返り咲くことが出来る。

現在は横綱に次ぐ地位の大関だが、大関昇進者は次の横綱を目指さなければならず、勝って当たり前、負ければニュースになるので、決してその地位に甘んじることなく稽古量も倍増して、本場所では常に優勝争いに絡まなくてはならない。

引退後は年寄名跡（親方株）がなくても、力士名のまま3年間年寄（委員待遇）として協会に残ることが出来る。（ただし日本国籍を有する者に限る）

角界の頂点、横綱昇進

横綱は全力士の最高位であり代表である。初代横綱といわれる明石志賀之助から稀勢の里まで、360年あまりの間でわずか72人しか横綱が誕生していない。

昔は大関が最高位であったが、江戸寛政年間の第11代将軍徳川家斉の上覧相撲が行われていたころ、江戸相撲の司家である吉田司家より、谷風梶之助と小野川喜三郎に紙垂（しで）に純白の横綱を授与し、土俵入りを披露したことが事実上の横綱力士の存在となった。

しかし、地位としては大関が最高位で、あくまでも横綱は免許を与えられた者への名誉称号にすぎなかった。

東京深川にある富岡八幡宮にある大関力士碑

地位が明文化されたのは明治23年5月場所の第16代横綱初代西ノ海嘉治郎からである。

次の番付で横綱免許を許された西ノ海が東張出大関で、横綱を許されていない大関小錦八十吉が東正大関だったことから、西ノ海がこれに憤慨したことがきっかけといわれ、西ノ海は初めて番付上に「横綱」と記された力士となる。

現在は大関で連続優勝、もしくはそれに準ずる成績を残すと、審判部長は理事長に場所後翌日の臨時理事会を要請する。

理事長は横綱審議委員会（昭和25年4月発足）に、横綱昇進問題の諮問をし、横綱審議委員会の出席者の3分の2以上の賛成で、横綱推薦の答申をして横綱昇進となる。

成績とともに力士の模範となるため、品格、力量が抜群でないと見送られる。

本場所終了3日後の番付編成会議と理事会で正式決定し、ただちに相撲協会から使者が派遣され、横綱昇進伝達式が行われる。

昇進後、明治神宮において新横綱の授与式が執り行われ、雲龍型、もしくは不知火型の横綱が与えられ、新横綱は奉納土俵入りを披露する。

本場所での土俵入りは、幕内力士の土俵入りとは別に、横綱土俵入りとして毎日披露される。

月給も282万円となり、力士褒賞金も増額され、角界の看板であるとともに全力士の模範であるから、様々な面での責任は重い。

東京両国にある野見宿禰神社にある歴代横綱の碑

優勝争いを常に引っ張っていき、結果毎場所優勝を目指して、今まで以上の稽古に精進しなくてはならない。

どんなに不成績や休場を重ねても地位は下がらないが、成績が悪ければ横綱の地位を汚すことになる。横綱が敗れて波乱が起これば その時は盛り上がるが、連日このようなことでは場所を締める横綱の権威がなくなる。常に万全の体調で場所に臨まなければならない。出場することが義務とか美学ではなく、万全でなければ出ないで休場する勇気も横綱としての責任なのだ。とにかく全力士の代表として土俵に上がるうえで責任はつきまとう。

よって責任を全う出来ない場合は引退しか道は残されていない厳しい地位なのだ。

引退後は年寄名跡がなくても、力士名のまま5年間年寄（委員待遇）として協会に残ることが出来る。（ただし日本国籍を有する者に限る）

稽古土俵に上がらなくても四股を踏んで鍛えることが大事だ

第2章 力士の生活や収入は？

力士の1日ってどんな生活？

新弟子、序ノ口、序二段力士は朝5時くらいに起床して、まわしを締めて稽古の準備に取りかかり稽古場におりる。

まずはストレッチなど準備運動から開始して、四股を踏んだり、鉄砲を突いたりして体をほぐしていく。どんなに寒い日でもだんだん体から湯気が立つほど熱くなり、汗が出てくるのだ。

部屋にもよるが、コーチ役として元力士だったマネージャーや、部屋付きの親方も稽古場に来て、力士へ直接指導をする。師匠以外に親方のいない部屋は、ベテラン力士が率先して指導するが、結局は師匠一

番数が増え攻防の多い相撲に
周囲の力士も引き込まれる

人で監督しなくてはならない。

続いて6時半くらいになり三段目、幕下と番付順で稽古を開始する。このころには師匠も上がり座敷の中央にどっかと腰を下ろし、黙っていてもピーンと緊張感が漂うのだ。

7時半から8時くらいになると関取が登場し、準備運動で体をほぐしてから土俵に上がる。

このころになると下位の力士で

稽古が進むにつれ体から自然と湯気が立つ

ちゃんこ番の力士は稽古を終えて、ちゃんこの支度にとりかかる。

部屋にもよるが、だいたい9時から10時くらいで全員稽古を終了し、関取から順に風呂に入っていく。

力士は朝食はとらず、朝稽古後の昼と夜の2食だ。これは激しい稽古で消化不良を起こしてしてしまうからだ。ちゃんこもまずは師匠、部屋付きの親方、関取衆から順に食べる。

朝早くから起きている新弟子、序ノ口力士は給仕してからで、幕下以下の力士も番付順となるためなかなか食事にありつけない。座ることも出来ずこれも修行のうちなのだ。

その後、力士は昼寝をする。午後4時くらいまで昼寝をして、あとは自由時間となる。自分の趣味に時

若い力士に胸を出すのも関取の仕事だ

左から、すり足をする力士。鉄砲をする力士。股割りは柔軟性を鍛える大事な稽古

間を費やしたり、故障してる箇所の治療のため通院したり、トレーナーに体のケアを依頼したり、また稽古土俵におりてトレーニングをするなど努力を怠らない者もいる。

そして午後6時くらいに夕食となり、その後自由時間。部屋にもよるが、だいたい午後10時が門限で就寝する。

稽古のやり方、種類は？

相撲の稽古のうち、四股、鉄砲、すり足は基本中の基本の稽古方法である。四股は肩幅に足を開き、腰を下ろしてから軸足のひざを曲げずに右足から順に高く上げて地面を踏み、替わって左足を高く上げて地面を踏む。

鉄砲は柱の中心に向かって脇を締めながら突く。突く手とともに同じ足もすり足で出す。

すり足は腰を下ろしながら、右手右足、左手左足を同時に出しながら、足は地面から離さずに前進していく。最近はビニール製のウォーターバッグという横長のビーチボールのようなものに水を入れて重さを加え、それを両手で抱えながらすり足の稽古をしているようだ。

これらは相撲独特の1人で行う稽古で、毎日きちんと行うことが新弟子など若手力士にとって必要不可欠である。実際の土俵に上がっ

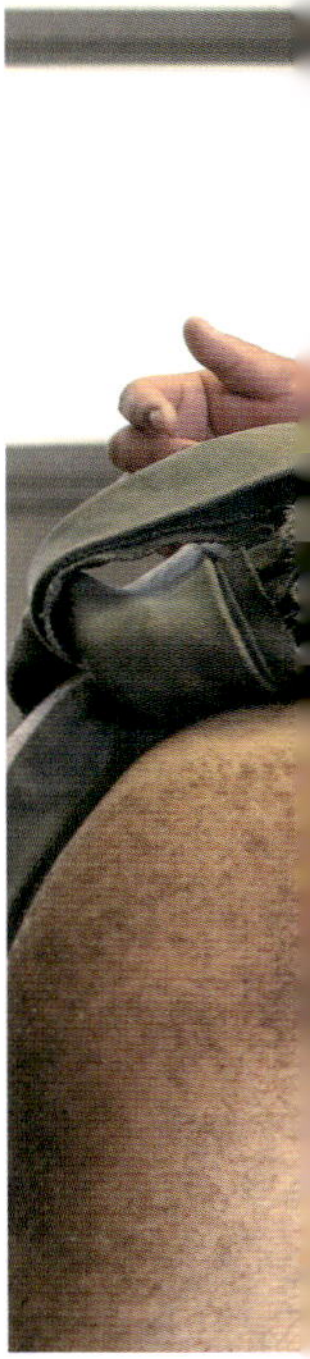

砂にまみれて何番も稽古は続く

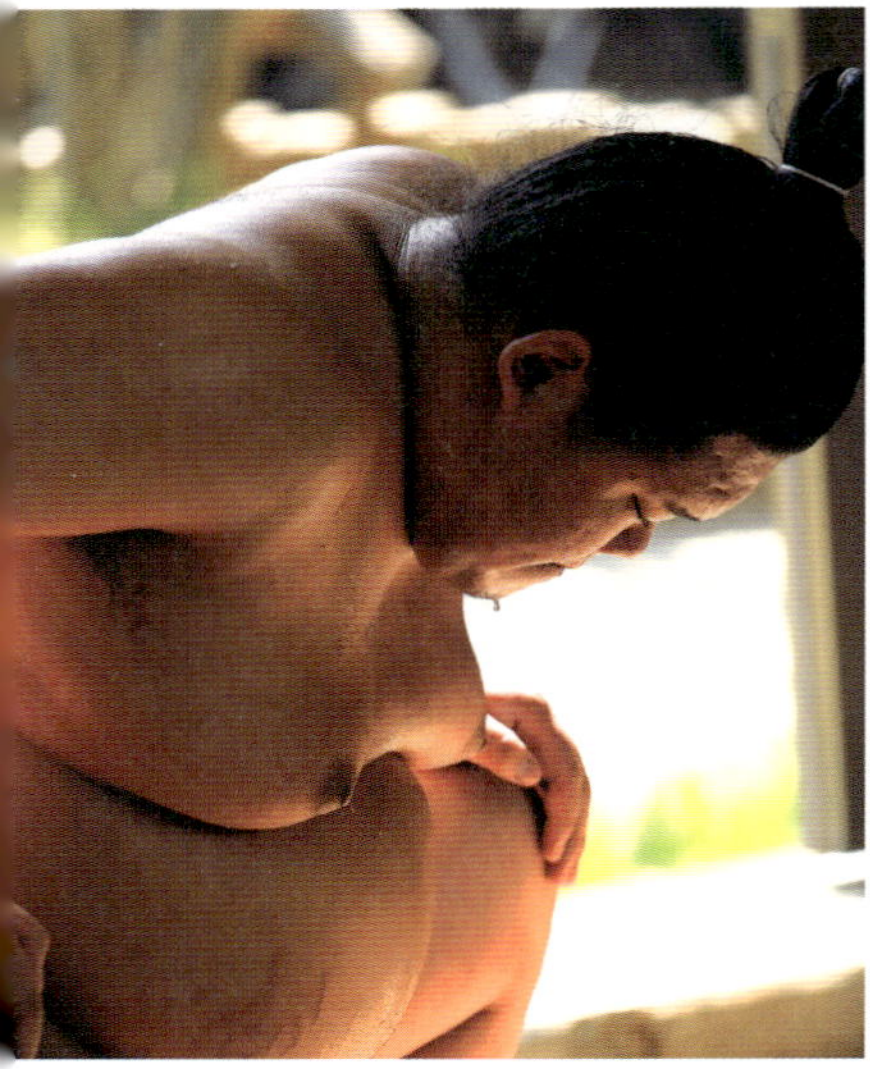

真剣な眼差しで弟子の稽古を見守る師匠

て取組むよりも実力をつける基礎になるのだ。

　四股、鉄砲、すり足の基本稽古をまずは1時間から2時間やって、びっしょり汗をかいて同じ動作を繰り返しすることが日ごろの鍛錬につながる。

　四股は相撲に限らず、最近は野球や陸上など、他のスポーツでも練習に取り入れられるほど重要視されている稽古である。四股を踏むときは、太ももの裏を意識し、お尻に力を入れることで体幹が強くなる。軸足の足の指にも力を入れればそこも鍛えられる。上げた足をやや後ろに反らせばバランスが良くなる。自分がきついと思うまでゆっくり踏んで、ただ回数多く漫然と踏むのではなく、1回1回がきつくて常に鍛える意識を持ちながら踏むという。

体の硬い力士ほど基本稽古をたくさんして汗をかくと、その後の実戦の稽古でも体がよくほぐれているので動きも良くなる。そして怪我にも強い体が出来てくるのである。

1人で出来る3つの基本稽古に加えて、股割りも大事な稽古である。地面に左右の足を180度広げて、胸を地面につけて柔軟性を鍛える。柔軟運動を毎日欠かさず積み重ねることが重要で、太ももの靭帯（じんたい）を切ったりするようなこともなく、無理せず毎日徐々に練習すれば体が慣れてきて股割りが出来るようになる。

四股は稽古の基礎。基本中の基本だ

これに腕立て伏せや、サンドバッグを横にしたような重さ15キロもある器具を使って上腕や胸を鍛えるようなトレーニングをしたり、部屋によってはスポーツジムのように本格的なトレーニングマシーンを取り入れたりしている。かってはランニングで1時間くらい走らせたり、うさぎ跳びをしたりという稽古もしていたが、最近は力士の大型化によってひざを痛める原因となるよ

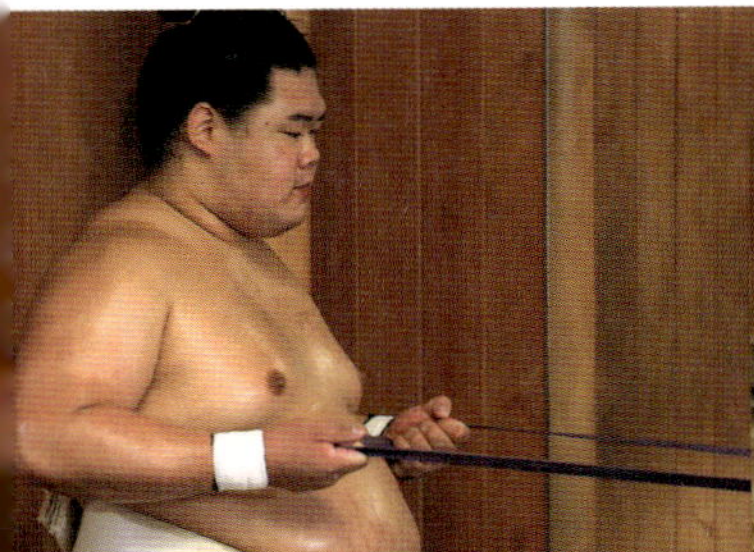

左：ゴムチューブやウォーターバッグで体を鍛える
右：どんな展開になっても稽古を積んでおけば反応が身につく

うで、特にうさぎ跳びをさせる部屋はないようである。

取組をする実戦の稽古には、実力が同等同士が何番も取り組む三番稽古や、勝ち抜いてる間は何番も取る申し合い、押し手と受け手に分かれてやるぶつかり稽古がある。

稽古熱心な力士は、1時間以上、あるいは70番から80番も取るほど土俵に立ち続けて稽古を行う。たかが1時間に思えるが、稽古内容が濃密だと相当な鍛えられ方になる。そして稽古の終了間際には、伸脚、ストレッチなど柔軟運動や股割りをして終わらせる部屋も多い。

第45代横綱初代若乃花、関脇富士櫻、第61代横綱北勝海らが昔は稽古熱心の代表で、稽古土俵を占拠していたといわれている。

今日のちゃんこは何だろう?

ちゃんこって鍋ではないの?

ちゃんこ自体を鍋と連想しがちだが、大相撲の世界では力士の食事(料理)をちゃんこという。ちゃんこの語源は諸説ある。お父さんや親方を「ちゃん」と呼ぶところに、東北地方の方言で語尾に「こ」をつけてちゃんことなった説や、お父さんや親方の「ちゃん」に対して、子供や弟子が「こ」であるからちゃんこという説があるようだが実際ははっきりしていない。

ちゃんこ番の力士はその部屋の料理番ということになる。ちゃんこ鍋は大相撲の世界でも、部屋それぞれの味や伝統がある鍋料理をいう。

ちゃんこ番は幕下以下の力士が順番にあたるが、特に古参力士がちゃんこ長(シェフ)として仕切り、その日のメニューなどを決める。ちゃんこ番になった力士はその日の稽古は早く切り上げられる。

稽古嫌いな力士はちゃんこ番を喜ぶらしいが、将来有望で稽古熱心な力士は、師匠の命令でちゃんこ

稽古のあとはみんなでちゃんこ鍋を囲んで舌つづみ

番を免除されることもあるようだ。

出世が早くてあっという間に関取になった力士は、ちゃんこ番の経験がない者もいる。

力士は朝稽古を終えてから風呂に入り食事は11時すぎあたりからで、昼はちゃんこ鍋にする部屋がほとんどである。夜でもちゃんこ鍋にする部屋もあるが、例えばカレーライスにするなど普通の家庭と変わらない食事となっている。

ちゃんこ鍋は部屋によって様々だが、だいたい魚系のちり鍋、寄せ鍋、水炊き、鶏のソップ炊きがある。

肉の中でも鶏は2本脚で立つので、四つんばいにはならず手を付かないことから、力士は縁起をかついで肉の中でも鶏肉を多く食べるようだが、最近は牛肉や豚肉もふん

今日もおいしいちゃんこ。
ごっつあんです！

だんに使って食べている。

またスープは部屋によってまったく違っていて、しょうゆ仕立て、味噌仕立て、塩仕立てなどがある。日ごとに具材も変えるなどちゃんこ長の努力で、部屋の親方や力士たちはおいしいちゃんこにありつけるのだ。野菜、豆腐、肉や魚も豪快にざくざく切って、大きな鍋に大量に仕上げるのがお相撲さんならではのちゃんこ鍋だ。

朝稽古のあと、大勢の力士にそれぞれ食事を出していたら時間が足りないので、ちゃんこ鍋は大変合理的である。煮込んであるため消化も良く、体も温まり代謝も良い。肉や魚より野菜が多くて実はヘルシーな料理だ。

その他、ちゃんこ鍋以外にも、刺身や焼き魚、焼肉やサラダも出る。栄養のバランスには問題ない。そして力士の親御さんや後援者の方々からの差し入れなどで米や食材をまかなえるそうで、相撲部屋は意外にも食費がかからないという。

食べて寝るのも稽古のうち

力士はそもそも入門したころから体は大きい。しかし強くなるためにはもっと太ってさらに体を大きくしたい。

柔道やレスリングのような体重別はなく、無差別級だから体格に関係なく、自分よりも何十キロも大きな力士とも対戦しなくてはならない。

まともにぶつかり合うのだから、いくら業師でも体重が軽くてはいとも簡単に吹き飛ばされてしまう。

体を大きくするにはまずは食べることだ。空腹で激しい稽古の後、ちゃんこ鍋をつつきながらどんぶり飯を何杯も食べる。

育ち盛りの若手力士は食べることも稽古のうちなので、一度に10杯も平らげた者もいるし、部屋によってはどんぶり飯5杯は食べないと外出禁止にするなど、体を大きくして強くなるために大変な努力をしているのだ。

昼食だけでも一般人の2日分はカロリーを摂取するという。夕食は、稽古後の昼食よりは栄養の吸収もよくないので軽めであるが、それでも一般人に比べてはるかに量は多い。

しかし最近の若い力士はあまり食べない傾向で、むしろ食べることが苦手の子もいるようだ。それでも新弟子のころは兄弟子からどんどん勧められて無理やり食べさせられるようだ。その量は一般人に比べて半端ない。

そして、昼食後は必ず昼寝をする。稽古を十分にして、ちゃんこをたくさん食べて昼寝をすることにより栄養がよく吸収される。やはり昼寝も仕事、稽古のうちなのである。体を作るうえでも大事なことだ。

稽古とファンとの交流の場である巡業

巡業とは地方興行のことで、本場所の合間に行われている。

現在は3月場所後の4月より近畿、東海、関東をまわる春巡業、7月場所後の7月後半から8月にかけて東北、北海道、信越をまわる夏巡業、9月場所後の10月より東海、北陸、関西、中国、四国をまわる秋巡業、11月場所後の12月に九州、沖縄へまわる冬巡業がある。

相撲道の普及と地域の活性化、青少年の育成を目的としており、力士にとっては稽古中心で各地をまわっている。巡業を制する者は本場所でも結果を残せるといわれるくらい巡業の稽古は重要なのである。昔は一門ごとや横綱ごとに班が分けられて巡業していたが、現在は参加する者は全員帯同している。巡業は勧進元が巡業の興行権を相

巡業の光景・ちびっこ力士を相手にする旭天鵬

巡業の光景・相撲甚句

巡業の光景・横綱の綱締め実演

巡業の光景・初っ切り

巡業の光景・やぐら太鼓打ち分け

撲協会に支払い、興行権を譲り受ける形で行われている。

巡業の土俵では、部屋の稽古と同様に番付の下の者から順に稽古が始まる。

三番稽古と申し合いが中心に行われるが、飛びつき5人抜き、初っ切り、相撲甚句、やぐら太鼓の打ち分け、髪結い実演、横綱の綱締め実演、お好みの取組なども勧進元の提供による。

幕内、十両など関取の他、幕下以下でもトーナメント形式での取組もあり、幕下以下の力士でも優勝すると副賞がもらえる。

ファンとの交流を大切にするため、相撲協会はさまざまな企画を用意して、力士との写真撮影や握手会やトークショーを行い、また地域の子供たちに関取衆が胸を出し、その地域の活性化にも貢献している。

大所帯での移動の中でも、空き地に円を描き即席の土俵を作る。これは山げいこと呼ばれて、実際の土俵のように稽古ができ、関取衆もこうして稽古に励んでいる。

巡業では日本各地をまわるため、力士はその土地ならではの楽しみも多い。各地の名物料理や名産品を堪能できるからだ。昔は炊事道具をすべて持参して屋外でちゃんこを用意して青空ちゃんこという時代もあったり、その土地の方々に振る舞ったりしていたが、現在はプロパンで火を使うことが難しくなったため、巡業での力士の食事は弁当が支給されたり、あるいはバイキング形式で食事をするなど、それぞれ巡業の勧進元によるのである。

付け人の役割は?

付け人は幕下以下の力士が、十両以上の関取や親方に付き、身の回りの世話をする。

各相撲部屋によって人数の違いはあるが、十両で2人、幕内で2人から5人、横綱となれば10人は付く。横綱となると雑用が多いほか、横綱の綱締めは人数を要するためだ。

付け人は本場所中はもちろん、地方巡業も同行するので、ずっと付き添って世話をしなければならない。

取組前の関取の稽古相手や花道での関取の世話。横綱ともなると観客や報道陣から横綱を守って遠ざけたりするのも付け人の役目。

移動の際の荷物を運んだり、まわしを締めるのを手伝ったり、入浴の世話、関取の部屋の掃除、買い物。地方場所や巡業へ移動する準備でも、関取の着物、紋付、袴の仕度なども付け人が怠らず気を遣うのだ。ただ自分で出来ることは関取でも親方でもする人はするし、割り切ってなんでも用事を付け人にいう関取や親方もいるようだ。

　部屋が小部屋で関取誕生だが付け人が足りない、あるいは大部屋でも関取が多くて付け人が足りない場合は、同一門の他の部屋の力士を借りてくることがある。

　相撲界ははっきりとした縦社会で、実力の世界である以上は仕方のないところだが、自分より10歳以上も年下の力士の付け人になることも珍しくない。

　また、非情ともいえる付け人の組み合わせもある。それまで関取だった力士が幕下に落ち、自分に付いていた力士が十両に昇進すると、立場が逆転してその力士の付け人になってしまうこともあり、命令していたのに命令される側になることもある。しかしこれを機に奮起して欲しいためである。親方もそれを狙ってのことだ。

稽古場で関取の汗を拭うのも付け人の役目だ

お相撲さんの給料ってどれくらい？

　力士の月給制導入は昭和32年5月場所からで、それまで場所ごとの総収入から歩合制で力士に支払われていたため、観客が少ないと力士のふところ事情にも影響していた。

　月給は十両以上から支給される。それぞれの地位のところでも紹介したが、

横綱……282万0千円
大関……234万7千円
関脇……169万3千円
小結……169万3千円
前頭……130万9千円
十両……103万6千円

となっている。前頭と十両は何枚目であっても給料の額は同じである。

その他、十両以上は毎年9月と12月に、給与1ヶ月分ずつの賞与が支給されている。

三役以上は本場所特別手当があり、横綱は20万円、大関は15万円、三役は5万円を支給されるが、11日以上出場なら全額、6日~10日目までは3分の2、5日目以下は3分の1が支給され、全休は支給されない。

十両以上の力士には、地方場所3月、7月、11月の年3回、場所ごとに次の宿泊費、日当が35日分支給される。

横綱　宿泊費……8000円
　　　日当……3000円
大関　宿泊費……7500円
　　　日当……2000円
三役　宿泊費……6500円
　　　日当……1600円
前頭　宿泊費……5700円
　　　日当……1400円
十両　宿泊費……5300円
　　　日当……1200円

さらに関取には、力士補助金という髪結いの補助金が東京1月、5月、9月場所の年3回、横綱から十両まで一律2万5千円が支給されている。

このように関取には月給以外に様々な手当が支給されている。幕下以下の力士は力士養成員といい、衣食住に困らないが月給はない。

しかしこれらの力士にも場所ごとに力士奨励金という手当があり、年6回の本場所ごとに支給される。

幕下……15万円
三段目……10万円
序二段……8万円
序ノ口……7万円

また幕下以下には本場所の成績により奨励金といって勝ち星によって加算される額が支給される。勝ち星1つにつき、

幕下　…………　２５００円
三段目　…………　２０００円
序二段　…………　１５００円
序ノ口　…………　１５００円

さらに勝ち越し金1点（勝ち星から負け星を引いたもの）につき、次の額が支給される。

幕下　…………　６０００円
三段目　…………　４５００円
序二段　…………　３５００円
序ノ口　…………　３５００円

関取のボーナス、力士褒賞金って？

関取には月給の他に年6場所ごとに支払われる褒賞金というものがある。

これは関取にとってボーナスのようなものであり、それぞれの関取の持ち給金に４０００倍した金額が支給される。

まず序ノ口に上がると3円の給金がつく。次は場所で勝ち越すと、勝ち越し1点につき50銭が加算され、負け越しても減ることはない。

十両以上は8勝で勝ち越すため、給金直しというのはここからきていて、持ち給金がアップするからうれしいことなのだ。

また、十両に昇進すると40円、幕内60円、大関１００円、横綱１５０円と、その地位の最低基準額があり、その地位に昇進したのにそれより下回っている持ち給金は、その額まで引き上げられる。

その他、幕内力士となれば、優勝30円、全勝優勝50円、平幕力士が横綱を倒すと金星10円が加算される。

一例をあげると、横綱白鵬の場合（平成29年11月場所終了時）は次の表の通りとなる（表１）。

横綱の月給よりも、２・５倍以上の褒賞金を本場所ごとにもらえるのだからすごいことだ。勝ち越しや優勝をし続ければどんどん場所ごとに加算していくのだ。

優勝40回（うち全勝優勝13回）の横綱白鵬は、褒賞金の面でも断然トップで大相撲界に君臨し続けている。

しかしこの褒賞金は十両以上の関取に限られている。何百円獲得していても、幕下に下がると十両に復帰しない限り支給されない。

優勝賞金・三賞の金額ってどれくらい?

本場所では各段で成績優秀によって獲得できる賞金がある。

幕内最高優勝 … 1000万円
十両優勝 ………… 200万円
幕下優勝 ……………… 50万円
三段目優勝 …………… 30万円
序二段優勝 …………… 20万円
序ノ口優勝 …………… 10万円
三賞　殊勲賞 …… 200万円
　　　敢闘賞 …… 200万円
　　　技能賞 …… 200万円

三賞は幕内力士で関脇以下の地位で勝ち越した力士に権利があり、現在では、優勝力士、横綱、大関に

表1　横綱白鵬の場合（平成29年11月場所終了時）

序ノ口出世時	3円
幕下以下での勝ち越し点数	18円
十両昇進時加算金	19円（19+21=40円）
十両での勝ち越し点数	6円
幕内昇進時加算金	14円（14+46=60円）
平幕での金星	10円（10円×1個）
前頭〜関脇での勝ち越し点数	32.5円
大関昇進時加算金	0円（大関昇進時で既に100円超えの為） 102.5円→102.5円
大関での勝ち越し点数	28円
大関での幕内優勝	60円（30円×2回）
大関での全勝優勝	50円（50円×1回）
横綱昇進時加算金	0円（横綱昇進時で既に150円超えの為） 240.5円→240.5円
横綱での勝ち越し点数	339円
横綱での幕内優勝	750円（30円×25回）
横綱での全勝優勝	600円（50円×12回）
合計	1,929.5円
合計×4,000	7,718,000円

平成29年3月場所、けがを押して見事新横綱優勝を成し遂げた稀勢の里

平成29年9月場所、三賞受賞力士。左から殊勲賞・貴景勝、阿武咲　敢闘賞・朝乃山　技能賞・嘉風

懸賞金を受け取る阿武咲

勝った者に与えられるのが殊勲賞で、敢闘精神あふれる目ざましい活躍をした者が敢闘賞、最も優れた技能を発揮した者に与えられるのが技能賞となっている。

人気のバロメーター、懸賞金とその歴史

幕内力士となると好取組によってはスポンサーから懸賞金がかかる。勝ち力士に土俵上で与えられる賞金のことだ。

懸賞がかかった取組には、呼出が懸賞の垂れ幕を持って土俵上を一周し、場内アナウンスをする行司がスポンサー名を放送するのだ。勝ち力士は行司から勝ち名乗りを受けて、のし袋に入った懸賞金を受け取る。

現在、1本の懸賞をつけるのに企業は6万2000円を支払う。ここから放送、取組表印刷代等手数料として5300円を引かれ、納税対策用として2万6700円が懸賞金を獲得した力士個々の名義で積み立てられる。納税後の残金は引退後に返金される。土俵上で実際にもらえる袋の中身は1本3万円である。

懸賞金の歴史は、江戸時代から明治時代にかけては観客が好取組に対して、取組後に自分の羽織を土俵に投げ入れ、呼出などが持ち主に届けて代わりに祝儀を受け取り、勝ち力士に渡されたのが始まりとのこと。これは懸賞というよりご祝儀の類かもしれないが、大正時代には勝ち力士の汗にまみれた背中に、観客が百円札を貼り付けたなどということもあった。昭和に入ってからは米や味噌などの食料品の懸賞があり、今の形式になったのは昭和35年からである。

これまでの最高懸賞本数は、平成27年1月場所千秋楽の白鵬(横綱)対鶴竜(横綱)戦、平成27年9月場所千秋楽の鶴竜(横綱)対照ノ富士(大関)戦、平成28年5月場所14日目の稀勢の里(大関)対鶴竜(横綱)戦、平成29年1月場所千秋楽の白鵬(横綱)対稀勢の里(大関)の61本。中身はなんと183万円だ。

年間の個人最多懸賞獲得本数は、平成22年の白鵬が獲得した2111本で、当時63連勝するなど圧倒的な強さを誇った白鵬が年間86勝を挙げた年だ。

第3章

本場所の土俵と本場所の力士

土俵の歴史と作り方

相撲が神事として行われるようになったころ、実際に土俵というものはなかった。鎌倉時代になってから見物人が直径7〜9メートルの輪を作った。この見物人の輪を人方屋（ひとかたや）といい、この中で力士は相撲を取り、技をかけて倒したり人垣に相手を出したりすることで勝負をつけていた。これが土俵の始まりといわれている。

江戸時代前期の寛永年間より、寺社の建立や修繕などの資金集めが目的で勧進相撲が始まったが、お目当ての力士が登場すると、そのひいきが手を出して勝負を妨害して観客同士の喧嘩が絶えなかった。そんなこともあり幕府はたびたび相撲興行の禁止令を出していた。寛文年間になり、四本柱の下に紐を引き、そこを俵で囲い四角土俵を作った。

延宝年間に入ってから東屋造の屋根がついて、屋根の下の四神（青龍、朱雀、白虎、玄武）をあらわす四本柱の四方に四色（青、赤、白、黒）の布を巻き、13尺（3・94メートル）の丸い土俵となった。

さらに享保年間に入り俵を半分地中に埋め一重の土俵が出来、これに外円をつけて二重土俵（蛇の

江戸勧進大相撲における一戦。行司の装束は現在とは違い裃（かみしも）と袴（はかま）である

目土俵）となった。内円16俵、外円20俵である。

明治に入ると屋根が切妻造、明治末期には入母屋造となっていき、昭和3年1月、NHKラジオの実況

旧両国国技館の館内。左奥には貴賓席が見える

中継開始にともない仕切りの制限時間を設けた。

現在よりもまだ長く、幕内10分、十両7分、幕下5分とし、仕切り線を設定することになる。仕切り線のなかったころは、俵に足をかけ遠くで仕切る力士や、土俵中央で頭と頭をくっつけ合って仕切る力士がいたほどだ。昔の写真で見たことがあるが、奇妙な光景の土俵上だった。

昭和5年5月場所それまで四本柱を背に座っていた勝負検査役（現在の審判委員）が土俵下に座り、従来の4名から協会取締（現在の理事）が検査長（現在の審判長）として加わり、現在の5名となった。これは観客の視界の妨げになることと、力士のけがの原因になることが理由だった。

右：土俵作りは呼出の腕の見せどころだ
左：本場所初日の前日に行われる土俵祭。土俵中央に鎮め物が納められる

昭和6年に宮城（現在の皇居の当時の通称）内での天覧相撲を機に、土俵の直径13尺（3・94メートル）を15尺（4・55メートル）に改め、二重土俵から一重土俵となった。

内円13尺の土俵を取り、外円15尺の土俵を採用することで土俵が広くなった。そのため突き押し相撲を得意とする当時の力士はやや不利だったそうだ。

それまで二重土俵の俵の間に撒かれていた蛇の目の砂は、内円13尺の土俵を取ったことにより、このときより俵の外側に撒かれるようになった。

蛇の目の砂は土俵際のきわどい勝負の時、どちらかの力士の足あとが砂についたかどうか、判るようにするためだ。力士は土俵に入るときや塩を取りに方屋へ戻る時も、必ず蛇の目の砂をまたいで足あとをつけないことになっている。また、呼出はいつもほうきで掃いて、きれいに掃き目をつけている。

昭和6年5月場所より土俵の屋根は神明造となった。

昭和20年11月場所に1場所だけ直径16尺（4・84メートル）となった。終戦直後は、GHQの許可を仰がないと本場所の開催も出来なかった。

そのGHQの要請で「相撲の勝負が速いのは土俵が狭いからだ。相撲を面白くするために土俵を大きくするように」ということだったが、力士からの猛反対で1場所限りで元の15尺に戻された。

現在は20俵の俵を使って土俵を作るが、うち4俵は徳俵といい、東西南北の真ん中に各1俵ずつ他の俵よりやや外側に飛び出している。

これは野天相撲が開催されていたころ、雨水などをこの俵を取って掃き出していたのだ。現在はこの部分が飛び出しているので、土俵際に詰まっても、他の俵なら踏み切って負けになるが、この俵なら残ることが出来るので徳俵という名前がついた。

土俵中央の仕切り線は、縦6センチ、横90センチの白線で引かれ、東西70センチの間隔がある。力士は仕切る時、この白線より前に仕切ってはいけない。

土俵の土は昔から荒川沿いの荒木田（東京都荒川区荒木田原・現在の町屋）の土が良いとされており、東京から埼玉荒川沿岸の粘着力の素晴らしい土を使用していた。

その後土地の開発などにより荒木田の土が取れなくなり、同質の土として利根川南岸の千葉県我孫子市付近の土を使用している。土俵全部を作ると10トントラック4台分を要するが、一度作ると土俵の中心部分はそのままで、表面だけを取り替えている。表面だけだと10トントラック1台分である。

土の質が硬すぎると滑りやすく、柔らかすぎると足の指がめりこんで危険なので、なんでもよいわけではない。

相撲部屋や学校、最近は自治体によって体育館やスポーツセンターにも円形の土俵がある。本場所など公開用の土俵は1辺6・7メートルの正方形に、高さが40〜60セン

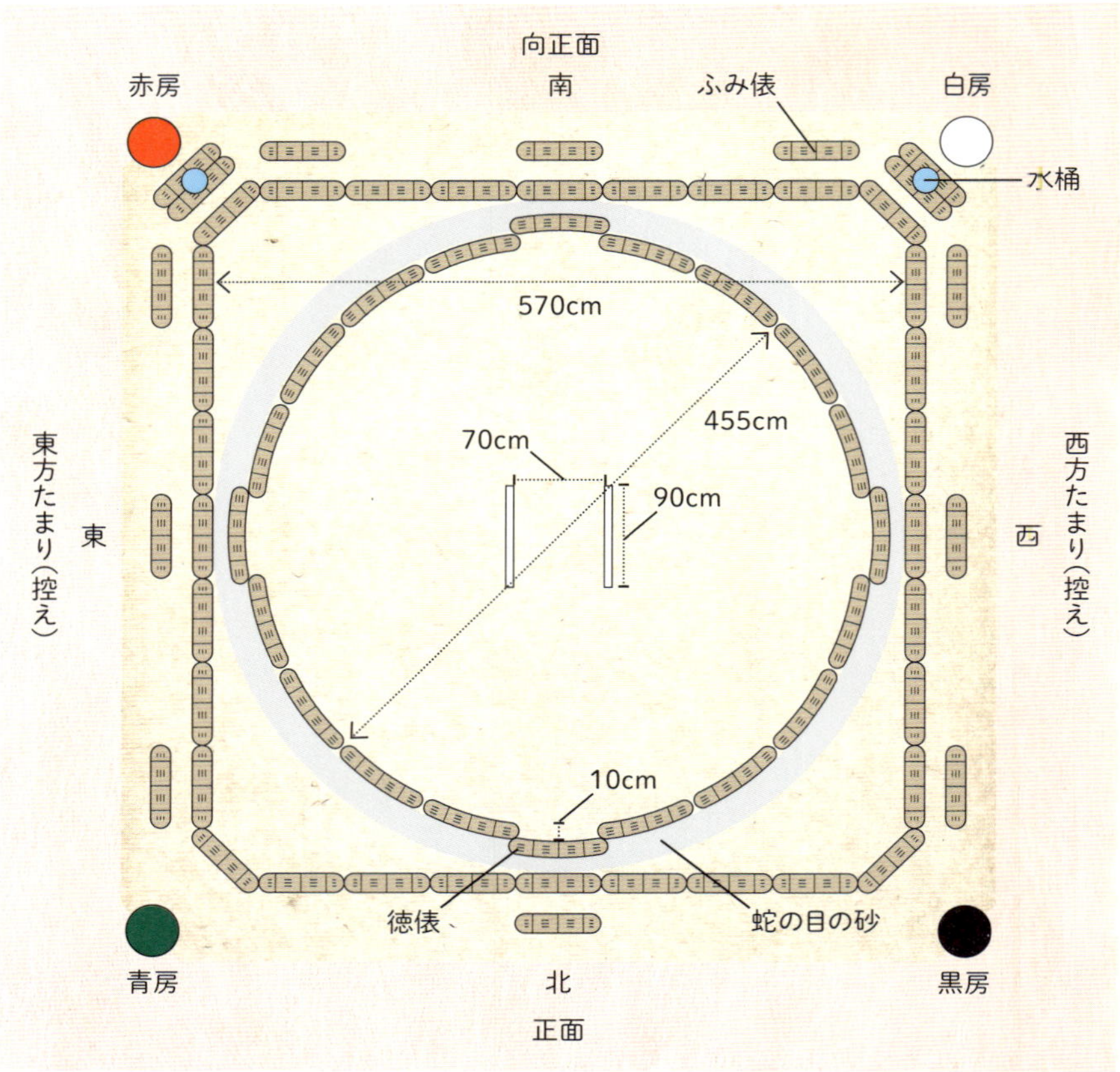

チの土を盛り、タコ、タタキ、トンボなどという土俵作り独特の器具でつき固めたりして成型していき、その中心に直径4・55メートルの土俵を作る。勝負俵は20俵使い、うち4俵は徳俵として使用する。各俵は六分を土中に埋め、四分は地上に出す。この時、ツキ棒という俵を埋める時に使う器具も登場する。

各1辺が7俵ずつと各角に1俵ずつ、土俵を上がる時の踏み俵が正面（北）1俵、東西と向正面（南）に3俵ずつ、東西の水桶を置く俵が2俵ずつで、合計66俵が使われる。

土俵も俵も呼出による手作業で、かつては土俵の呼び上げよりも、土俵作りには欠かせない名人級の呼出もいた。俵も編んだ藁に土と砂利を入れて包み、縄で縛ってビールの空き瓶で叩いて形を整える。これも呼出の仕事だ。こうした裏方の努力によって神聖な土俵が作られている。

土俵が完成すると、本場所の場合初日の前日、土俵祭が執り行われる。これは江戸時代から神道の古式にのっとって神を迎え、五穀豊穣、土俵に凶事、災害などないように、千秋楽まで無事に興行出来ますようにと祈願する。

祭主は立行司1名、介添えの行司2名が務め、祝詞をあげて、四房の下に四季の神を祭り神酒をささげる。

土俵の中心の穴に、日本酒、洗い米、勝栗、するめ、昆布、塩、萱などの縁起物が、神への供物（鎮め物）として納められている。

四本柱は、昭和27年9月場所より撤去となった。昭和28年より、NHKテレビ中継開始ということもあり、かわって現在と同じ、神明造の吊り屋根から四房が垂れ下がっている。

四本柱に代わる四房は、東北が青房、東南が赤房、西南が白房、西北が黒房で、それぞれの房の色には四季と四神をあらわしており、青が春で青龍、赤が夏で朱雀、白が秋で白虎、黒が冬で玄武となっている。ここにも大相撲が神事に通じていることがわかる。

支度部屋での過ごし方

本場所でも巡業でも支度部屋がある。力士が出番に向けての控え室であり、野球でいうロッカールーム、タレントや歌手でいう楽屋のよ

うなところである。

力士はその日の取組により東方や西方の支度部屋へ入る。相撲部屋でいう稽古場の上がり座敷が長く続いてるのが国技館の支度部屋で、下の地面は土ではなくコンクリートなのである。しかしどこにでも陣取っていいわけではなく、支度部屋の一番奥は横綱の指定席と決まっている。次は大関という順で、以下番付順に出入口付近へと陣取っていくが、実際は関取の付け人が取り合ったりして陣取るようだ。支度部屋にしても序列があるのが相撲界なのだ。

関取以上には明け荷という衣装箱のような行李（こうり）があり、ここには取組用のまわしとさがり、土俵入りの化粧まわし、着替え用

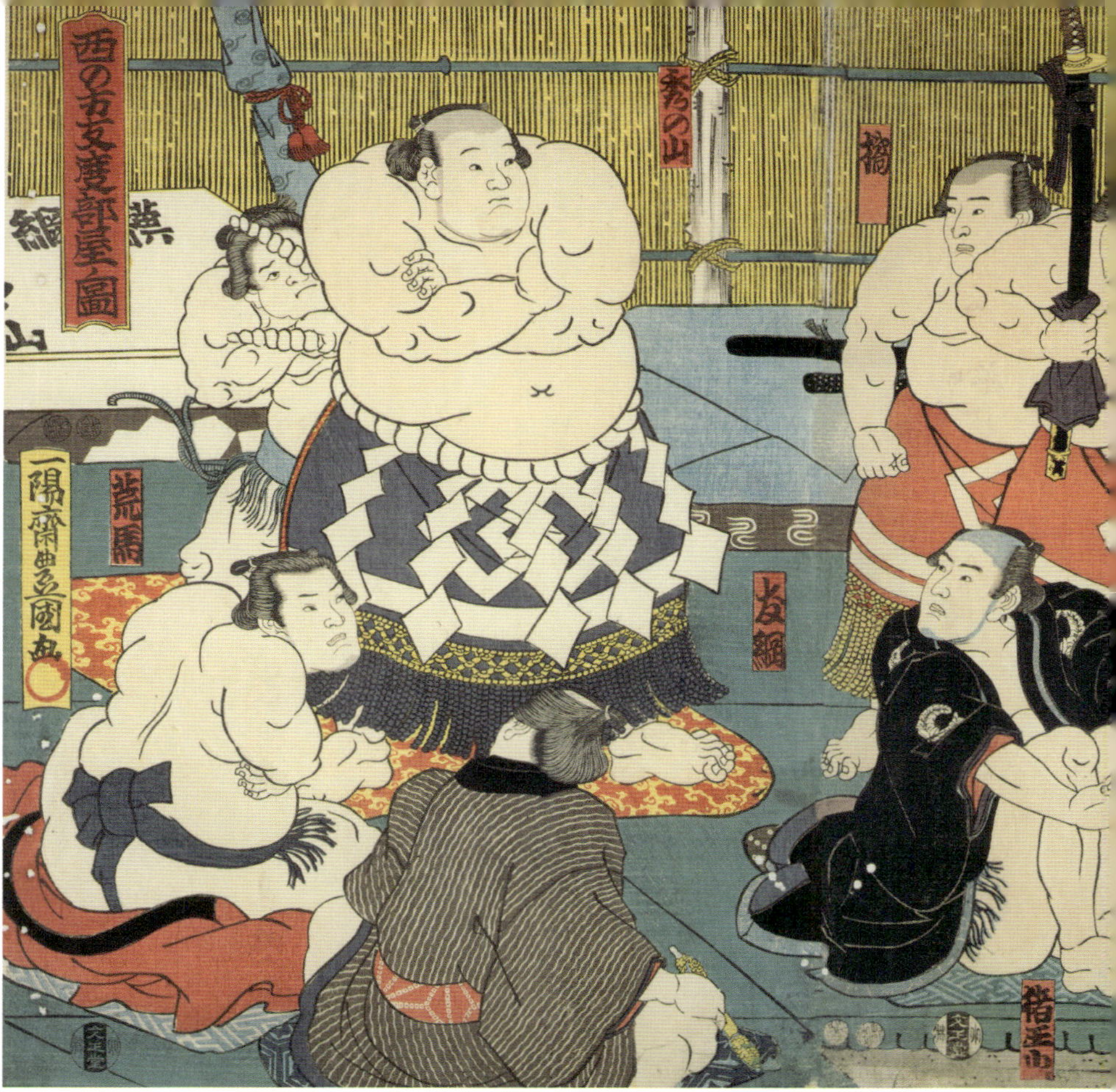

江戸時代の支度部屋風景。第９代横綱秀ノ山（左側）が綱締めをしている様子がうかがえる

関取衆の明け荷をかついで運ぶ若い衆

の浴衣や下着やテーピングなど身の回りの物などが入っている。

明け荷は、竹をいげたに編んで、接着に適した蚊帳を貼り、和紙を重ね合わせて漆で固め、金属でも補強をされており、非常に丈夫な作りになっていてそれぞれ関取のしこ名が書かれている。

幕下以下の力士には明け荷はなく、風呂敷に自分の取りまわしなどを包んで場所入りをする。関取だった力士が幕下に陥落した場合、明け荷は使用出来ない。

支度部屋に入ると力士はまげを結い直したり、まわしを締めて準備運動を始めたり、休息をとるなど出番を待つ。

関取となれば土俵入りがあるので、化粧まわしをつける準備をし、取組前になれば取りまわしをつける。

出番まで時間のある関取は、横になったり、付け人にマッサージをさせたり、本を読んだり音楽を聴いたり、友人、知人などの訪問もあれば、報道陣からの取材に受け答えたりして過ごす。

出番も近づくと四股を踏んだり、鉄砲柱を突いたり、付け人に立ち合いの当たりを確認する稽古をしたりと、気合いが入りピリピリとした緊迫ムードになる。

十両～幕内土俵入り

関取からは取組前に土俵入りがある。土俵入りを前に力士たちは、化粧まわしを付け東西の花道の奥

江戸時代の幕内土俵入り。今より人数が少ないため四股を踏むような所作が見られる

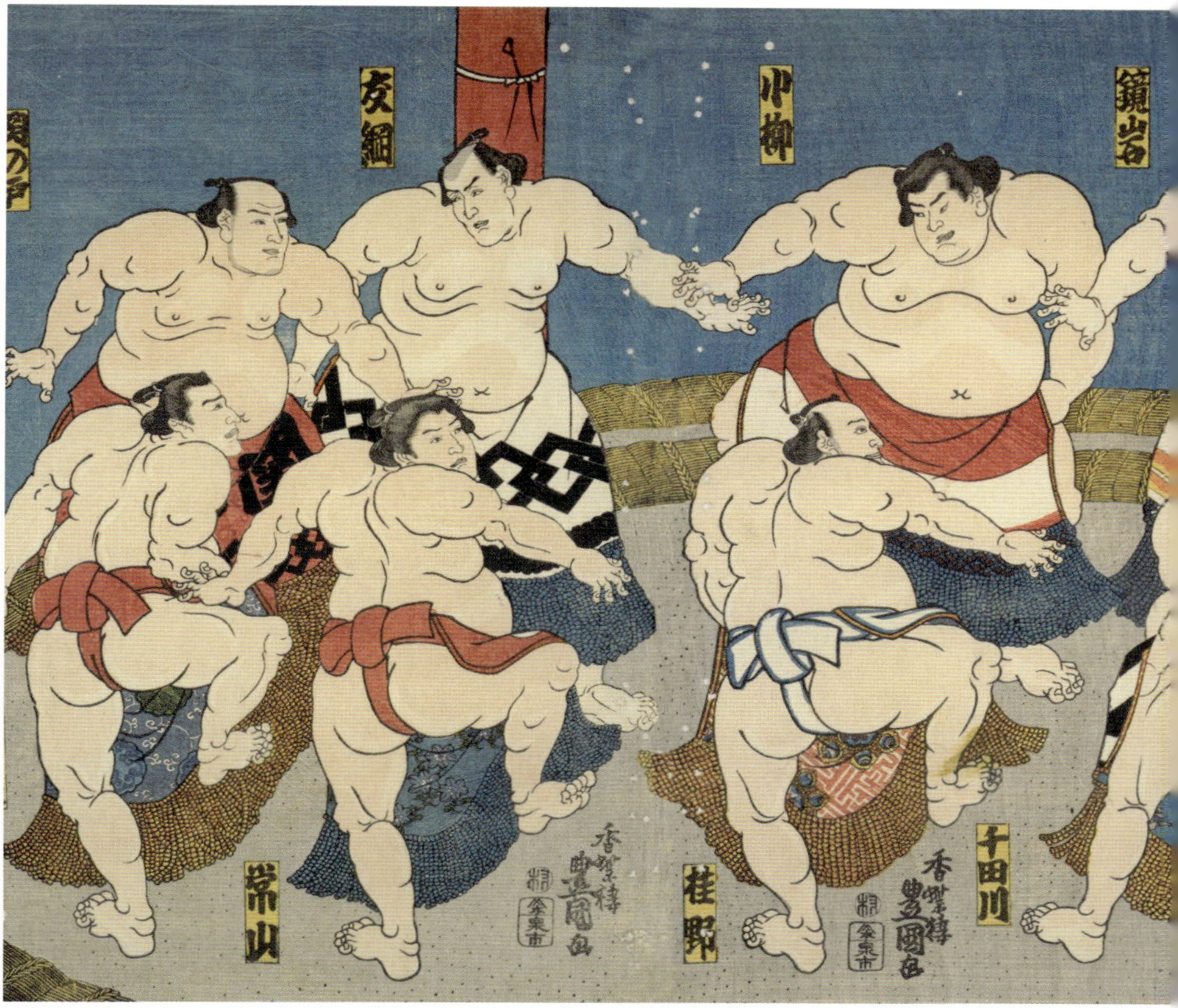

に集まり、番付の枚数の下から順に整列し、行司の先導で土俵へ向かって入場する。

行司から順に土俵へ上がり、力士はしこ名、出身地、所属部屋を呼びあげられ土俵へ上がる。

俵に沿ってゆっくり歩き、客席側に向いて止まる。最後の力士（十両では筆頭の力士、幕内では大関）が土俵に上がると、全員土俵の内側を向き勢揃いし、拍手を一度打ち、武器はなにも持ってないことを表す。

次に右手を上げ、化粧まわしを両手でつまむ。これは四股を踏む動作で、最後に両手を上げるのは四股を踏み終えたという意味である。

江戸時代のころは今より幕内力士が少なかったため、土俵上で四股を踏んだり、胸に手を当てたりと、

今の横綱土俵入りに近いことをしていたようだ。

明治以降は幕内力士の人数も増え、本来の土俵入りの所作を簡略したものになった。

土俵入りが終わると、番付の低い順に土俵を下り、最後に行司が後ろについて花道の奥へ引き上げる。

絵になる横綱土俵入り

横綱土俵入りは、十両や幕内土俵入りとは違い、三つ揃いの化粧まわしに、露払いと太刀持ちの力士を従えて、純白の横綱を締めて単独で行う土俵入りである。

横綱土俵入りの動作には、身の潔白を表す塵浄水（ちりちょうず）、相撲の基本の構えの三段構え（上段

明治神宮にて新横綱奉納土俵入りを披露する稀勢の里。左側に太刀持ちの高安、右側に露払いの松鳳山を従える

は不動の姿勢、中段は攻撃の姿勢、下段は防御の姿勢を現す）、安倍晴明で有名な陰陽師の、邪気を踏み破って進むためのまじないの兎歩（うほ）からきた反閇（へんばい）という足の運びの3つから成っている。

　そして土俵入りの型には不知火型と雲龍型がある。現役横綱のうち、白鵬と日馬富士は不知火型、鶴竜と稀勢の里は雲龍型の土俵入りをしている。

　この違いは、まず綱の後ろの結び目が不知火型は両輪、雲龍型は一輪となっている。

　そしてせり上がりが、不知火型は両手を横に広げるのに対し、雲龍型は左手を胸に当てて、右手を横に広げる。

　雲龍型は、幕末の第10代横綱雲龍久吉が、不知火型は、明治初期の第11代横綱不知火光右衛門が原型といわれるが、行った型は実はその真逆といわれている。

　今の雲龍型は、明治～大正時代の第20代横綱二代目梅ヶ谷藤太郎が、不知火型は、大正時代の第22代横綱太刀山峰右衛門が作り上げたといわれている。

　横綱土俵入りには、露払いと太刀持ちを従える。露払いは横綱を先導しながら、道を開く役目がある。手にはなにも持っていない。

　太刀持ちは土俵入りで横綱の太刀を持って従える。露払いより番付上位の力士が務める。

土俵上では横綱の右側に露払い、左側に太刀持ちが控える。ともに横綱の同部屋か同門の力士が務めることが多い。

また同部屋の幕内力士であっても、大銀杏の結えないちょんまげの力士が横綱土俵入りを務めることは、慣例によって許されない。

露払いと太刀持ちの力士も化粧まわしをつけるが、自分の化粧まわしではなく、横綱の化粧まわしで3枚1組になっているものをつける。三つ揃いの化粧まわしとは、この横綱の化粧まわしのことをいう。

横綱が引退すると、引退相撲で断髪前に最後の土俵入りを行うが、現役横綱が複数いる場合は、可能な限り最後の土俵入りに現役横綱が露払いと太刀持ちを務める。

彼らも横綱なので、3横綱が綱を締めて土俵入りをするのだから、絢爛豪華な土俵入りとなる。

取組の土俵にあがる前の力士は？

支度部屋で準備した力士は、自分の取組の2番前には土俵溜まりの控えに入らなくてはならないが、その前に東西それぞれの花道の奥で出番を待つ。

待つ間も体を動かし、様々な動きをして緊張をほぐしている光景も見受けられる。

控えに入る出番が近づくと、東西それぞれの花道から、呼出の座っている土俵付近でまずは一礼をし、それぞれの方屋に入る。そして呼出から呼び上げられるまで出番を待つ。

幕下以下は「力水」はないが、関取以上となると水桶が用意され「力水」をつけるため、ただ待ってるわけにはいかない。

自分の方屋（自分の座っているほう）で2番前に取った力士が負けると、次の力士のために水付けをしなくてはならない。負けた力士は次に出番の力士に水付けをしてはいけないからだ。

また、もつれた一番で同体取り直しや水入りの取組だったりすると、控え力士はまわしを締めなおすのを手伝ったりすることもある。

控え力士は、勝負判定の際に物言いをつけることもできる。控えで座っていても取組は見えるので、行司の軍配と違うと思う判定ならば、自ら手を上げて物言いがつけられる。

最近では、平成8年1月場所9日目の貴闘力対土佐ノ海戦で、控え力士の貴ノ浪が（軍配差し違いで貴闘力の勝ち）、平成26年5月場所12日目の鶴竜対豪栄道戦で、控え力士の白鵬が物言い（軍配差し違いで鶴竜の勝ち）をつけたことがある。

審判委員が協議をするため控え力士は協議に参加出来ないが、控え力士も土俵上の取組を観察する義務があるので、軍配が違うと感じれば積極的に物言いをつけていいのである。

土俵上での力士の所作

呼出に自分のしこ名を呼び上げられたら、いよいよ出番となる。土俵へあがる踏み俵からあがり、二字口（土俵東西の上がり口）で止まって対戦相手に一礼をする。

次に東方力士は赤房下で、西方力士は白房下で土俵外に向け拍手を一度打ち、四股を踏む。

拍手は神への拝礼や世の中がいつまでも栄えることを祈り、拍手を打つことにより邪気をはらうことを意味し、四股は土俵を踏みしめることにより邪悪な霊を鎮める。無事に勝負が出来ますようにという儀式と、準備運動もかねている。

四股を踏んだら土俵外に出て、前の取組の勝ち力士か、控え力士より力水と力紙を受ける。負けた力士からは受けることはゲンが悪いので、水付けをしないのがしきたりである。


力水は清めの水であり、身を清める意味がある。半紙を二つ折りにした力紙をもらい、口をぬぐったり体を拭いたりしてやはり清める意味がある。

そして塩かごから塩をつかみ土俵に撒く。これも土俵上の邪気をはらい清める意味がある。塩を撒いて土俵に戻ったら、徳俵でそんきょしてちりをきる。左右に手を開いて胸元で擦り手をして拍手を打ち、左右に大きく手を開き、手のひらを返す。

ちりは体や手や脇の下に何も武器を持っておらず、正々堂々と戦いますという意味で、塵浄水（ちりちょうず）の略である。

また、ちりには水のないところで雑草を手のひらで擦り合わせ、体を清める意味がある。

両国国技館での支度部屋の力士たち

明け荷の中身は?

勝ち力士は次の力士に水付けをする

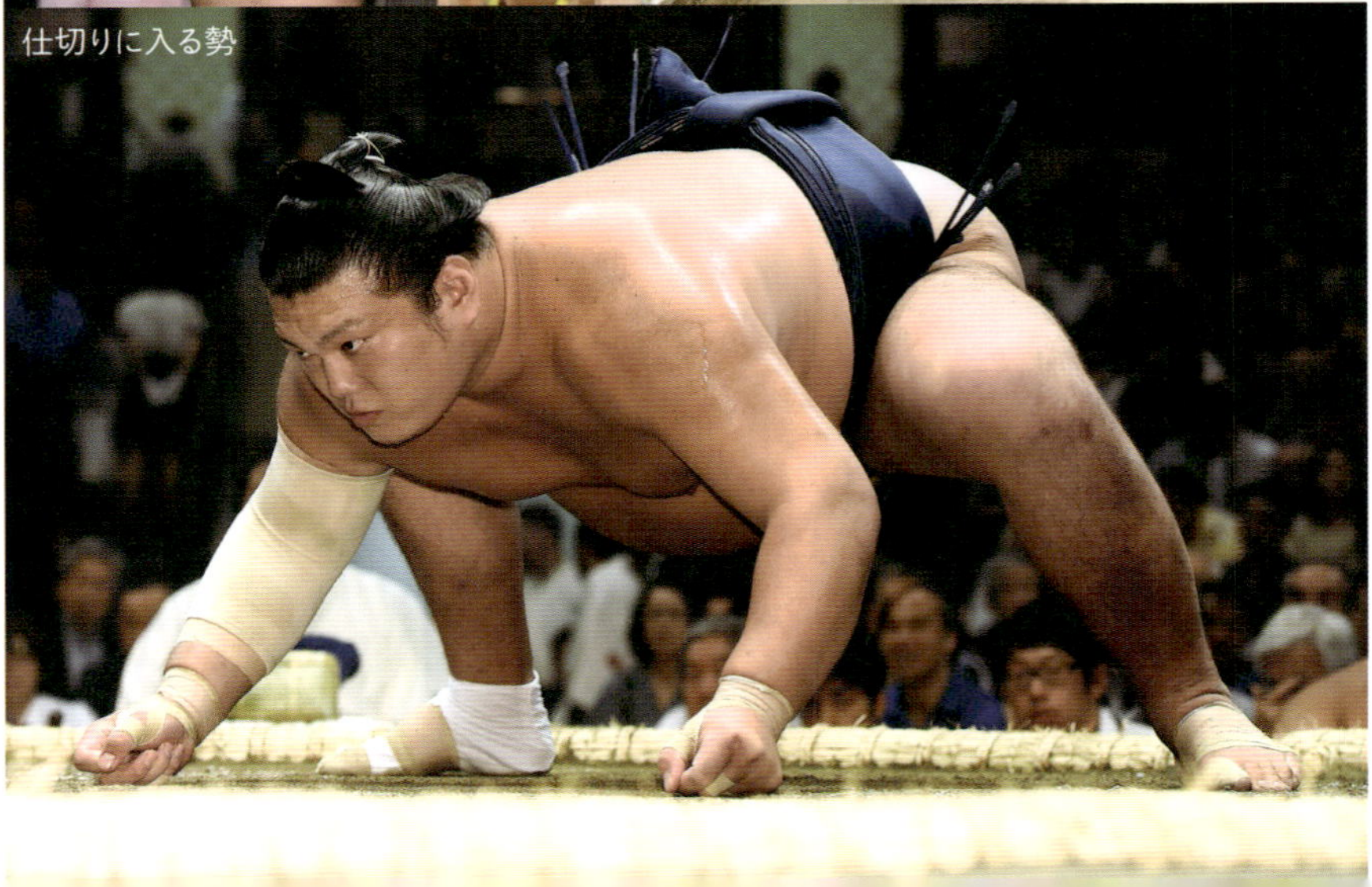

仕切りに入る勢

もう一度土俵外へ出て、塩かごから塩をつかんで塩を撒く。そして仕切り線付近まで進み、また拍手をうち四股を踏む。そしてそんきょの姿勢に入る。

そんきょはつま先立ちで腰を下ろし、十分に左右にひざを開き、上体を安定させて背筋をピンと伸ばす。また、うずくまるという意味があり、昔は貴人に対して礼の姿勢であったといわれる。

対戦相手と目と目で対峙（たいじ）した後、仕切りの体勢に入る。足の位置を決めてからさがりをさばく。さがりをさばくとは、両手でさがりの真ん中あたりから左右に分けることをいう。

さがりとは、前まわしの間にはさんで下げる飾りのようなものである。

そして次に仕切りの体勢に入る。仕切りはお互いににらみ合いながら腰を割って、ひざを出来るだけ左右に開いて、両手を仕切り線につき、呼吸を合わせて立つまでの動作をいう。

タイミングを計りながら、いつでも相撲に取り組める体勢をとる。お互いのタイミングが合わないままだと、仕切り直しが続けられ、また土俵外へ出て塩をつかんで撒く。お互いの気合いが乗ってくると顔が紅潮してくるのがわかる。

幕内は4分、十両は3分、幕下以下は2分の制限時間があるが、その時間内なら何度でも仕切り直しは出来る。

そして赤房下の時計係の審判委員が、行司に制限時間を告げ、呼出は立ち上がって力士に時間いっぱいを告げる。

関取である幕内力士と十両力士は、タオルで体を拭うなどして最後の塩撒きとなるが、幕下以下は塩撒きがないため、仕切り直しの後、またそんきょしてから立ち合うことになる。

そして立ち合うのだが、アマチュア相撲では行司の「はっきよい」の掛け声で立ち合うが、大相撲では完全に両者の呼吸（合意）で、両手をついて立ち合わなければならない。

立ち合いで8割が決まると言われるほど、立ち合いは相撲の勝敗にとっては重要なのだ。最近は自分のペースで、制限時間いっぱいになったら立てばいいという風潮が見受けられるが、お互いの呼吸さえ合えば、最初の仕切りから気合いが乗って

物言いがつくと土俵上で勝負審判が協議をする

立ってもいいのだ。昔はそういう相撲も結構あった。そういう気合いが入った両者の相撲は、激しい攻防と内容の濃い相撲になることが多く、是非見てみたいものだ。

　勝負がつくと、力士はそれぞれ東西の方屋の二字口へさがる。勝負のついた場所がどこであっても、必ず自分の方屋へ戻ってお互い合わせ

結びの一番の勝者に代わり弓取りをする聡ノ富士

て一礼をする。

勝った力士は、方屋の二字口でそんきょをして勝ち名乗りを受ける。その時は右手を右斜めに伸ばす。懸賞金がかかっていたら、手刀を切って行司から懸賞金をもらう。この手刀を切る意味として、勝負を司る三神に対する感謝をこめて、左、右、中央の順に手刀を切る慣わしがある。懸賞金の束を載せた行司の軍配こそが神事の供物を載せる三方であり、勝ち力士の手刀を切る慣習と同様、相撲が神事につながることを示している。

負けた力士は土俵の二字口で一礼をし、土俵を下りたら、また土俵に向かって一礼をして花道から支度部屋へ引き上げる。

勝った力士は土俵を下りたら、次の力士に力水をつけ力紙を渡し、土俵に向かって一礼をして花道から支度部屋へと引き上げる。

弓取式のエピソード

結びの一番を終え、勝ち力士に代わって弓取式が行われているが、この弓取式にも深い歴史がある。戦国時代にさかのぼるが、織田信長が近江の常楽寺にて上覧相撲を開催したとする俗説がある。

ここで宮居眼左衛門（みやいがんざえもん）なる力士が最も良い成績を挙げたので、褒美として愛用の重藤（しげとう）の弓を与えた。これが勝ち相撲に弓を与える始まりとされている。ここでは弓を振った記録もなく、いわゆる弓取りの始まりでもない。

その後、江戸寛政年間において、11代将軍徳川家斉の上覧相撲で、第4代横綱谷風梶之助が土俵上で弓を受け振り回した。これが弓取りの最初といわれている。

千秋楽結びの一番で、最高位の取組の勝者を称えて弓が与えられ、その作法を心得た者が弓を振るのが慣わしとなっていった。

ファンサービスの一環として、現在のように毎日行われるようになったのは昭和27年5月場所からで、幕内力士の大岩山（立浪部屋）が担当した。

結びの一番で勝った力士が東なら東から、西なら西から土俵へ上がる。千秋楽に優勝決定戦がある場合は、結びの一番（本割）の直後に行われる。

千秋楽のみ行われていたころは、結びの一番が引き分けの場合、勝者がいないため弓取式は行われなかった。

弓取式で弓を誤って落としてしまった時は、足で弓の端を踏んで、もう片方が上がってきた時に手で受ける。

もし土俵外に落としてしまっても、弓だけ入れてもらって足ですくい上げる。勝ち力士に代わって弓を振るので、勝ち相撲に対して直接土俵に手をついたりして拾ってはいけないところからきている。

横綱のいる同部屋か同門の力士が行うことが慣習となっているため、現在は横綱日馬富士の所属する、伊勢ケ濱部屋の聡ノ富士が弓取式を務めている。

まわしの種類あれこれ

まわしにも使用用途で種類があり、取りまわしと稽古まわしがある。

関取の取りまわしは本場所、巡業などの花相撲で土俵上で締める締め込みで、博多織の繻子（しゅす）、緞子（どんす）で作られ、細身

上：稽古まわしはこうして天日干しにする
左：稽古場では関取は白まわし幕下以下は黒まわしだ

の力士でも9メートル、大型力士だと13メートルくらいの長さを使う。重さは4キロ〜6キロで結構重い。

価格は50万〜60万円はするという。高価なため稽古土俵で泥まみれになって使うのは厳しい。

色は相撲協会の規定によると、紺・紫色系統のものを使用することと定められているが、昭和32年11月場所で15戦全勝優勝を果たした玉乃海太三郎は金色のまわしだった。

これがはしりで、その後カラーテレビの普及にともない色彩が豊かになり、後に輪島の金色や高見山のオレンジ色も人気を博したのだった。

現役力士では、平成29年3月場所で新入幕となった宇良（うら）は鮮やかなピンク色のまわしで小兵ながら業師ぶりをいかんなく発揮し、取り口とともに人気を博している。

稽古まわしは木綿や麻などで作られる帆布で、関取は白まわし、幕下以下は黒まわしを締める。

ただし幕下以下の力士は、取りまわしと稽古まわしの区別がなく、どちらも同じものを使用する。

稽古まわしの長さは、取りまわしの3分の2程度、だいたい6〜9メートルで、関取で五重、幕下以下で四重に巻き、幅も46センチと短く、これを4つ折りにしている。生地の質と長さも短いので、値段も1万〜2万円と安い。

最初は糊がきいていて大変硬い。最初に糊付けを解いて使いやすくするために洗濯するようだ。そしてだんだん稽古で汗や泥にまみれてなじんでくる。

関取衆は古くなると捨ててしまい新しいものを用意するが、幕下以下は天日干しにしている。まわしを洗濯するのは師匠が亡くなった時だけと昔からいわれている。

まわしの前褌（まえみつ）の間にはさんでいる縄のれんのような飾りをさがりという。

昔の幕内力士のさがりは化粧まわしの前垂れ部分の名残で、まわしにさがりが固定されていたので、これで負傷する力士もいた。そのため、現在のような容易に抜け落ちるさがりへとなっていった。

関取の取りまわしのさがりはふのりで固められている。手でさばくとピンと張っていて、激しい取組では折れ曲がったり取れてしまうこともある。

しかし補修は簡単で、ふのりが効いているので、濡らしたあと真っすぐに戻して干せば直る。さがりの本数は必ず奇数と決まっていて、平均的に17本だが、体の大きさによって15本や19本の奇数になる。

幕下以下の力士も取組の際に、さがりをつけて土俵に上がるが、こちらはふのりで固められておらず、まさしく縄のれんのようになっている。

取りまわしの幅は80センチあり、これを6つ折りにして五重から六重に締めるので、まわしの厚みは10センチにもなる。

まわしは1人でも締められるが、硬く締めるためには誰かに手伝ってもらう。締め方がゆるいと相手にまわしを摑まれ易いし、摑まれた時にまわしが伸びてしまうので、ほとんどの力士は自分が苦しくない程度にきつめに締めている。

さらにきつく締めたまわしに水で霧を吹く。こうするとまわしは余計硬くなり、取られにくく、取られても切りやすくなる。

しかしこのようにまわしに水を含ませたりすると傷みが激しくなり、10数年持つ高価なまわしも3年くらいしか持たなくなるようだ。

化粧まわしは関取の証し

番付編成会議で新十両昇進が決まると関取の仲間入りだが、次の本場所前の番付発表より早く知らされる。

これは新しい締め込み（繻子のまわし）や化粧まわしを作成しなくてはならないからだ。地元の後援会や出身学校の有志から贈られるが本当にうれしいものだ。

本場所後の番付編成会議から次の本場所まで1ヶ月ちょっとしかないので、制作側も大忙しだ。

化粧まわしは、長い博多織や西陣のつづれ織りの布で、豪華な刺しゅうが施されていて、その下はバレンで作られておりエプロンのように見える。

化粧まわし1本の重さは10キロで、価格は１００万円から高いものだと数千万円以上するものもある。

第19代横綱常陸山谷右衛門の化粧まわしは、月桂樹の葉の模様にダイヤと真珠とルビーをちりばめた豪華さで、現在の価格で1億円はし

横綱土俵入りの化粧まわしは三つ揃いとなっている。左・髙安　右・松鳳山

そうな化粧まわしだった。昭和の大関若嶋津六夫の、1億5千万円という10カラットのダイヤモンドが埋め込まれた化粧まわしも高価で有名だ。また平成前期の小結旭豊勝照は、電飾をあしらったユニークな化粧まわしで土俵入りをしていた。

刺しゅうは故郷をイメージしたもの、後援者などのデザイン、学校の校章や出身自治体の紋章、本人の希望したものをイメージするなど様々である。

横綱の綱

横綱の綱は、横綱の所属する部屋や、同門（同じ一門）の力士たち総出で綱打ちをして完成させる。

純白の横綱を完成させるのはお

真新しい横綱が与えられ、身が引き締まる稀勢の里

祝い事なので、力士たちは頭に紅白のねじりはち巻きを巻き、まわしの前に真新しい純白の前掛けをつける。

綱をよりあげるのに手の皮がむけないためと、純白の横綱が汚れないようにするために、純白の手袋をはめる。東京場所の開催前、年3回綱打ちを行う。

三方に載せられた新しい横綱

1本が10メートルのさらしに、ぬかでほぐした麻と、中心に銅線を芯として入れ、これを3本作ってチマキのようによっていく。鉄砲柱にさらしを巻いて、用意した3本のやや太いほうの端を結びつけて、力を合わせてよっていく。

そして、当たり鉦（あたりがね）や太鼓を叩き、「ヒイ、フーのミイ！、イチ、ニイのサン！」を繰り返し、威勢の良い掛け声とともによりあげていく。

3本が1本にまとまると、横綱の腰の太さにに合せて結び目を作る。雲龍型と不知火型は結び目が違い、両輪の不知火型は長めになる。

完成した綱はおよそ4・5メートルから5・5メートル、重さは13キロ～15キロである。綱締めには横綱の付け人が6人ほど必要だ。

現役横綱では、不知火型の白鵬は13キロだが、同じ不知火型の日馬富士は9キロ、雲龍型の鶴竜は6・5キロ、稀勢の里は6キロと軽量化してきている。

相撲博物館に保管されている、江戸弘化年間の第9代横綱秀ノ山雷五郎の、現存する綱は937グラムしかなく、第64代横綱曙太郎の綱は21キロと破格の重さであった。

化粧まわしが10キロ、綱が15キロとなると、25キロを腰に巻くのだから、横綱土俵入りは取組よりも疲れるそうだ。

第4章

相撲部屋の年寄(親方)と裏方衆

相撲部屋と年寄(親方)になれる条件

力士が所属している相撲部屋は高砂一門(5部屋)、二所ノ関一門(9部屋)、貴乃花一門(5部屋)、時津風一門(10部屋)、伊勢ケ濱一門(5部屋)、出羽海一門(11部屋)の合計45部屋からなっている。

力士は必ず相撲部屋に所属していなければならず、この相撲部屋には、力士の他に年寄(親方)、若者頭、世話人、行司、呼出、床山が所属している。

相撲部屋の経営は、力士が引退後年寄を襲名して、協会の経営や弟子の育成にあたる。一般的には親方と呼ばれる。

年寄襲名資格は、日本国籍を有する者で、①最高位が小結以上、②幕内在位が通算20場所以上、③関取在位(十両以上)が通算30場所以上となっている。

例外として関取在位通算28場所以上で、年寄名跡の前保有者、師匠、保証人の年寄の願書があれば、理事会にて是非を決定するという新たな条件が追加された。

横綱と大関に限り、引退時に年

日本相撲協会の最高責任者　八角理事長(元横綱北勝海)

寄名跡を取得していなくても、横綱は5年、大関は3年の期間限定で、現役名で協会に残ることが出来る。

また、相撲部屋継承者と承認された場合、①幕内在位通算12場所以上、②十両以上在位通算20場所以上で年寄名跡を襲名出来る。

次に、各一門と部屋名、日本相撲協会の理事の紹介。カッコ内は師匠の現役時代の最高位としこ名。

（2017年9月現在）年寄の定員は105名で、一代年寄貴乃花を含めて106名になる。定員105名という限られた数しか名跡がないため、年寄襲名資格を満たしていても、空き名跡がなければ、引退しても年寄襲名とはいかないのだ。

停年（定年）は65歳。団塊の世代

冬の稽古場は寒く早朝はまだ薄暗いが熱い稽古は続く

相撲部屋一覧

高砂一門

- 八角部屋（元横綱北勝海）
- 高砂部屋（元大関朝潮）
- 錦戸部屋（元関脇水戸泉）
- 九重部屋（元大関千代大海）
- 東関部屋（元前頭10潮丸）

二所ノ関一門

- 尾車部屋（元大関琴風）
- 二所ノ関部屋（元大関若嶋津）
- 芝田山部屋（元横綱大乃国）
- 峰崎部屋（元前頭2三杉磯）
- 高田川部屋（元関脇安芸乃島）
- 片男波部屋（元関脇玉春日）
- 佐渡ケ嶽部屋（元関脇琴ノ若）
- 田子ノ浦部屋（元前頭8隆の鶴）
- 鳴戸部屋（元大関琴欧洲）

貴乃花一門

- 貴乃花部屋（元横綱貴乃花）
- 千賀ノ浦部屋（元小結隆三杉）
- 立浪部屋（元小結旭豊）
- 大嶽部屋（元十両4大竜）
- 阿武松部屋（元関脇益荒雄）

時津風一門

- 鏡山部屋（元関脇多賀竜）
- 陸奥部屋（元大関霧島）
- 荒汐部屋（元小結大豊）
- 井筒部屋（元関脇逆鉾）
- 追手風部屋（元前頭2大翔山）
- 中川部屋（元前頭14旭里）
- 伊勢ノ海部屋（元前頭3北勝鬨）
- 湊部屋（元前頭2湊富士）
- 錣山部屋（元関脇寺尾）
- 時津風部屋（元前頭3時津海）

伊勢ヶ濱一門

- 伊勢ヶ濱部屋（元横綱旭富士）
- 宮城野部屋（元前頭13竹葉山）
- 浅香山部屋（元大関魁皇）
- 朝日山部屋（元関脇琴錦）
- 友綱部屋（元関脇旭天鵬）

出羽海一門

- 境川部屋（元小結両国）
- 春日野部屋（元関脇栃乃和歌）
- 出羽海部屋（元前頭2小城乃花）
- 山響部屋（元前頭筆頭巌雄）
- 玉ノ井部屋（元大関栃東）
- 藤島部屋（元大関武双山）
- 入間川部屋（元関脇栃司）
- 木瀬部屋（元前頭筆頭肥後ノ海）
- 武蔵川部屋（元横綱武蔵丸）
- 式秀部屋（元前頭9北桜）
- 尾上部屋（元小結濱ノ嶋）

公益財団法人日本相撲協会 理事一覧

理事長	八角（元横綱北勝海）
理事	尾車（元大関琴風）
理事	貴乃花（元横綱貴乃花）
理事	鏡山（元関脇多賀竜）
理事	伊勢ヶ濱（元横綱旭富士）
理事	二所ノ関（元大関若嶋津）
理事	境川（元小結両国）
理事	春日野（元関脇栃乃和歌）
理事	出羽海（元前頭2小城乃花）
理事	山響（元前頭筆頭巌雄）
外部理事	山口壽一（読売新聞東京本社代表取締役社長）
外部理事	今井環（元日本放送協会理事）
外部理事	高野利雄（元名古屋高等検察庁検事長）

平成29年（2017年）9月現在

といわれる昭和22年生まれ以降の年寄停年者増加で、協会業務に支障をきたすため、改善策として平成26年11月より停年後、希望者は70歳まで年寄名そのままで、再雇用が可能となり、引き続き協会業務に携われるようになった。

年寄の仕事

引退した力士は、年寄を襲名したものの、みんなが相撲部屋を持てるわけではない。

１０５の年寄名跡のうち45部屋が師匠で、残りは部屋に所属する年寄で、部屋ではコーチの役割を果たしている。

また、年寄は協会内でもそれぞれの役割分担があり、一般企業と同じような部署に配置されて、協会の運営に係わっている。協会は元力士である年寄（親方）によって成り立っている。役割を任命するのは日本相撲協会の理事会だ。

本場所で花道などで場内警備をしている年寄が時折テレビ中継で映ることがあるが、場内警備は引退間もない若手の年寄がつく。かつての横綱、大関もまずはこの仕事から始める。

入門して間もない新弟子が通う相撲教習所にも、教官として数名の年寄が指導する。

本場所の合間に巡業があるが、その地方巡業を円滑に行うための準備をするのも年寄の仕事だ。

勝負審判（審判委員）も6つの一門から合計20名の年寄が選ばれて、本場所や巡業の取組などで、土俵下から目を光らせている。

青少年、学生などへ相撲指導の奨励、相撲の伝承など普及活動、全力士への生活指導（部屋持ちの全年寄が所属）、そしてなにより新弟子のスカウトも年寄の役目だ。後援者などからの情報により、全国どこへでも駆けつける。

身近なところでは、本場所のテレビやラジオ中継でも年寄が解説をしているなど、年寄にも様々な仕事がある。

平成26年1月に公益財団法人の認定を受けた日本相撲協会の理事は、年寄から選出と外部から選出される理事候補が、評議員会で任命される。

定員は10名から15名の間で、現

在は、年寄10名から選出と、外部から選出の3名から構成されている。

お母さん的存在のおかみさん

力士、行司、呼出、床山、そして親方にいたるまで男所帯の相撲の世界だが、親方の奥さんであるおかみさんの存在は偉大だ。

中学校を卒業して田舎から出てきたばかりの、体が大きくて自信がある子でも、田舎の言葉が伝わらなかったり、コミュニケーションがうまくとれなかったりして、他人ばかりの相撲部屋の団体生活になじめないことが多い。特に親許を離れたばかりで、厳しい稽古や兄弟子からの雑用の言いつけなど、不安や寂しさで心が折れそうになり泣き出す子もいる。

師匠と共におかみさんも弟子の稽古を見守る

そんな時、なぐさめ、励まし、お母さん代わりになるのがおかみさんなのだ。

その部屋に所属しているどの力士にとっても、おかみさんは力士みんなのお母さんだ。病気や怪我で休場し入院している時も、おかみさんが面倒をみてくれる。

最近は、部屋のちゃんこのアイデアなどにもなくてはならない存在で、若い力士たちと協力している。

師匠のマネージャー、相撲部屋の会計、取材や報道関係の対応、後援会などの受付や事務はもちろんだ。また自治体を通じて、部屋付近の幼稚園や小学校、老人ホームなどへ赴き、力士とのふれあいイベントなども積極的に行うなど、おかみさんの力は欠かせないのだ。

千秋楽の打ち上げパーティーを部屋で行ったり、後援者が大勢だとホテルを貸切にして行ったりする時などの、飲食の手配やパーティーの

年末には餅つきが恒例行事となっている部屋もある

餅米270kgで60臼（うす）をつくという

段取り、部屋によっては様々な行事の準備などもおかみさんの仕事だ。

土俵の指揮者、行司の仕事

東西の力士を立ち合わせて、その勝負判定にあたるのが行司の役割で、日本相撲協会寄付行為の、審判規定行司の第2条に「行司は、両力士が土俵に上がってから競技を終えて土俵を下りるまで、その進退に関して一切の主導的立場にある。すなわち、競技の進行および勝負の判定を決するものである」とある。

さらに、審判規則第4条においては、「行司は勝負の判定にあたっては、如何なる場合においても、東西いずれかに軍配を上げなければならない」とあり、両者が同時に土俵上に倒れたり、土俵外に同時に飛び出したりした時など際どい取組でも、行司は東西どちらか軍配を上げなくてならないのだ。

どう見ても取り直しになる取組であっても、どちらかに軍配を上げなくてはならず、後日談で行司の心理的には軍配を真上に上げたいという気持ちになったと言った人もいたそうだ。

物言いがついた場合は発言権はあっても決定権はない。つまり審判委員の決定には絶対従わなければならないのだ。

行司の掛け声は、両力士の仕切りに入るころから始まっていて、仕切り直しのたびに「構えて、手を下ろして」「見合わせて」「見おうて」「油断なく」など様々だ。制限時間内でも両者の気合いが乗れば立ち合っても良いので「油断なく」は両者に喚起を促しているのがわかる。

制限時間いっぱいになると、「時間です。待ったありません」となる。呼吸が合わなければ「まだまだ」と両者を止めることもある。

両力士の呼吸を合わせ、立ち上がってから「はっきよい」「のこった」と掛け声をかける。

「はっきよい」は、発揮揚々という意味で、両力士が止まっている時に気合いを入れるもの。「のこった」は攻め合っている時に、力を抜かずしっかりやれという意味がある。また、まわしがゆるむと「まわし待った」と両者を止める。

平成28年の役員改選で審判部新体制後、再度立ち合いの清浄化に取り組んで、両手をついて立たせることを徹底している。

「手をついて、手をついて」を厳しく連呼する行司もいる。そして、両力士の呼吸が合い、立ち上がったと見るや「のこった、のこった」と言って軍配を引く。

また、昔から貴人が正面で相撲を観戦しているため、行司は正面側に背を向けない。相撲の展開によって正面を背に立たざるを得ないこともあるが、そのしきたりは現在でも守られている。

正面以外でも観客の邪魔になるので、花道を除いて、同じ位置に長い時間留まらないようにしている。

掛け声以外に、行司の口上もいろいろある。まず、奇数日は東方から呼び上げ、偶数日は西方から呼び上げる。

十両最後の取組と、三役以上の取組はしこ名を2度ずつ呼び上げる。結びの一番では「番数も取り進みましたるところ、かたや、○○山、○○山、こなた、△△海、△△海。この相撲一番にて、本日の打ち止め」と締めくくる。

これが千秋楽結びの一番の口上では、「この相撲一番にて、千秋楽にござりまする」と変わる。

取組以外での行司装束姿での行司は、土俵入りの先導役、顔触れ言上、出世披露、神送りの儀式を取り仕切り、神主の装束姿では本場所前の土俵祭りの祭主も仕事のひとつだ。

幕下以下の行司は裸足

立行司式守伊之助は脇差（短刀）を携える

取組をさばく式守伊之助

また、見えないところでは、本場所や巡業などの土俵入り力士の呼び上げ、取組の力士の紹介と懸賞スポンサーの読み上げ、決まり手の場内アナウンスがある。

番付書き(根岸流という独特の相撲字で、隙間なく書くことにより、いつも大入り満員であるようにという意味)、番付編成や取組編成の割を巻きに書いたり、巡業の板番付や宿舎の割を書いたりするのも行司の仕事だ。

力士の幕内や十両などと同様に、行司にも階級があり、階級によって、軍配の房の色や履き物まで色で分かれている。

明治43年までは武士のような裃(かみしも)と袴(はかま)だったが、日本相撲協会寄付行為の審判規則行司第1条に、「行司が審判に際しては、規定の装束(直垂(ひたたれ))、烏帽子(えぼし))を着用し、軍配を使用する」とあり、現在も規定に従っている。

まず、幕下以下の行司は黒または青の房で、履き物はなく裸足でさばき、装束を膝下までたくし上げる。

十枚目格(十両格)行司は青白の房に、履き物は足袋を穿くことが許され、装束は下ろしている。

幕内格行司は紅白の房に、履き物は足袋を穿いている。三役格行司は朱の房に、履き物は足袋と草履を許される。

立行司式守伊之助は紫白の房で、最高位の立行司木村庄之助は総紫の房で、いずれも履き物は足袋と草履が許され、さらに脇差という短刀を携える(実際の刃は入っていない)。

この脇差は軍配を差し違えた場合、切腹してお詫びをするという意味があるからだ。

以前行司は終身制だったため、先輩格行司が出場出来なくなったり、亡くなったりしないと出世出来なかった。亡くなった先輩を偲びながらも、夫の出世を喜び妻が赤飯を炊いて、ひそかに祝ったという。昭和35年に65歳で停年(定年)制となった。

さらに昭和48年に勤務評定が出来たので、先輩格行司を飛び越すことが可能となった。努力次第で立行司に出世する道が広がったのだ。

現在の行司の昇降については毎年

9月場所後の番付編成会議で審議され、理事会の決定により、翌年1月場所より実施されている。

義務教育を終了した満19歳までの男子が採用され、平成29年9月現在の行司は44名、定員は45名。停年（定年）は65歳。

行司は木村家と式守家があり、どちらかを必ず名乗らなくてはならない。江戸時代はさらに何家かあったが、現在はこの二家となっている。

また、木村家と式守家には、軍配うちわの握り方にも違いがある。木村家は手のひらを下にして、これを陰の構えといい、式守家は手のひらを上にして、これを陽の構えという。ただ、現在は握り方は自由になったが、伝統は守られており、これを実践している行司も多い。

大忙しの呼出の仕事

呼出の仕事の第一は力士の呼び上げである。白い扇をサッと開き、たっつけ袴が粋で格好いい。そして独特の名調子で力士を呼び上げる。

義務教育を終了した満19歳までの男子が採用され、平成29年9月現在45名の呼出が所属し、定員は45名、停年（定年）は65歳である。

呼出には力士や行司のような氏がなく、全員名前のみが呼び名である。

かつては前行司や名乗り上げなど呼ばれていたが、江戸享和年間（1801〜1804）ごろより、現在の呼出といわれるようになった。

行司と同様に、奇数日は東方から呼び上げ、偶数日は西方から呼び上げる。

土俵では脇役であるが、昭和30年代まで呼び上げた小鉄（こてつ）、長く結びの一番の呼び上げをした寛吉（かんきち）、相撲甚句で有名だった三郎（さぶろう）は、美声で人気の呼出だった。

呼び上げ以外に大事な仕事に太鼓がある。土俵が完成し土俵祭が終わると、興行の前日で呼出が太鼓を叩いて町内をふれ歩きながら回わる。明日から相撲の興行が始まることを知らせる太鼓をふれ太鼓という。

やぐら太鼓は相撲の興行を知らせるため、やぐらに上がって叩く太鼓をいう。

本場所の早朝に打つ寄せ太鼓や、本場所の全取組を終了後に打つはね太鼓がある。

明治から昭和にかけて太鼓の名人といわれた太郎（たろう）は、その見事なバチ捌きで、退職後に政府から勲六等を受章したほどだ。

本場所や巡業先での土俵作りも大事な呼出の仕事である。

そして土俵では柝（き＝拍子木）を打って、進行を力士や場内に知らせる。

ほうきで土俵を掃き清め、力水や力紙や塩の用意、懸賞の垂れ幕を持って土俵を1周し、制限時間いっぱいになれば力士に知らせ、懸賞金を渡す準備、審判委員、関取の座布団の用意と雑用も様々ある。

力水の水桶は、力士が取組で転がってくるかもしれないので、いつでも持って機敏に避けるのも大事な仕事だ。相撲終了後に、仕切線の塗り直し、土俵のヒビなどの手入れも呼出が行う。

また、三役格呼出だった永男（のりお）は、相撲甚句の作者としても有名で、三郎とともに花相撲でも活躍した。

ふれ太鼓を叩き相撲興行の始まりを知らせる呼出

かつては呼出は分業制だったため、呼び上げ専門とか、太鼓叩き専門の呼出も存在したが、昭和40年より全員が呼び上げをするようになった。

平成6年7月場所より明確に9階級の等級別になり、三役呼出以上（立呼出1名、副立呼出2名以内、三役呼出4名以内）は、勤続40年以上で成績優秀な者、または勤続30年以上40年未満で特に成績優秀な者が選ばれる。

幕内呼出（8名以内）は、勤続30年以上で成績優秀な者、または勤続15年以上30年未満で特に成績優秀な者が選ばれる。

十枚目呼出（8名以内）は、勤続15年以上で成績優秀な者、または勤続10年以上15年未満で特に成績優秀な者が選ばれる。

呼出太郎の懇願により、昭和24年から昭和34年まで番付表に呼出の名前が載ったがその後は途絶え、現在の階級別になった平成6年からは、立呼出から十枚目格呼出まで番付表に掲載が復活している。

力士の床屋さん床山と、まげにまつわる話

床山とは、力士のちょんまげや大銀杏を結う協会員のことで、義務教育を終了した満19歳までの男子が採用され、理容師などの資格はいらない。

平成29年9月現在は52名所属している。停年（定年）は65歳。定員は50名だが部屋に床山がいない場合はこの限りではない。

まげの種類としては、関取以上が結える大銀杏と幕下以下や関取が取組以外で過ごす時のちょんまげがあり、床山はびん付け油、すき櫛、前鋤け、揃い櫛、荒櫛、握りばさみ、まげ棒、先縛り、髪を束ねる紐となる元結（もっとい）を使う。まずは髪をもみほぐし、それが終わると力士の顔や形に合わせてまげを結う。大銀杏はまげの先がいちょうの葉に似ているところからこ

床山の櫛にもいろいろな種類がある

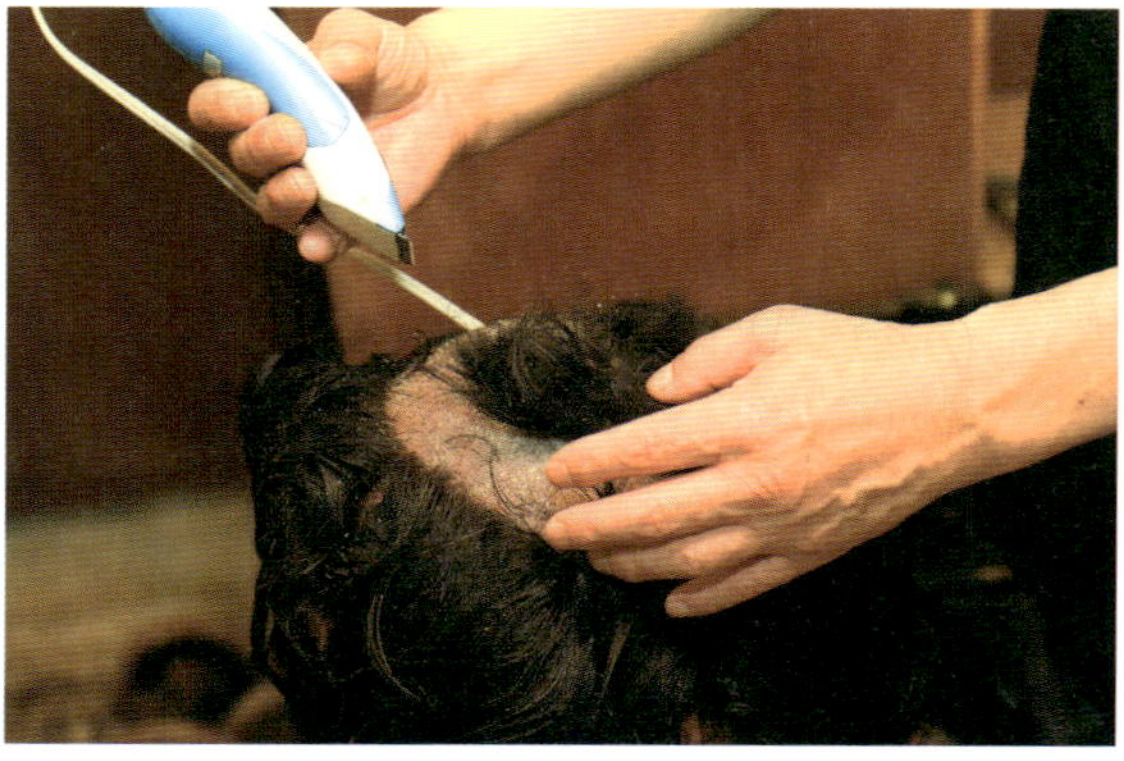
中剃りをしてまげを結いやすくする

の名前がついた。最初から大銀杏に結い上げるまでに30分くらいかかるようだ。

まずは毛髪のくせを直す作業からはじめ、髪の毛に水をふくませてもみほぐす。これをしないと頭を下げたときに髪がバラバラになってしまうからだ。髪の毛が縮れている力士はもみほぐすのにかなりの時間を要する。

かつての大関小錦や横綱曙らは、くせが強すぎるため、一度ストレートパーマをかけたうえで、ようやくまげをもみほぐす作業に入って結い上げたそうだ。そして道具を駆使してびんつけ油でなじませて大銀杏に仕上げていく。床山に入門してから大銀杏が結えるまでは数年を要するといわれている。また私たちが馴染みの理容師がいる床屋や、美容師のいる美容院に行き続けるように、ベテラン関取ともなると、出来るだけ好んで同じ床山にまげを結ってもらうようだ。

毛量の多い力士は、まげの部分を結うのに前に折り返すことが出来ない。このため大銀杏やちょんまげを結いやすくするため、中剃りといって頭頂部をバリカンで剃る。ただし、引退の近い力士は、断髪のことを考えて中剃りを止めるらしい。

床山の名前は、全員床〇〇と、頭に床がついている。

各部屋に必ず床山がいるわけではないため、一門で出張したり、ちょんまげならば数ヶ月で結えるようになるため、床山がいなくても力士同士で結いあったりしている。

明治維新以後、明治4年に断髪令により、力士のシンボルのまげも危うくなるところだったが、時の政府高官、西郷隆盛、板垣退助が相撲愛好家だったため、力士は例外として断髪を免れている。

昭和55年9月場所7日目、大関貴ノ花対前頭5枚目高見山戦では、東の土俵際で貴ノ花のすくい投げに対し、高見山が小手投げで対抗し、ほぼ同時に落ちた。

行司軍配は貴ノ花に上がるも物言いがつき、ビデオでは貴ノ花の大銀杏のまげが先に蛇の目の砂についており、軍配差し違えで高見山の勝ちとなった。

取組後の記者の質問で「まげがなければ勝ってましたね」に対し、貴ノ花は「まげがなければ力士じゃないよ」と切り替えしたのは名言と語られている。

幕下以下でも、十両力士との取組や、弓取式、花相撲での初っ切り、自身の引退断髪式などでは大銀杏を結うことが出来る。

床山にも階級があり、特等床山は、勤続45年以上、年齢60歳以上で特に成績優秀な者。

一等床山は、勤続30年以上で成績優秀な者、または勤続20年以上30年未満の者で特に成績優秀な者。

二等床山は、勤続20年以上で成績優秀な者、または勤続10年以上20年未満で特に成績優秀な者。

三等床山は、勤続10年以上の成績優秀な者、または勤続5年以上10年未満の者で特に成績優秀な者。

四等床山は、勤続5年以上の成

床山と談笑しながらまげを結ってもらう。お相撲さんもリラックスした表情になる

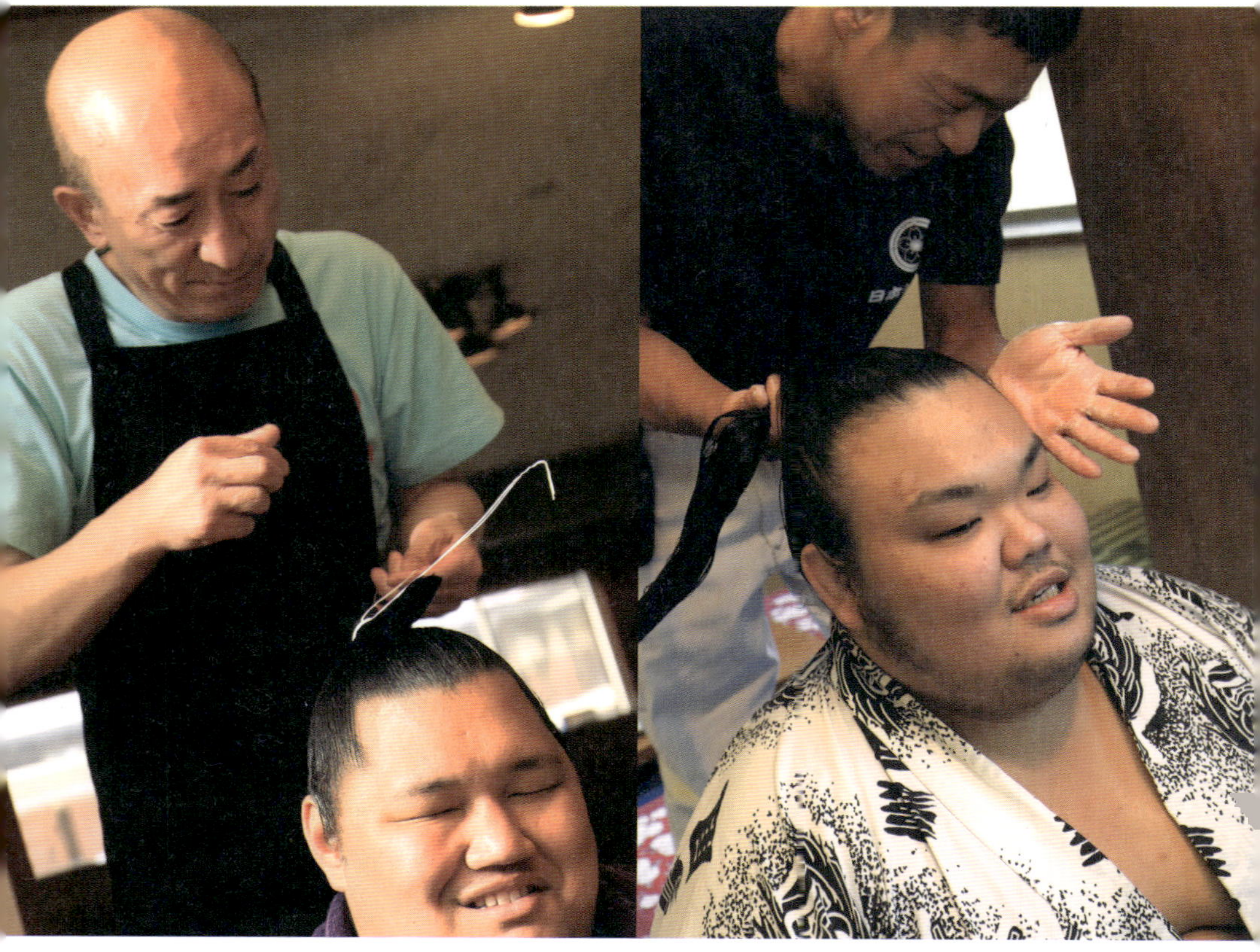

績優秀な者。

五等床山は勤続5年未満の者とランク別に分けられている。

また、特等床山は平成20年1月場所から、一等床山は平成24年1月場所から番付表に名前が掲載されるようになった。

若者頭と世話人

若者頭(わかいものがしら)は、幕下以下の力士が引退して、人格的に優れて相撲界に詳しく、若手の稽古指導がうまく、事務能力に優れた者が採用される。

師匠から引退届と同時に若者頭への申請が出され、理事会の承認を経て任命となる。定員は8名で、停年(定年)は65歳。平成29年9月現在は8名いて、幕内経験者が3名、十両経験者が5名である。これは年寄名跡を名乗りたくても有資格者になれなかった事情もあるためと思われる。

現役名をそのまま名乗っていて、NHKのBS放送で幕下以下の取組の解説を担当することもある。

力士時代同様、相撲部屋に所属し、仕事の内容としては、幕下以下の力士の監督、勝負の記録、前相撲の指導と進行、出世披露の指導と進行がある。

千秋楽の優勝決定戦の段取り、表彰式の連絡と進行、巡業や花相撲の取組の進行や調整、協会と力士間の連絡など仕事が多く、単に頭(かしら)と呼ばれている。

世話人(せわにん)は、幕下以下の力士が引退して、相撲界に残りたいという強い意欲などから、師匠が引退届と同時に、世話人申請を理事会に提出して、承認を受け任命となる。

世話人の多くは力士生活20年以上のベテラン力士がなり、定員は13名で、停年(定年)は65歳。平成29年9月現在は12名で、幕内経験者が1名、十両経験者が3名、幕下以下が8名となっている。若者頭同様に現役名をそのまま名乗っている。

仕事としては、主に若者頭の助手と、相撲競技用具の運搬、保管、管理、巡業の小屋掛け、支度部屋の用具や明け荷の管理、運搬の監督、本場所の木戸係、役員室の雑務や、相撲場の交通整理などである。

第5章

大相撲の決まり手一覧

決まり手 八十二手・勝負結果 五手・反則 八種・その他

決まり手 ｜ 基本技 七手

1 突き出し／2 突き倒し

相手の顔や胸を手のひらで突っ張って、土俵外へ出す。これで相手が土俵外、土俵内で倒れた場合は突き倒しになる。

3 押し出し／4 押し倒し

相手の胸やのど、脇の下に手を当てて押し、土俵外へ出す。相手が倒れれば押し倒しになる。

5 寄り切り／6 寄り倒し

四つに組み、相手と体を密着させ、まわしを引きつけ前か横へ進み、土俵外へ出す。相手が倒れれば寄り倒しとなる。

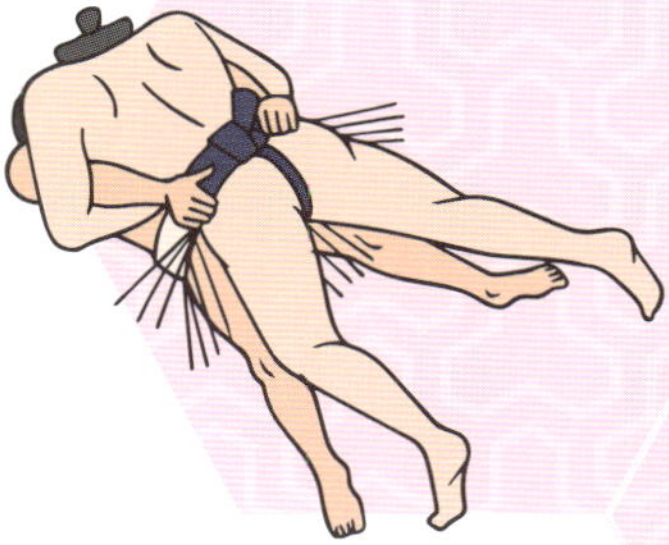

7 浴びせ倒し

四つに組み、相手に自分の体重をかけて、のしかかるように倒す技。土俵内で決まることが多い。

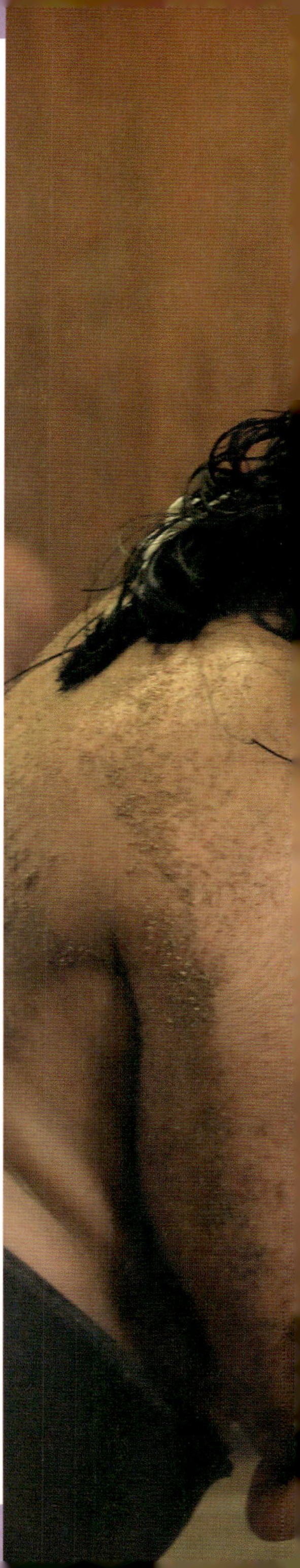

10 小手投げ

四つに組み、相手の差し手を抱えて投げ倒す技。

14 腰投げ

四つに組み、相手を自分の腰の上に乗せて投げる技。

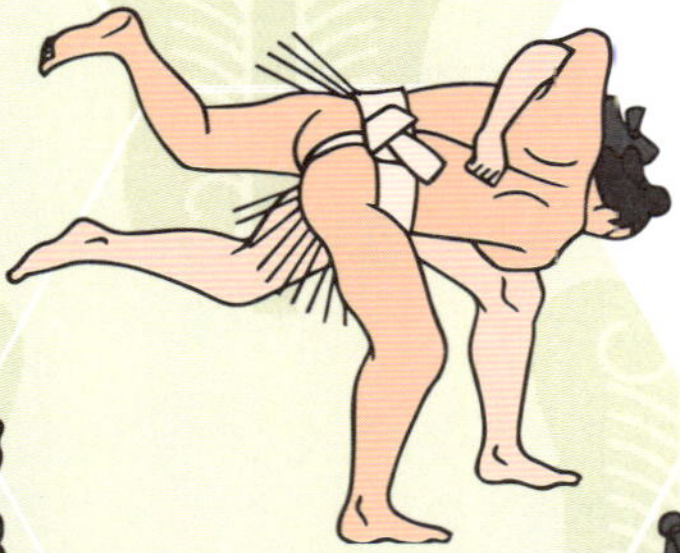

11 すくい投げ

四つに組み、まわしを取らずに差し手をすくって投げる技。

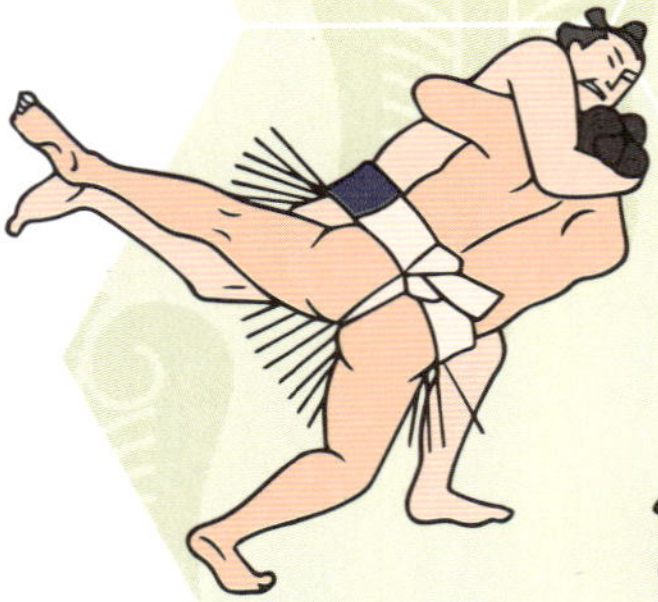

15 首投げ

相手に押し込まれたりもぐり込まれたりした時、とっさに腕で相手の首を抱えて投げる技。

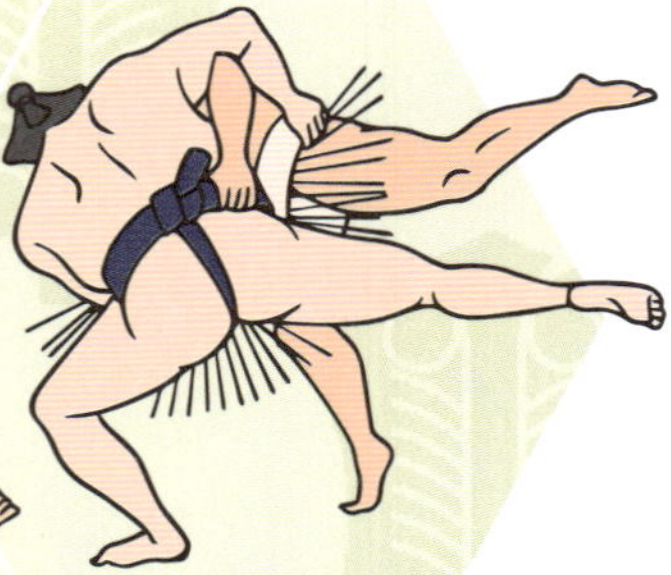

8 上手投げ / 9 下手投げ

四つに組み、相手の腕の上から取ったまわしで投げると上手投げとなる。相手の腕の下から取ったまわしで投げると下手投げとなる。

12 上手出し投げ / 13 下手出し投げ

四つに組み、相手の上手まわしを引き、まわしの引いてない足を引き、自分のほうへ引きずるように投げる技。差し手（下手）のまわしから投げると、下手出し投げとなる。

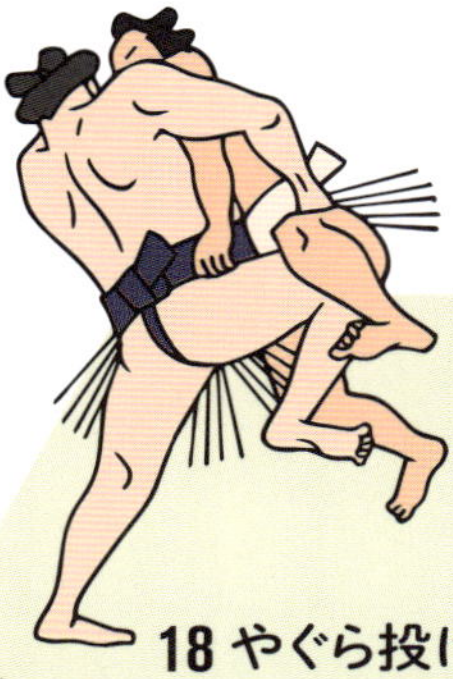

18 やぐら投げ

相手を吊りながら、相手の内股に自分のひざを入れて、跳ね上げて投げ倒す技。

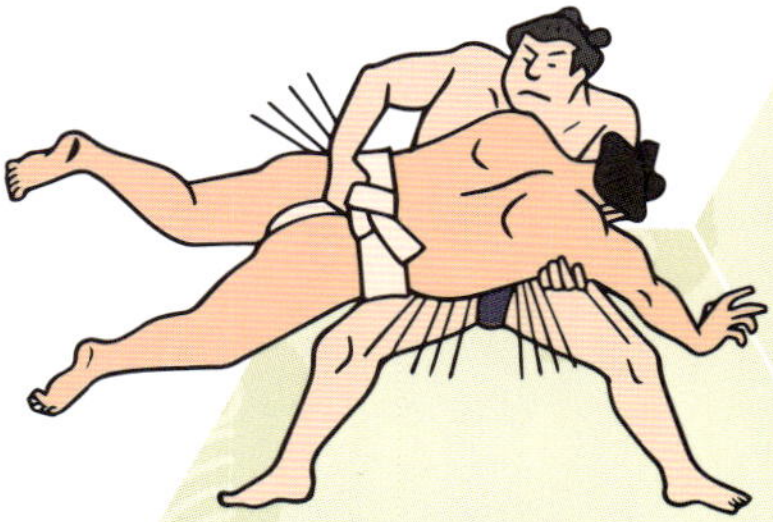

20 摑み投げ

上手まわしを取り、その上手から相手を自分の後ろに投げ捨てる技。

16 一本背負い

相手のふところに入り、相手の腕を両手で取り、肩にかついで投げ倒す技。柔道のようにひざをついてはならない。

19 掛け投げ

四つに組み、自分の右足（左足）で相手の左足（右足）を跳ね上げて投げ倒す技。

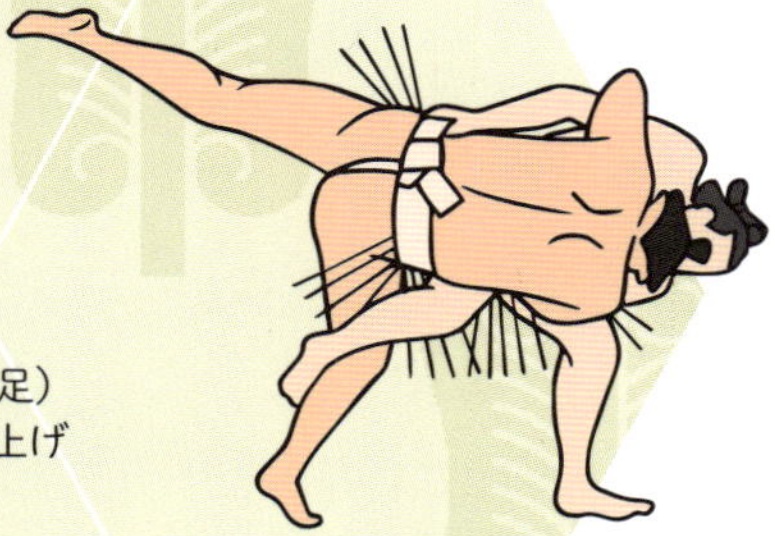

17 二丁投げ

四つに組んだ状態で、自分の右足（左足）を相手の右足（左足）の外側に掛けて投げ倒す技。

決まり手 掛け技 十八手

21 内掛け / 22 外掛け

四つに組み、自分の右足（左足）で相手の左足（右足）の内側に掛け、まわしを引きつけてあお向けに倒す技。これが外側なら外掛けとなる。

23 ちょん掛け

四つに組み、自分の右足（左足）で相手の右足（左足）の内側に掛け、まわしを引きつけてあお向けに倒す技。

24 切り返し

自分の右足（左足）で、相手の左足（右足）のひざの裏側に自分のひざを当て、相手を後ろに倒す技。

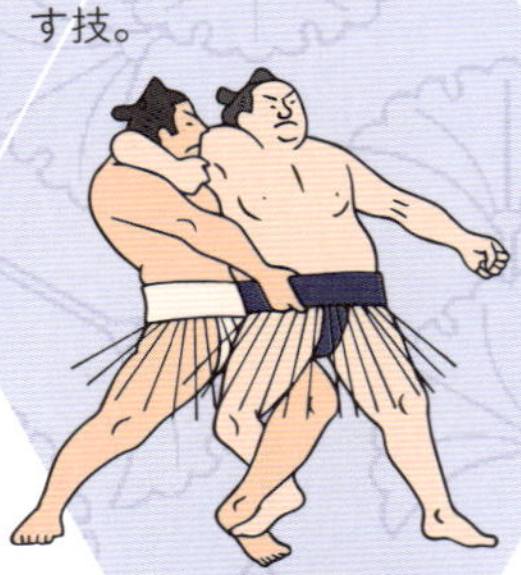

25 河津掛け

相手が外掛けや切り返しを仕掛けてきた時、相手の内側に足を掛け、後方に倒す技。

26 蹴返し

押し合っているか四つに組んでる状態で、自分の右足（左足）で、相手の右足（左足）を蹴り、相手を倒す技。

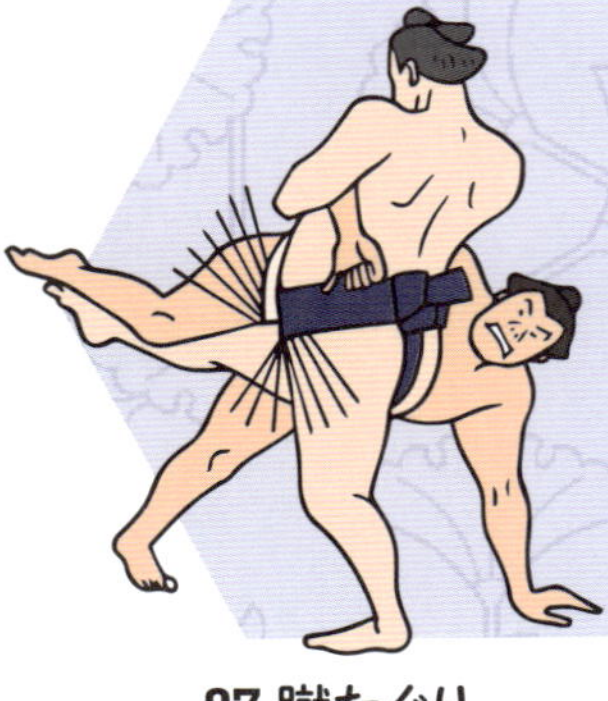

27 蹴たぐり

立ち合い、自分の右足（左足）で、相手の左足（右足）を目がけて蹴り、相手を倒す技。

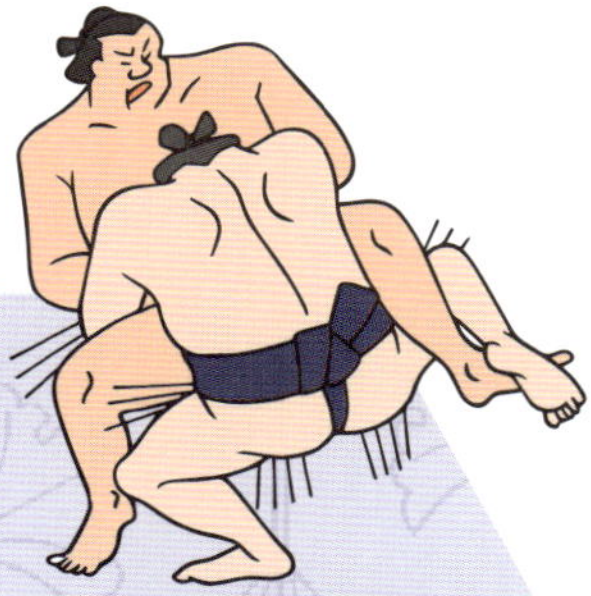

28 三所攻め

相手に外掛け、あるいは内掛けを仕掛け、手で相手の足をすくい上げ、頭で相手の胸を押して倒す技。一度に3ヶ所を攻め倒す珍しい決まり手。

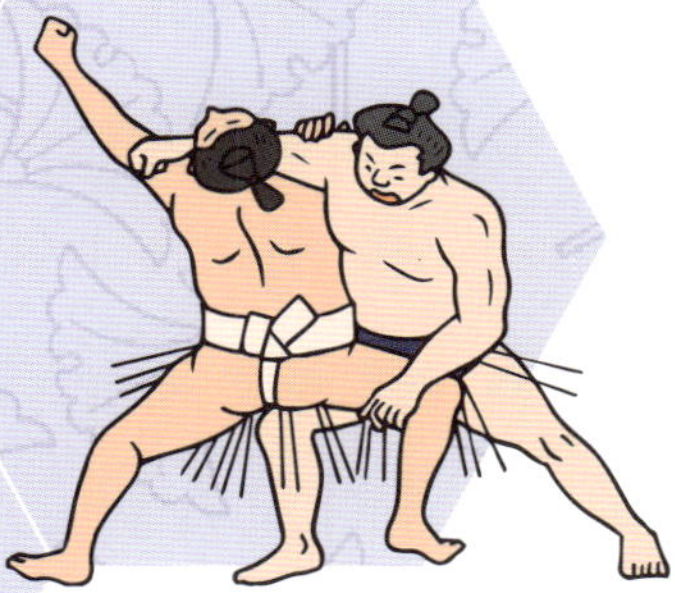

29 渡し込み

相手の片方の足を片手ですくい上げ、相手を押し倒す技。

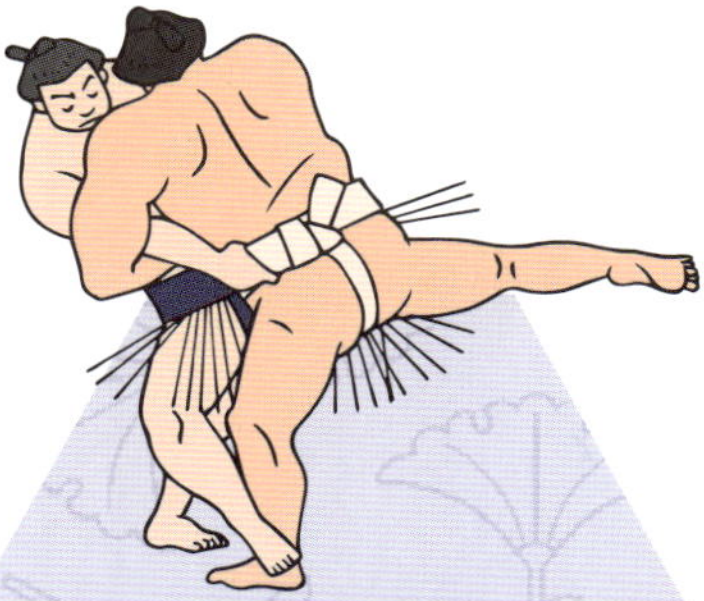

30 二枚蹴り

四つに組んで相手を吊り上げ、自分の右足（左足）で相手の左足（右足）の外側を蹴り、蹴った足のほうへ倒す技。

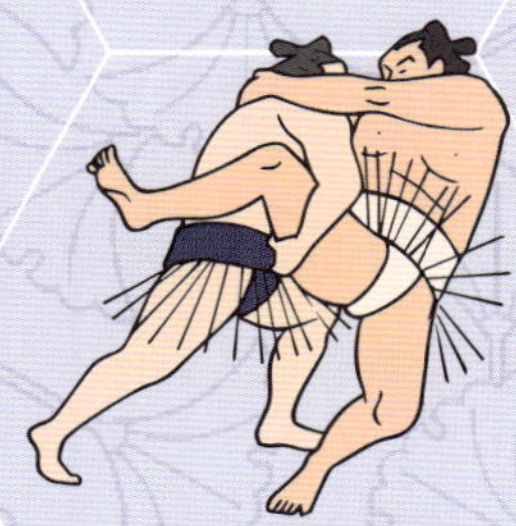

31 小股すくい

出し投げを打って、相手が残って踏み込んだ自分に近い相手の足の内股を取って倒す技。

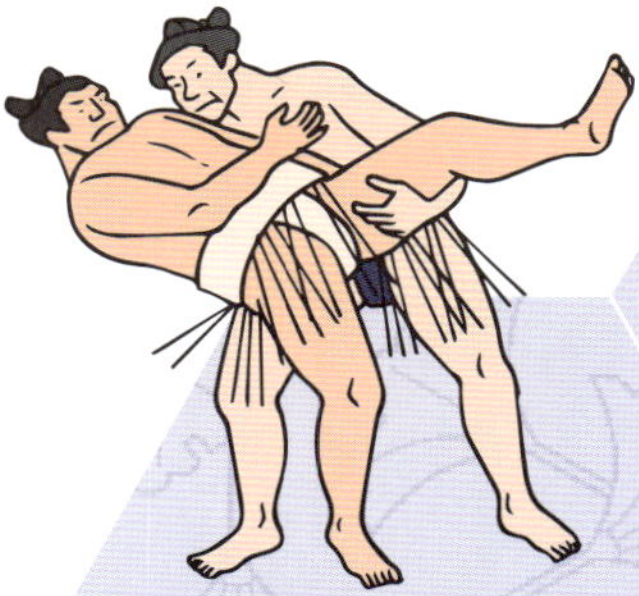

32 外小股

出し投げを打って、相手が残って踏み込んだ自分に近い相手の足の外側から取って倒す技。

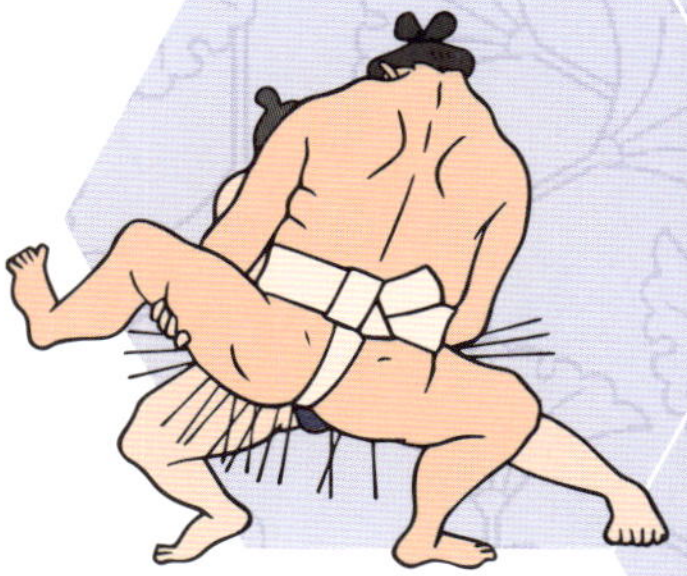

33 大股

出し投げを打って、相手が残って踏み込んだ自分に遠い相手の足を取って倒す技。

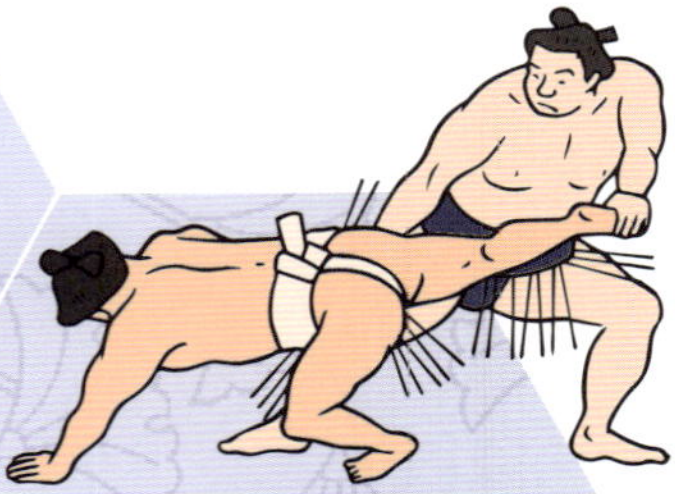

34 つま取り

出し投げを打って、相手の足の足首かつま先をすくい、前に這わす技。

35 小づま取り

相手の重心を崩し体を泳がせ、流れた相手の足首を摑んで引き上げ倒す技。

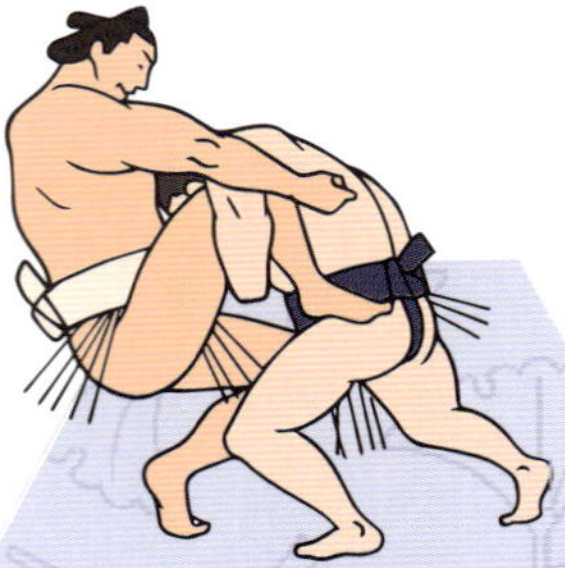

36 足取り

相手の片方の足を両手ですくい上げ、あお向けに倒す技。

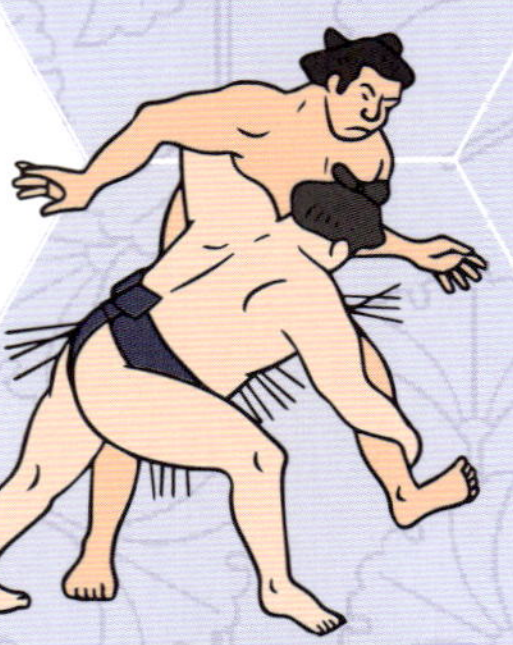

37 すそ取り

相手に投げを打たれた時、片方の手で相手の足のすそを外側から摑んで倒す技。

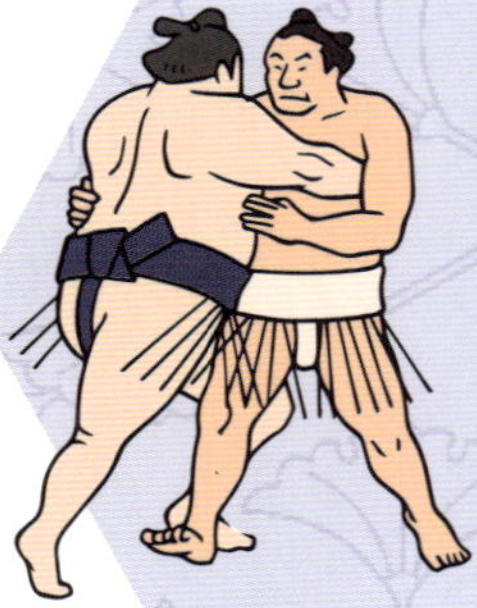

38 すそ払い

出し投げを打って、相手の踏み出した足の足首を、自分の足の外側から払って後ろ向きに倒す技。

決まり手

反り技

六手

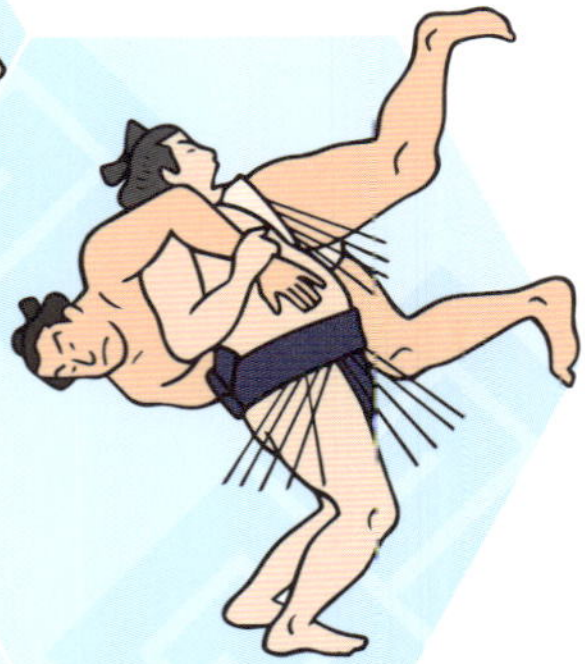

39 居反り

上からのしかかってきた相手のふところにもぐり、両手で相手のひざを押し上げて後ろへ反って倒す技。

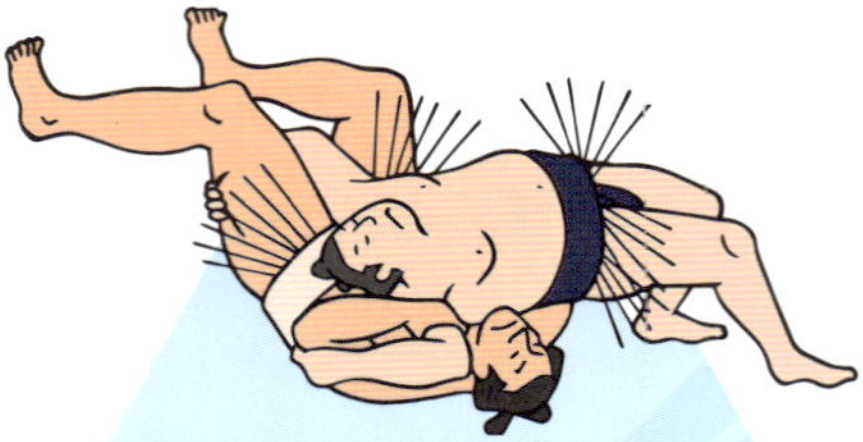

40 しゅもく反り

相手のふところへもぐりこみ、相手を横向きに肩にかつぎ上げるようにして、後ろへ反って倒す技。

41 掛け反り

相手の脇の下に頭を入れ、切り返しのように足を掛け、後ろへ反って倒す技。

42 たすき反り

片手で相手の差し手のひじを掴み、もう片手は相手の腕の下を通して、相手の足の内側からすくい上げて、後ろへ反って倒す技。

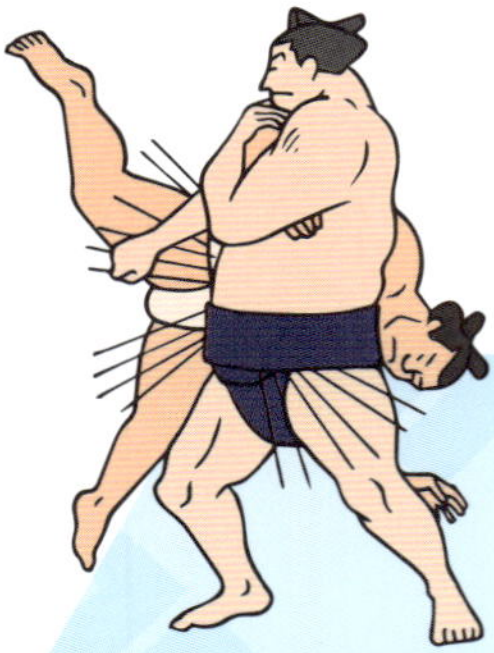

43 外たすき反り

片手で相手の差し手のひじを掴み、もう片手は相手の手の上を通して、相手の足の内側からすくい上げて、後ろへ反って倒す技。

44 伝え反り

相手の脇の下をもぐり抜け、相手を反って後ろへ倒す技。

決まり手 | 捻り技 十九手

46 巻き落とし

差し手で相手の体を抱え、巻き込むようにして捻り倒す技。

決まり手
捻り技
十九手

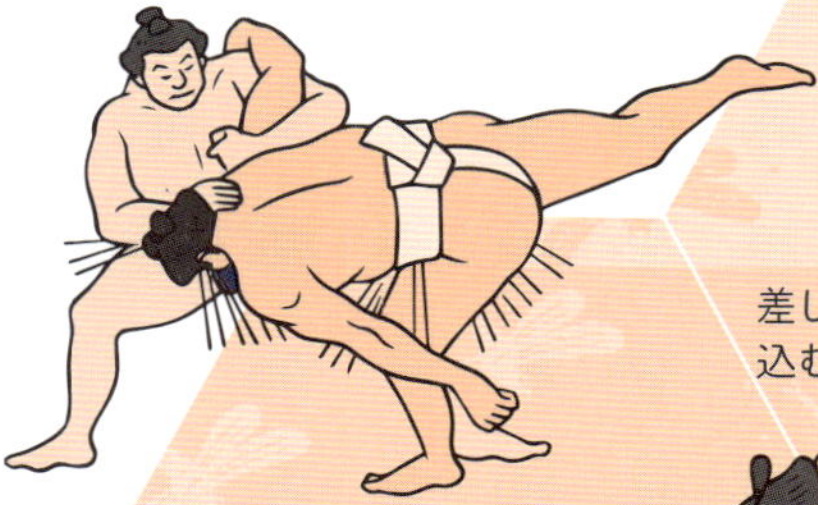

49 肩透かし

差し手を相手の脇の下に引っ掛けて、相手の肩口を叩いて前に這わす技。

47 とったり

相手の腕を両手でつ掴んで捻り、体を開いて相手をねじり倒す技。

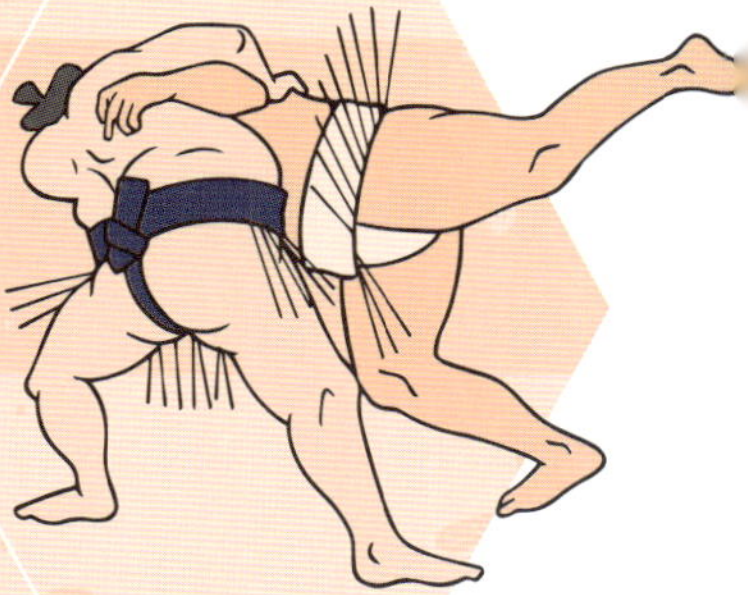

45 突き落とし

相手の脇に手を当て、相手の背中を突いて、土俵へ這わす技。

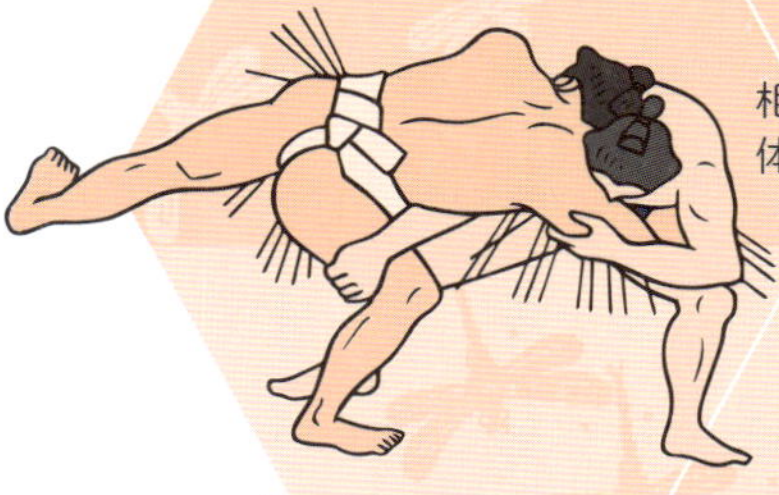

50 外無双

右手（左手）で、相手の右足（左足）の外側を払い、相手の差し手を捻って倒す技。

48 逆とったり

相手がとったりにきた時、取られた腕を抜いて逆に捻り倒す技。

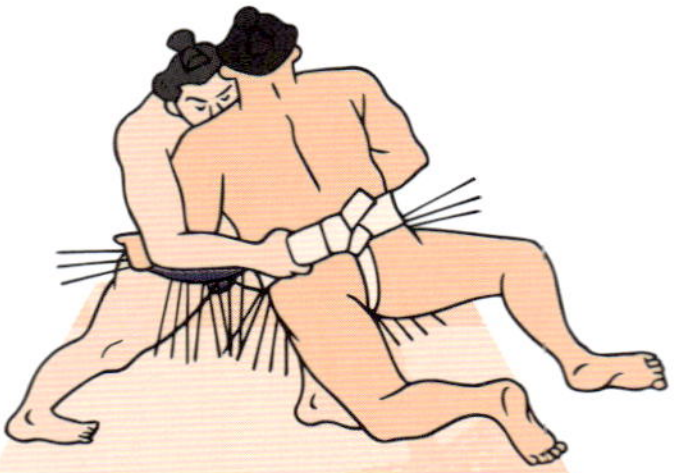

53 上手ひねり／54 下手ひねり

四つに組んで上手を摑み、上手のほうから相手をひねり倒す技。これが下手なら下手ひねりとなる。

57 はりま投げ

相手がもろ差しで攻めてきた時、肩越しに上手を引き、後方へ投げ捨てる技。

51 内無双

右手（左手）で、相手の左足（右足）の内側をすくい上げ、相手の差し手を捻って倒す技。

55 網打ち

両手で相手の腕を抱えて、後方へ捻る技。漁師が投網を打つときの様子に似ているのでこの名がついた。

58 大逆手

相手の肩越しからまわしを取り、取ったほうの手から体を反らさずに相手を投げる技。

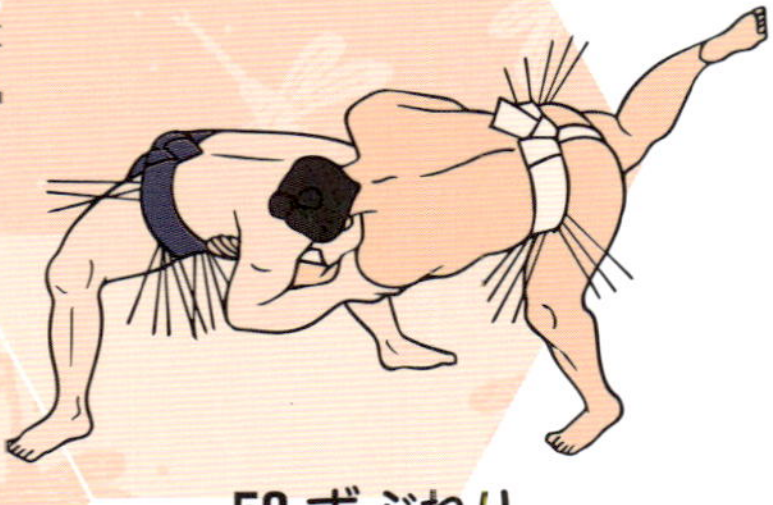

52 ずぶねり

相手の差し手かひじを摑んで、頭を軸にして相手を捻り倒す技。

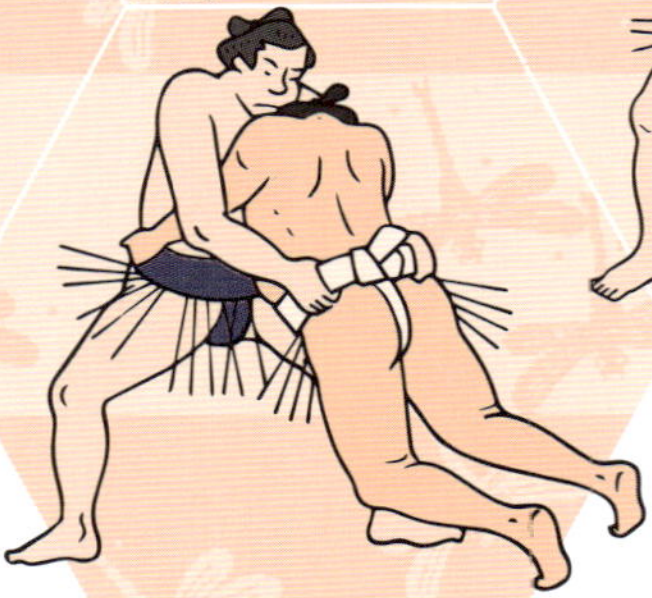

56 さば折り

四つに組んでまわしを引きつけ、相手の肩にあごを乗せてのしかかるように、相手の両ひざを土俵につかせる技。

決まり手

捻り技

十九手

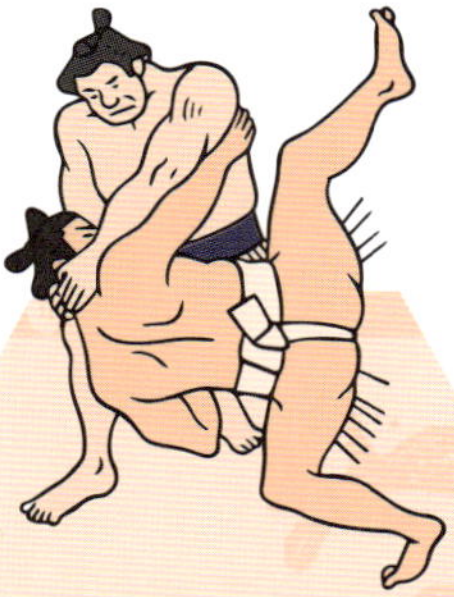

61 徳利投げ

相手の頭を両手で抱えて、左右どちらかに捻り倒す技。

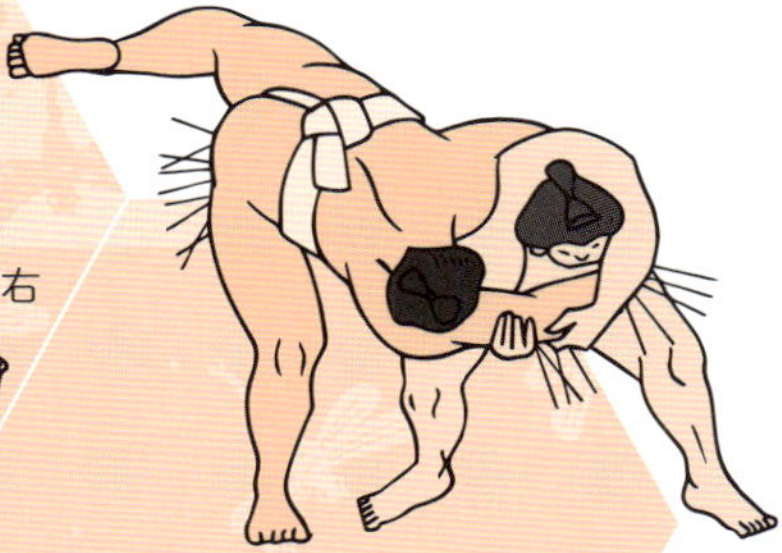

59 かいな捻り

相手の腕を両手で抱え、抱えた腕のほうから相手を捻り倒す技。

62 首捻り

片方の腕で相手の首を抱え、もう片方の手で相手の差し手を抱え、首を抱えている腕のほうへ捻り倒す技。

63 小手捻り

相手の腕を抱え、抱えたほうに捻り倒す技。小手投げとは逆方向になる。

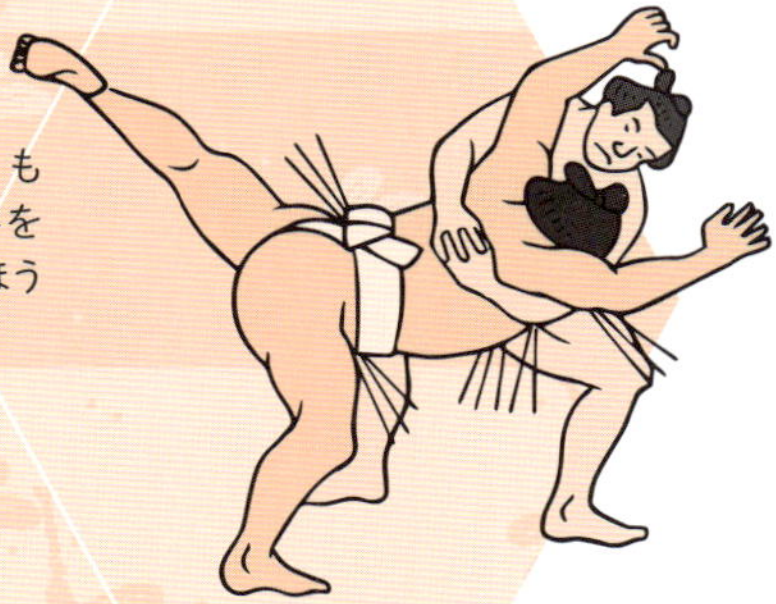

60 合掌捻り

相手の首の後ろに、自分の両手を組んで左右どちらかに捻り倒す技。

決まり手 特殊な技 十九手

65 引っかけ

突き押しの攻防の末、相手の腕を両手で抱え、土俵外へ出す技。

68 つり出し

四つに組んで、まわしを引きつけて、相手を浮かせた状態で土俵外へ運び出す技。

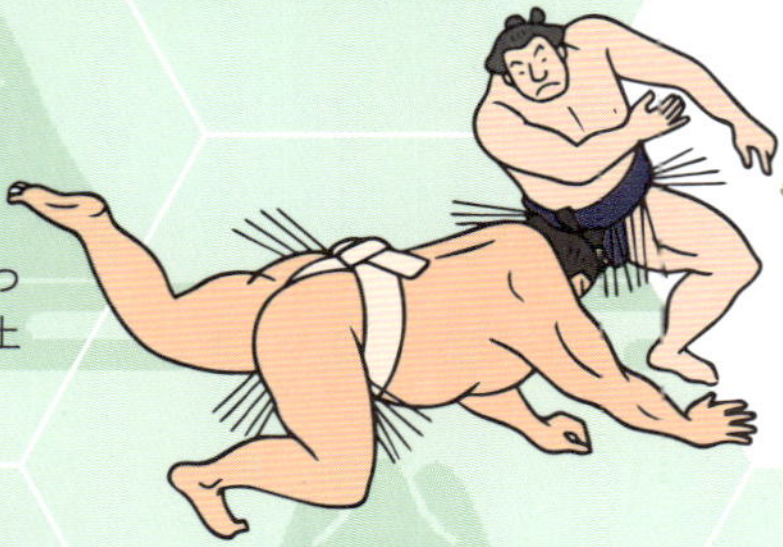

66 はたきこみ

突き押しの攻防の末、相手の腕や肩口を叩いて、土俵に這わす技。

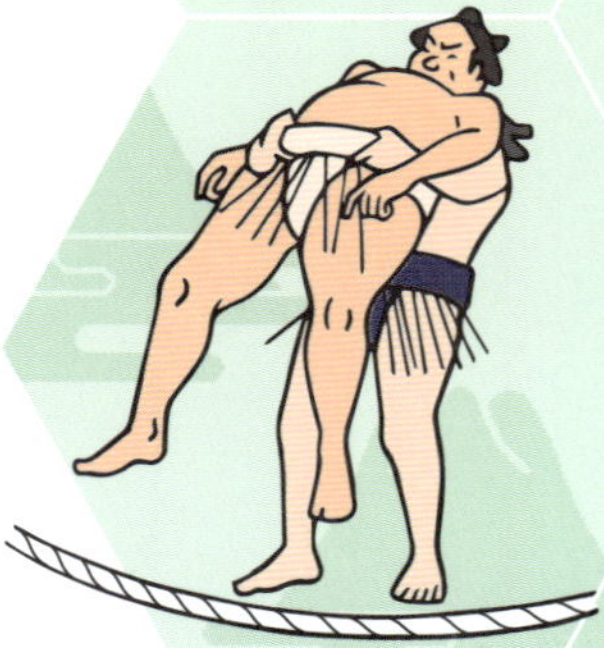

69 送りつり出し

相手が後ろ向きになった時、まわしを取って引きつけ、相手を浮かせて土俵外へ運び出す技。

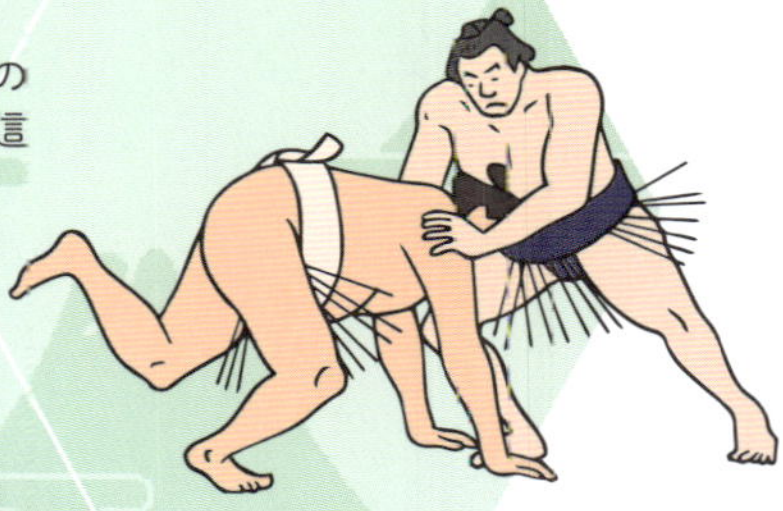

64 引き落とし

相手が低く攻めてきた時や、突っ張り合いなどで、相手の前に出てくる勢いを利用して、相手の腕や肩を正面から前に引き倒す技。

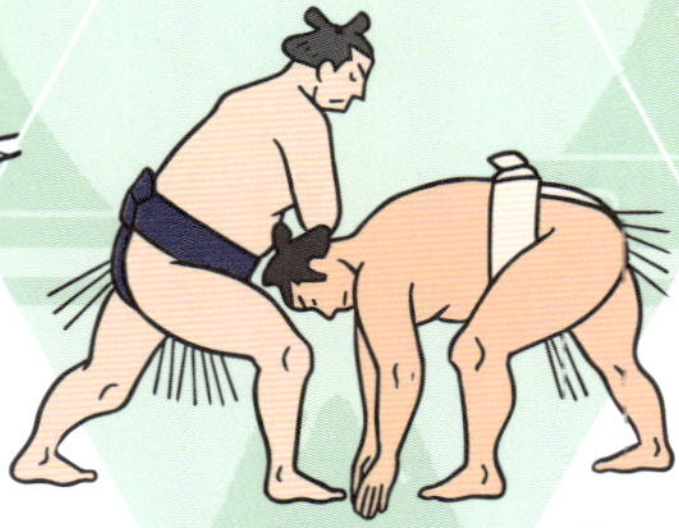

67 素首落とし

相手の首や後頭部を、上から叩いて土俵に這わす技。

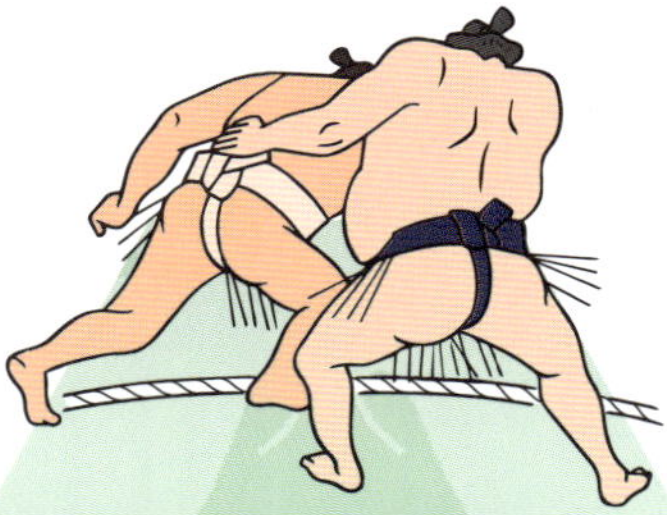

72 送り出し / 73 送り倒し

相手が後ろ向きになった時、後ろから相手を土俵外へ押し出す技。相手がそのまま倒れた場合は送り倒しとなる。

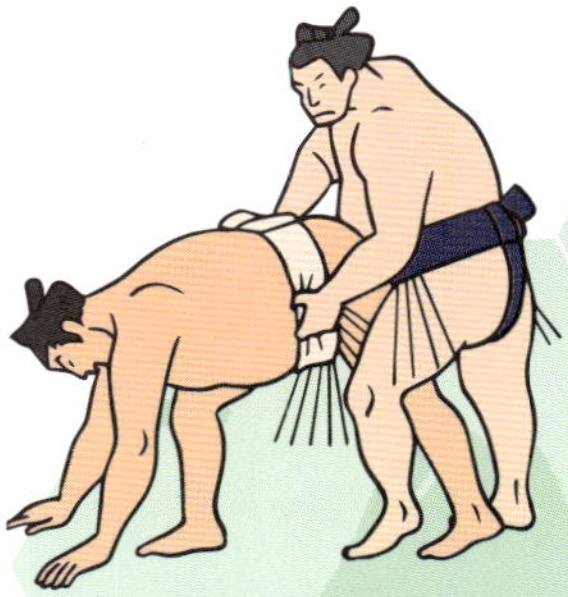

75 送り掛け

相手の後ろへまわりこみ、自分の足を相手の足に掛けて倒す技。

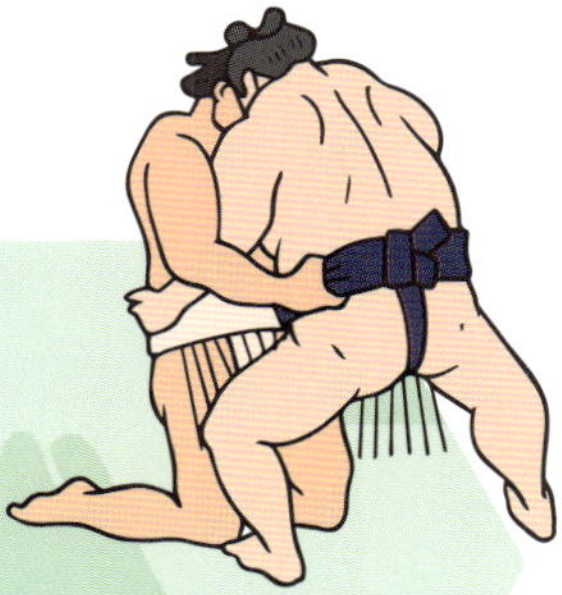

70 つり落とし

四つに組んで、まわしを引きつけて、相手を浮かせた状態で、そのまま相手を落として倒す技。

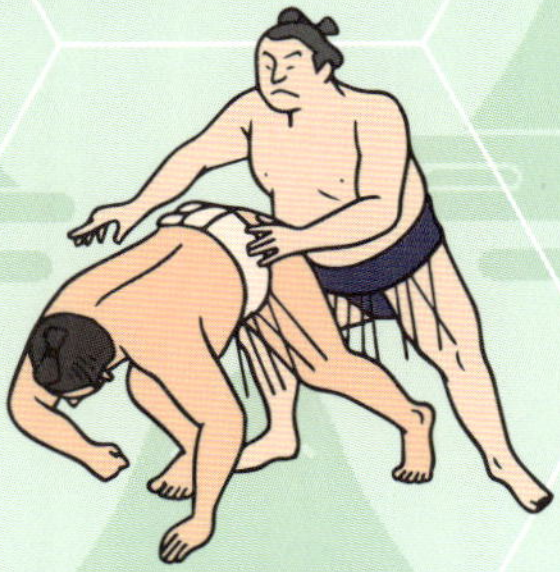

74 送り投げ

相手の後ろへまわりこみ、相手を投げ倒す技。

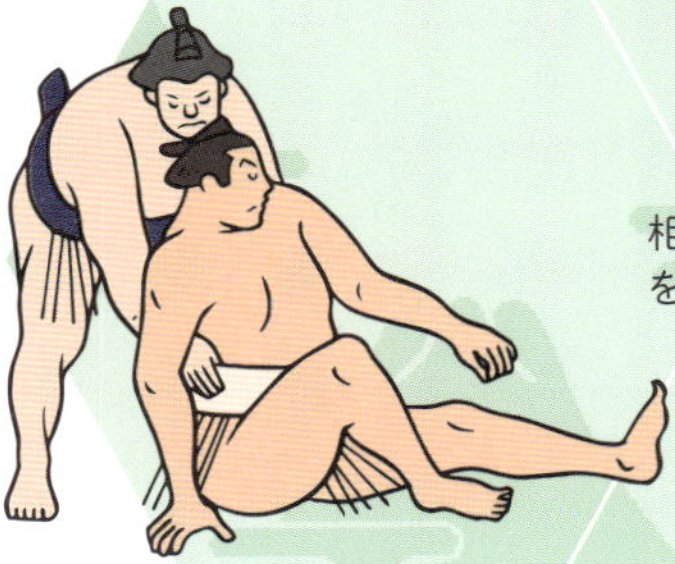

76 送り引き落とし

相手の後ろへまわりこみ、相手を自分の前方へ引き倒す技。

71 送りつり落とし

相手が後ろ向きになった時、まわしを取って引きつけ、相手を浮かせた状態で、そのまま相手を落として倒す技。

決まり手

特殊な技

十九手

79 極め出し／80 極め倒し

相手の差し手や首をはさみつけ、土俵外へ出す技。相手がそのまま倒れれば極め倒しとなる。

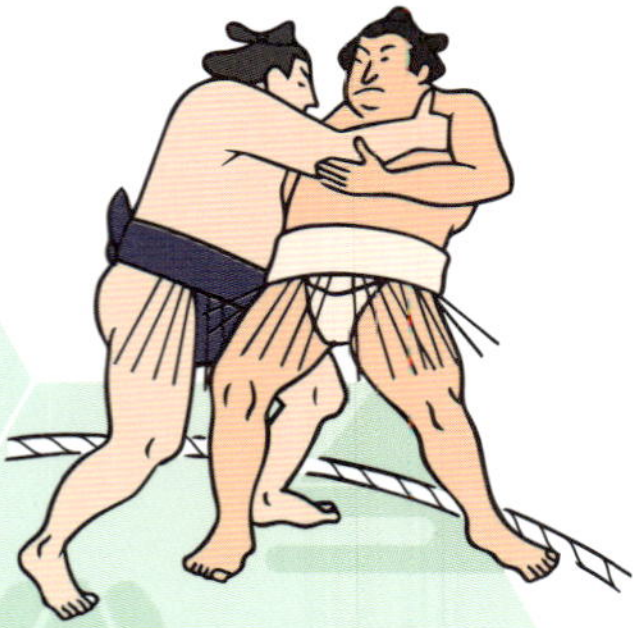

77 割り出し

片方の手で相手の二の腕を摑むかはずに当て、もう片方の手で、上手か下手か小手に抱える体勢で、相手を土俵に出す技。

82 呼び戻し

四つに組んで、上手を引きつけるか、相手の差し手を呼び込んでおいてから、自分の差し手を相手の方向へ突きつけて捻り倒す技。

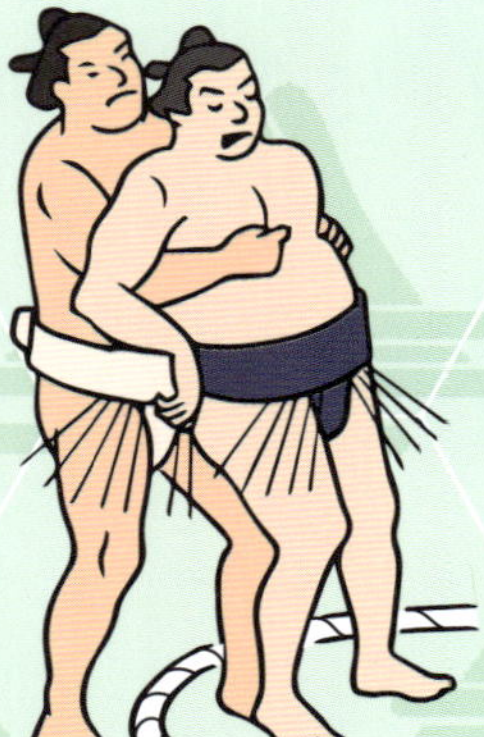

81 後ろもたれ

相手に後ろにまわりこまれた時、もたれこむように相手を土俵外へ出す技。

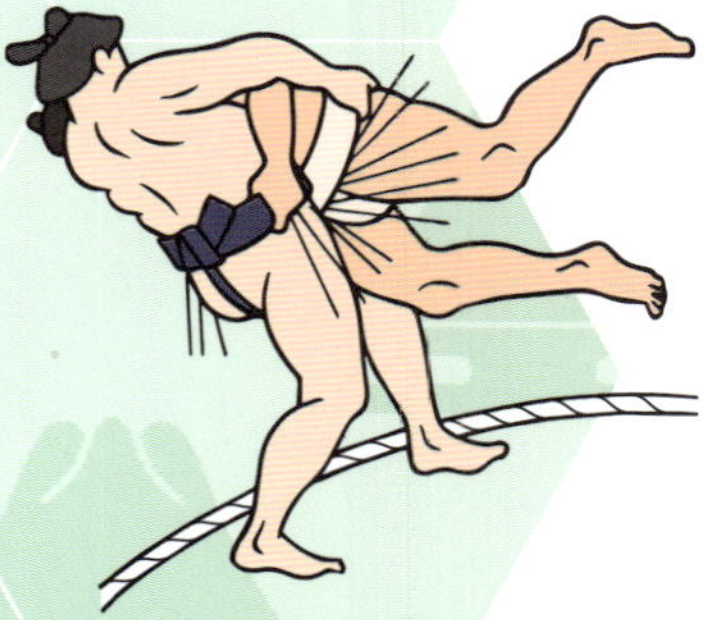

78 うっちゃり

相手に寄りたてられた土俵際で、腰を落として左右どちらかへ体を捻り、相手を振って落とす技。

非技 ｜ 勝負結果 五手

4 つきひざ

相手がなにも力を加えていないのに、バランスを崩して土俵にひざをついてしまった場合。

2 腰くだけ

相手がなにも力を加えていないのに、体勢を崩して倒れてしまう場合。

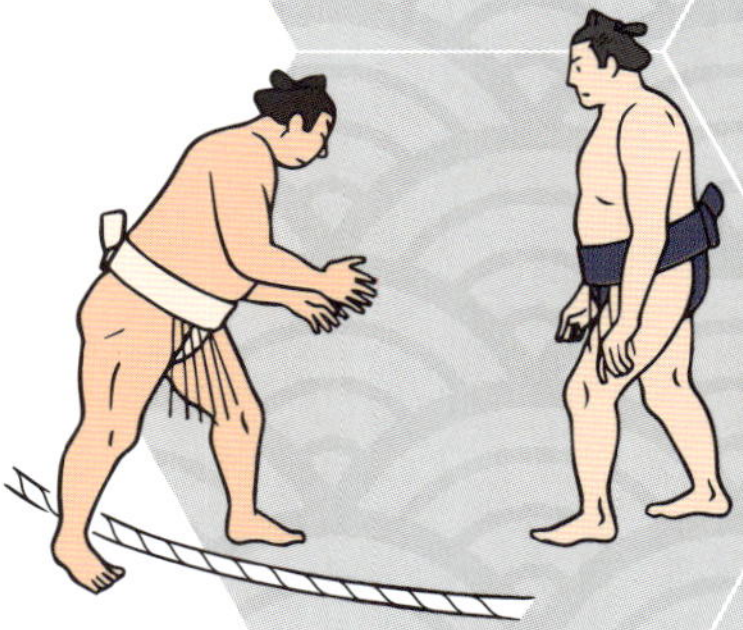

5 踏み出し

相手がなにも力を加えていないのに、後方へ下がって足を土俵外へ踏み切ってしまった場合。

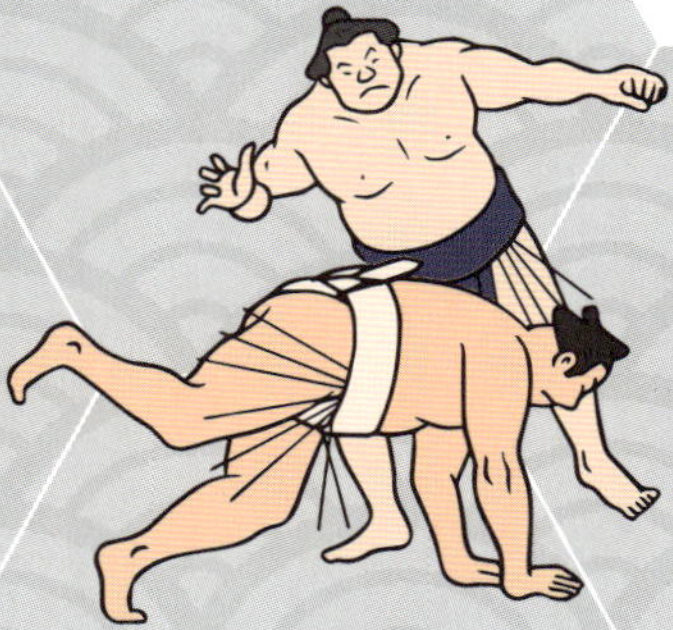

3 つき手

相手がなにも力を加えていないのに、バランスを崩して土俵に手をついてしまった場合。

1 勇み足

相手を土俵際まで押しこんだり、寄り立てたりしたが、相手より先に足を踏み越してしまった場合。

反則

1. 握りこぶしで殴ること。
2. 故意に頭髪を摑んで引くこと。（偶然まげに指が入って引いても反則）
3. 目やみぞおちなどの急所を突くこと。
4. 両耳を同時に両手のひらで張ること。
5. 前縦褌をつかみ、また横から指を入れて引くこと。
6. のどを摑むこと。
7. 胸や腹を蹴ること。
8. 一指または二指を折り返すこと。

その他

不浄負け
前縦褌が外れて局部があらわになると負けとなる。

第6章 昭和～平成名勝負10選

○前頭3・安藝ノ海 ×（外掛け）
●横綱・双葉山
昭和14年1月場所4日目

不世出の大横綱双葉山は、幼少時代に負った吹き矢による負傷がもとで、右目がほとんど見えないハンデがあった。

家計を助けるために海運業の仕事をして、船に乗っていたことから自然と足腰が鍛えられ、肉体的にも精神的にもたくましい少年時代を送っていた。

地元大分の、ある相撲大会で強さを発揮したことが新聞に載り、これが大分の警察部長の目に留まり、口利きがあって昭和2年に立浪部屋への入門が決まった。

幕下までは図抜けた好成績はなかったが、昭和6年5月に19歳3ヶ月で十両昇進。

昭和7年1月場所前に勃発した春秋園事件（力士の待遇改善などの争議）で、革新派に

寝返って協会を離脱した力士の繰り上げで新入幕となる。

入幕後4年ほどは、正攻法の相撲を取っていたが、体重がなく、目立った強さを発揮出来なかった。足腰が強かったため、押されると下がりながら土俵際でうっちゃり、うっちゃり双葉と揶揄されていた。

蓄膿症の手術を機に体重が増えて押されなくなったのと、後の先をとる（相手より立ち遅れるように見えるが先手を取る）立ち合いの確立によって、右四つからの吊り寄り、上手投げの型に磨きがかかった。

昭和11年1月場所7日目の瓊ノ浦（たまのうら＝のち両國）戦から足掛け4年、破竹の勢いで、前頭3枚目から無敗のまま、関脇で全勝初優勝、大関も2場所連続全勝優勝で双葉山は一気に横綱まで駆け上がった。

新横綱から2場所連続全勝優勝と、いったい誰が双葉山の連勝をストップさせるのか、相撲人気は沸騰していった。

そして昭和14年1月場所4日目、69連勝中の双葉山に対し、名門出羽海部屋から新進気鋭、打倒双葉の急先鋒、前頭3枚目の安藝ノ海との初顔合わせの一番。

安藝ノ海は広島市宇品の出身で、昭和6年に広島で開催さ

○ 前頭3・安藝ノ海 ×（外掛け）● 横綱・双葉山

昭和14年1月場所4日目

れた関西中学校相撲選手権で、観戦中に藤島（元横綱常ノ花）にスカウトされ、翌昭和7年2月に出羽海部屋に入門した。

安藝ノ海は、「対戦相手はみなウジ虫だと思って土俵にあがった」というほどの向こうっ気の強さだった。

幕内番付の方屋の半分を占めていた当時出羽海一門では、打倒双葉の作戦参謀として、早稲田大学出身の笠置山が連日様々な作戦を練っていた。

双葉山の右目にハンデがあることを笠置山は知っており、双葉山は右につかれると嫌がるから、すくってきたら足を掛けろと安藝ノ海に伝えた。

立ち合いから激しく突っ張りとのど輪を繰り出す安藝ノ海に対し、双葉山も安藝ノ海の腕を当てがいながら応戦し、先に得意の右をのぞかせてきた。

やや遅れたが、安藝ノ海も右で前みつ、左で横みつを引き、左半身に食い下がり、頭をつけた。笠置山の作戦どおり、双葉山の右に食いついた。

双葉山は右の腕を返し、左は抱え込みながら東土俵へ前進。まわしが取れず焦り気味に右からやや強引にすくうが、棒立ちの双葉山の右足に、安藝ノ海の左からの外掛けがさっとかかる。

さすがの双葉山は、この外掛けを外してグラつきながらも、右から下手投げで応戦した。

しかし安藝ノ海は左上手を引きつけ、右の差し手をグンと突きつけて体を浴びせると、双葉山は左足から折れて土俵に倒れた。

今なお、連勝記録のトップである双葉山の69連勝はこうしてストップした。観衆は総立ち、館内は騒然、座布団やタバコ盆が雨のように降り注ぎ、新聞は号外が出るほどであった。

安藝ノ海はその後、昭和18年に横綱へ昇進したが、のちに9回対戦するも、二度と双葉山には勝てなかった。

横綱で名を上げたことより、双葉山の連勝を69でストップさせた男として有名である。

○横綱・栃錦×（首投げ）●大関・大内山

昭和30年5月場所千秋楽

この場所の10日目に、昭和天皇が初めて蔵前国技館を訪れ、大相撲を観戦。18年ぶりの天覧相撲となった。

すでに14日目に横綱として初優勝（通算5回目）の決まっている横綱栃錦に対し、新大関大内山はここまで9勝5敗。誰しもが熱のこもらぬ消化試合のような取組を予想しただろう。

両者立ち合い、栃錦は低くぶちかますが、大内山は猛然と張り手を交えた突っ張りをみせ、栃錦のアゴに炸裂する。張られて脳震盪気味の栃錦の頭が、左右にグラングランするほどの凄まじさで館内は騒然。女性の観客は悲鳴をあげたという。

それでも優勝の決まっている好調栃錦は耐え抜き、左からおっつけてもろ差し、左内掛け。大内山がかんぬきに極めて出ると、今度は二枚蹴り。それを残されると左下手出し投げにいく。

一方、これを残した大内山は、離れるや再び長いリーチを生かして張り手を交えて猛然と突きたてる。

凄惨なまでの大内山の突きに、アゴを絶対上げないといわ

れた栃錦のアゴが上がった。目を覆う観客もいたほどだ。

栃錦は右差し、左ハズで潜ろうとするところを、大内山は右おっつけから得意の右差しに成功した。

右四つ得意の大内山に対し、左四つ得意で右四つでは技がない栃錦と思われたが、安心した大内山に一瞬のスキがあった。

178センチ、109キロの栃錦は、大内山の首に飛びつくように左から首を巻き、腰をつきつけて首投げを放つ。

203センチ、155キロの大内山の巨体は、スローモーションのように大きくゆっくり弧を描くように落ち、鮮やかに大首投げが決まった。

○ 横綱・栃錦 ×（首投げ）● 大関・大内山
昭和30年5月場所千秋楽

栃錦は、優勝の決まった後の千秋楽の相撲で、よくあれだけの相撲を取ったと、師匠春日野（元横綱栃木山）に生涯唯一褒められたとのこと。

負けた大内山は「栃関（栃錦）の顔面がどんどん赤くなるのがわかり、気の毒に思いっい力が抜けてしまったが、負けたならもっとやれば（突っ張り、張り手）よかった」と、のちに述懐している。

両者の敢闘精神あふれる大死闘の一番であった。

○横綱・若乃花 ×（寄り切り）●横綱・栃錦
昭和35年3月場所千秋楽

15日制になり、14戦全勝同士の横綱決戦は大相撲史上初の大一番となり、異様な雰囲気に包まれていた。

さて、この大一番は栃錦が左手を出して先制攻撃を見せるも、若乃花はがっぷり左四つに組み止めた。

ひと呼吸おいてから、若乃花が東土俵へ横吊り気味に激

しく寄り立てるも、栃錦は土俵際でよくこらえ、再び土俵中央へと戻る。

動きの少ない長い相撲だったが、両者の気迫が凄まじい。横綱同士で14戦全勝対決にふさわしい雰囲気だった。

2分半経過したところ、じれた栃錦は勝負に出た。今の若乃花に左四つがっぷりでは自分は分が悪いと見て、左差しを抜いて、若乃花の右上手を切りに若乃花の右手首を左手で押さえ体重をかけた。

相手がまわしを切りにきた時は出るのが鉄則とばかりに、若乃花は向正面へ寄り立て、もろ差しから堂々栃錦を寄り切った。

若乃花は8度目の優勝を初の全勝で飾り、この年はさらに2度優勝と好調を維持した。

栃錦はこの場所を含めて、7場所の成績が95勝10敗で勝率が9割を超えたが、翌5月場所に初日から連敗するとあっさり引退した。

師匠春日野（元横綱栃木山）からは、「横綱とは桜の花が散るがごとく引退するものだ」と、潔く去れとの教えを守ったのだ。

この若乃花との大一番に敗れたのが、引き際のきっかけになったのだ。対戦成績は栃錦の19勝15敗。

○前頭筆頭・戸田×（押し出し）
●横綱・大鵬
昭和44年3月場所2日目

昭和42年11月場所から5場所連続休場、直前の3場所が連続全休の横綱大鵬だったが、昭和43年9月場所初日に栃東に敗れた後、連勝街道まっしぐらで、気づけば3場所連続優勝。連勝も44まで伸ばしていた。

昭和44年3月場所、初日小結藤ノ川を上手出し投げに破り、45連勝とし、2日目の相手は、前場所11勝を挙げて敢闘賞を受賞した伸び盛り、新進気鋭の戸田との初顔合わせとなった。

立ち合い、低く飛び込み大鵬目がけてぶちかました戸田。対して大鵬は若手の当たりを胸で受けて立つ。

ぶちかますと同時に右からのど輪と左おっつけで大鵬を東土俵で攻めたてる戸田。左から突いて戸田の攻撃をかわした大鵬だったが、戸田はさらに左のど輪と右おっつけで大鵬に対し攻撃の手をゆるめない。

強い右おっつけにさすがの大

鵬もグラついたが、俵に右足がかかって踏ん張って向き直り、両はずで攻めてくる戸田を右へ土俵づたいにはたいてまわると、戸田の右足が東土俵外の蛇の目の砂を掃いた。しかし戸田は大鵬を押し続け、たまらず大鵬も正面青房下へ土俵を割った。

行司22代伊之助の軍配は、戸田の足が早く出たとみて、大鵬に上がるもすぐに千賀ノ浦審判（元大関栃光）から物言いがついた。

正面審判長の春日野（元横綱栃錦）は、戸田の足が先に出たと見たが、あとの4人はそれを見落としていた。

5人の勝負審判の裁定は4対1で戸田。行司軍配差し違えで戸田の勝ちとなった。大鵬の連勝は45でストップした。

当時はビデオを参考にする判定がなく45連勝中だった大鵬のこともあり、相撲協会には抗議の電話が殺到した。現在では間違いなく大鵬の勝ちである。

のちに世紀の大誤審と言われるようになった問題の取組。相撲協会もこれをきっかけに、翌場所から勝負判定にビデオを参考にすることになった。

○ 前頭筆頭・戸田 ×（押し出し）● 横綱・大鵬
昭和44年3月場所2日目

○横綱・北の富士 ×（外掛け）
●関脇・貴ノ花
昭和47年1月場所8日目

2人の取組は、行司泣かせの一番として常に話題となっていたが、この一番はその究極といえる取組だった。

前年、昭和46年9月場所後に、北の富士のライバルだった横綱玉の海は、虫垂炎術後の肺動脈冠血栓症のため、27歳の若さで現役死した。

北の富士は、一人横綱となった直後の11月場所は、13勝2敗で8回目の優勝で面目を保ったが、この1月場所は絶不調でここまで4勝3敗。

一方、貴ノ花は幕内16場所目で、ここ1年近くは三役に定着し、関脇が連続3場所目となり、大関の足固めを睨んで、ここまで5勝2敗とまずまずの成績で中日を迎えた。

立ち合い、北の富士は右から張り差し、貴ノ花は低くぶちかまし、北の富士は肩越しに右上手を引き、そのまま引きつけて西土俵へ速攻で寄りながら左外掛けをみせる。

足腰のいい貴ノ花はなんなくかわし、北の富士の左足を跳ね上げて強烈な掛け投げをみせ、腰高の北の富士は辛くも土俵際で残す。

再び土俵中央へ戻り、左四つがっぷりから攻撃の手をゆるめない北の富士は、今度は右から外掛けにいき、そのまま体を預けてのしかかる。

ブリッジのような反り身になりながらも、貴ノ花は右上手から北の富士を横へ振ると、たまらず北の富士は右手をつき、遅れて貴ノ花の体が落ちた。

25代木村庄之助は、北の富士のつき手とみて貴ノ花に軍配を上げたが、すぐに物言いがついた。

庄之助は審判に対し、貴ノ花の体はまだ生きており、貴ノ花の勝ちを主張し、協議が5分を超える大物言いとなった。

審判委員の協議は、北の富士のつき手を支持する審判が1人に対し、北の富士が貴ノ花の体をかばって先に手をついたかばい手を支持する審判が4人となった。結果、軍配差し違

えで北の富士の勝ちとなった。

この一番で25代木村庄之助は、翌日から千秋楽まで出場停止となった。

昭和46年末の日本相撲協会から出された改革案に反対し、行司がストライキをした時の責任者だったこともあり、退職届を提出したところこれを受理され、停年（定年）を前にして55年に及ぶ行司生活にピリオドを打った。

後年、北の富士はこの一番を振り返り、「当時は自分が勝っていると思っていたが、ビデオでよく見ると、明らかに貴ノ花の体は生きている。自分は負けで行司さんの判定は正しかった」と述懐している。

○ 横綱・北の富士 ×（外掛け）● 関脇・貴ノ花
昭和47年1月場所8日目

○大関・貴ノ花 ×（寄り切り）●横綱・北の湖
昭和50年3月場所優勝決定戦

数々の最年少記録を塗り替えた、21歳の若き横綱北の湖は在位4場所目で、初日黒姫山、14日目に新大関魁傑に破れ12勝2敗。

一方、横綱若乃花の実弟として、角界のプリンスとして、角界人気随一の大関貴ノ花は25歳。在位15場所目。

同時に大関へ昇進したライバル輪島は、4場所で横綱に昇進し、完全に水をあけられてしまった。


貴ノ花は大関昇進後、いわゆるハチナナ（8勝7敗）、クンロク（9勝6敗）と故障に因る休場の繰り返しだった。

昭和49年11月場所で、大関昇進後最高の11勝を挙げ、翌50年1月場所も10勝と、徐々にだが大関としてまずまずの成績を挙げはじめた。

次の横綱候補として足固めとなるこの場所で、4日目に荒瀬に敗れたのみで、14日目まで13勝1敗で優勝争いの単独

○ 大関・貴ノ花 ×（寄り切り）● 横綱・北の湖

昭和50年3月場所優勝決定戦

トップに躍り出た。

横綱輪島が4日目から休場し、北の湖と貴ノ花の優勝争いに絞られて、千秋楽に対戦となった。貴ノ花が勝てば初優勝。北の湖が勝てば同点決勝。

本割の結びの一番では、北の湖は立ち合い右から張って素早く右上手を取り、左を挟みつけて下手を取った。

貴ノ花は左半身で防戦、右で北の湖の左下手を切ろうとしたが切れず、右で前みつを引いたがかえって苦しい。

北の湖は寄っては右上手投げ、寄っては左下手投げを打つが、ここは貴ノ花も残して土俵中央へ戻る。

完全に左がっぷり四つとな

り、貴ノ花が右上手から引きつけて出る鼻を、逆に北の湖は右上手を引きつけて、向正面に強引な右上手投げ。

軽量の貴ノ花を土俵外へ吹っ飛ばして互いに13勝2敗となり、優勝決定戦へともつれ込んだ。

10分の休憩後、再び両者は決定戦に挑む。互いに1度ずつ立ち合いを突っかけ、3度目に立ち合う。

さっきと同じような右から張った立ち合いの北の湖は、さっと右上手を引き、貴ノ花は左半身だが、右で北の湖に左を差させない差し手争い。

貴ノ花はもろ差しに差し勝ったが、北の湖は右上手を引き、左は抱えたまま強引に吊ったが、貴ノ花はこれを残して潜る。

左の差し手を深くして北の湖の右上手を遠くし、貴ノ花の右と北の湖の左の差し手争いで、北の湖の左手首をつかんで許さない。

ひと呼吸置いた後、北の湖は正面に下がり、体を開いて強引な上手投げを試みるが、左手がバンザイでかえって体勢を悪くし、左足を送って投げを防いだ貴ノ花に正面で右前みつを許した。

左を深く差し、右前みつを引いて食い下がった貴ノ花は、右前みつを引きつけ、深い右上手のみで棒立ちになった北の湖を西土俵に寄り切り、悲願の初優勝を決めた。

この瞬間、満員の大阪府立体育会館はゴーというもの凄い大歓声に包まれ、座布団の乱舞で土俵が埋めつくされるほどだった。テレビの視聴率も50%を超えた。

貴ノ花は、綱取りとなった翌5月場所では序盤で3敗して綱とりならず。7月場所は途中休場した。

9月場所はカド番ながら、再び北の湖と12勝3敗同士で優勝決定戦となり、貴ノ花が上手投げで北の湖を破り、2回目の優勝に輝いた。

○関脇・千代の富士
×（上手出投）
●横綱・北の湖
昭和56年1月場所優勝決定戦

角界の第一人者として君臨している横綱北の湖は、すでに優勝20回を誇り、27歳のこの年まで大きな故障もなく、初土俵以来無休のまま、近い将来に大鵬の持つ優勝32回を塗り替える勢いであった。

一方、関脇2場所目で早くも大関取りの場所となった破竹の勢いの千代の富士は、数年前まで１００キロに満たない体重ながら、体に合わない強引な投げ技が得意。

気の強い性格も手伝って、その技が決まるために止められず、肩の脱臼癖で数度の休場を繰り返していた。

師匠九重(元横綱千代の山)が亡くなり、新師匠に兄弟子の元横綱北の富士がなってからは、肩に筋肉の鎧をつけろとのアドバイスを受け、毎日５００回の腕立て伏せをして肩の周りに筋肉をつけた。

１００キロを超えたあたりから、立ち合いからがっぷりに組まずに、左前褌を狙って素早く踏み込む立ち合いを確立した。

昭和55年３月場所の初金星あたりから成績も安定し、幕内上位で勝ち越せるようになった。

９月場所で初めて小結で勝ち越し(10勝5敗)、11月場所は新関脇で11勝を挙げ、この56年1月場所で早くも大関取りのチャンスが巡ってきた。

前場所の３日目に横綱三重ノ海が引退し、この場所の７日目に、角界のプリンスとして長く人気を背負った大関貴ノ花が、在位50場所をもって土俵を去った。

世代交代の様相の角界において、次を担う役者としてうってつけだったのが、ウルフこと千代の富士であった。

両者とも初日から９日目まで揃って勝ちっぱなし。10日目に北の湖は朝汐に不覚をとり1敗。

一方千代の富士は連勝をし続け、負けられない北の湖は1敗のまま追走。

関脇で初日から14連勝と新記録を樹立し、もう大関は間違いない千代の富士は、ここまで来たら目指すは全勝優勝だ。

北の湖としても横綱の意地がある。同じ北海道のクニモンとはいえ、そう易々と優勝をさせるわけにはいかない。

しかし世は「ウルフフィーバー」となっており、第一人者北の湖はすっかり敵役になってしまっている。

いよいよ千秋楽、2人の決戦を迎えた。さすがの千代の富士も全勝優勝をかけて、第一人者の北の湖との対戦を前に、緊張をしきっている様子。

本割の北の湖は、千代の富士の低い体勢からの突進を防ぐべく、両肩口を突いて体勢を起こす。千代の富士もなんとか密着しようと潜り込むが、北の湖は右を差し、千代の富士に左上手を与えない。

しかし千代の富士は左を巻き替えて左四つになり、右上手を引いて、両者左のがっぷり四つとなる。数呼吸おいて、北の湖は右上手から引きつけ、千代の富士を吊り上げ、向正面へ吊り出した。

しかし北の湖も、左ひざからガクンと落ちたのが気にかかるところだ。

ついに連勝が止まり、一敗を喫した千代の富士。並んだ第一人者北の湖。館内は千代の富士への手拍子が鳴りやまない。

優勝決定戦は、1敗したことで堅さも取れ吹っ切れた千代の富士が、立ち合いで、左前みつ、右上手を取った。北の湖は右上手が取れない。

さらに千代の富士は頭をつけてより体勢を良くした。北の湖は右から抱えて寄るが、千代の富士の頭は上がらない。

向正面からグッと腰を沈めた千代の富士は、体を開いて右上手から出し投げを連発すると、たまらず北の湖は土俵中央に這った。

テレビの視聴率も52%を超え、瞬間最高視聴率も65%を超える凄さであった。

こうして、ウルフ千代の富士は初優勝を飾った。25歳のニューヒーローの誕生となった。新大関の昭和56年3月場所は11勝、5月場所は13勝で準優勝。7月場所は早くも綱取りとなり、2回目の優勝を果たし、わずか大関3場所で横綱へ昇進。以降10年に及んで、角界の屋台骨を背負っていくのである。

北の湖は、不沈艦と呼ばれるほど故障もなく丈夫であったが、この年の夏巡業でひざを痛め、ついに11月場所で入門以来初の休場となり、その後も故障がちで休場が増え、昭和60年1月場所、両国新国技館のこけら落としの場所で初日から2連敗を喫し、31歳で引退した。

大鵬の優勝32回は、間違いなく北の湖が破るものと思われたが、故障には勝てず、優勝24回に終わった。

○ 関脇・千代の富士 ×（上手出投）● 横綱・北の湖
昭和56年1月場所優勝決定戦

○前頭筆頭・貴花田 ×（寄り切り）●横綱・千代の富士

平成3年5月場所初日

横綱として11年目、在位59場所目を迎えた35歳11ヶ月の横綱千代の富士は、両国に国技館が移転してから俄然強さを発揮し、30歳を超してからの優勝は、実に19回に及ぶ。

同時期に横綱だった北の湖、二代目若乃花、隆の里、双羽黒はすでに土俵を去り、同部屋で弟弟子の北勝海、大乃国、旭富士とともに、時代は昭和から平成に変わってからも第一人者として君臨し続けている。

思えば、昭和56年9月場所の新横綱の場所で、足首の捻挫に因る途中休場もあり、小兵であるがため横綱の重責は厳しく、短命で終わるのではと懸念されたが、すでに全勝優勝7回、53連勝など、輝かしい記録と記憶を刻み続けた。

平成元年9月場所で、通算

○ 前頭筆頭・貴花田 ×（寄り切り）● 横綱・千代の富士

平成3年5月場所初日

勝ち星965勝の新記録を達成し、相撲界初の国民栄誉賞を受賞し、平成2年3月場所では前人未到の通算1千勝を記録と、国民的な大横綱にまでになった。

目指すはあと1回に迫った大鵬の持つ、幕内優勝32回の大記録に並ぶところまできたが、平成3年に入り、年齢からくる故障、以前から悩まされていた肩の脱臼ではなく、筋肉の断裂などでなかなか早期に回復出来ずにいた。

一方、父は角界のプリンスとして、超人気大関だった貴ノ花、伯父は土俵の鬼として君臨した元横綱初代若乃花という、サラブレットの血を受け継いでいる18歳9ヶ月の若武者貴花田は、昭和63年3月場所で、兄の若花田（のち横綱三代目若乃花）ともに藤島部屋へ入門。

藤島部屋は父貴ノ花が師匠であり、親子から師弟の関係へと、自らイバラの道の選択。二人とも連続百番待ったなしの、血のにじむような猛稽古で、弟貴花田が平成元年11月場所に17歳2ヶ月で新十両となり、北の湖の17歳11ヶ月の最年少記録を更新した。

さらに4場所で十両も通過し、17歳8ヶ月で新入幕となり、これも北の湖の18歳7ヶ月の最年少記録を更新した。

平成3年3月場所では、東前頭13枚目の地位で、初日から11連勝と入幕4場所目にして大ブレークし、史上最年少の18歳7ヶ月で三賞（敢闘賞、技能賞）を受賞。

この5月場所では一気に横綱、大関の上位陣と当たる西前頭筆頭まで躍進した。

5月場所は4横綱のうち、横綱北勝海、大乃国が初日から休場。今までの慣例から横綱の初日の対戦相手は小結が当てられるが、鏡山審判部長（元横綱柏戸）は、真っ新な状態で2人（千代の富士と貴花田）を対戦させたかったとの計らいで、この割が実現した。

立ち合い、千代の富士は左から張って左で上手、右で下手を狙う。貴花田は左から踏み込

○ 前頭筆頭・貴花田 ×（寄り切り）● 横綱・千代の富士

平成3年5月場所初日

み低い姿勢から、左で千代の富士の右を強烈におっつけ、千代の富士の右を許さない。

それでも千代の富士も右をなんとかこじ入れようとするが、貴花田は頭を上げることなく、徹頭徹尾、左から千代の富士の右腕を押し上げる。

右半身でまわしも取れず苦しい体勢の千代の富士は、左から貴花田の右を絞りに出たが、左で前みつを引いている貴花田は我慢する。

苦しい千代の富士はまわしが取れないまま左から引くが、貴花田は寄ってついていく。さらに千代の富士は貴花田の右腕を取って、かいな捻りを見せるが、貴花田は振り切って右を差して左上手を取って出る。

貴花田の頭を押さえつけながら、左へ素早く引き足を見せる千代の富士だったが、貴花田はこらえて残し、ほぼ土俵を半周し、千代の富士は左から捨て身の突き落としを見せる。

貴花田は千代の富士の右足を渡し込みながら、黒房下へ千代の富士を堂々寄り切った。

土俵下の千代の富士は苦笑いをしつつも、よくここまで力をつけてきたなと、あとは任せたぞと言わんばかりの、すがすがしい表情を見せた。

貴花田は初金星。18歳9ヶ月での金星は、これまで若秩父の持つ19歳9ヶ月を1歳も更新する、最年少記録となった。

千代の富士は、翌2日目は板井に勝ったが、3日目に貴花田と同部屋の小結貴闘力にとったりで敗れ、打ち出し後に現役引退を表明。

通算1045勝の歴代1位の記録をもって、21年に及ぶ力士人生に別れを告げた。

昭和55年11月場所3日目、貴花田の父大関貴ノ花は、新関脇の千代の富士に寄り切りであっさり敗れた。この時貴ノ花は、いい後継ぎが出てきたなと思い、翌56年1月場所7日目に引退を表明した。

千代の富士が貴ノ花に引導を渡し、奇しくも、今度は貴ノ花の子、貴花田が千代の富士に引導を渡すことになったのだ。

○横綱・貴乃花×(上手投げ)●横綱・武蔵丸

平成13年5月場所優勝決定戦

平成6年、大関貴乃花の1年は年間80勝を挙げ、9月、11月は連続全勝優勝を成し遂げ、文句なく第65代横綱貴乃花の誕生となった。その後、平成7年から9年にかけて11回の優勝を重ね、平成の大横綱へと走り続けた貴乃花だったが、18歳からすでに角界を支えてきた彼も、平成10年に入り26歳を前に故障に因る休場が増えはじめた。なんとか26歳までに優勝20回の大台に乗せたが、平成11年は絶不調の極みで、ひと桁しか勝てない場所が2場所もあった。その間に兄の若乃花が平成10年に、武蔵丸が平成11年に横綱に昇進し、曙を加えて4横綱と豪華な時代だった。貴乃花の故障の間に、次の綱を狙う大関も続々昇進していた。

そして復調の兆しが見え始めた貴乃花は、平成13年1月は14場所ぶりに21回目の優勝を果たした。同期生のライバル横綱曙はこの場所限りで引退した。

平成13年5月場所も13日目まで完璧なまでに強さを見せつけ13連勝とし、14日目は大関の武双山戦だった。貴乃花は、左のまわしの引きつけが完璧でないまま、正面土俵に武双山を追い込んだが、残された後に巻き落としを食い、右ひざの半月板を損傷する大けがに見舞われた。

誰しも、千秋楽の武蔵丸戦は休場し、武蔵丸が不戦勝で優勝決定と思ったが、貴乃花は痛み止めの注射をして、痛めた右ひざの患部を固定し出場に踏み切った。

対戦相手の横綱武蔵丸も心

中穏やかではない。弟弟子の大関武双山の援護射撃があったとはいえ、こういうこととなればやり難さは募るばかりだ。

武蔵丸は平成元年9月場所、ハワイ・オアフ島出身で、現役ハワイ勢の中では、小錦、曙に次ぐ第三の男として順調に出世し、2年足らずで十両昇進、十両もわずか2場所で通過し幕内昇進。平成6年1月場所後に、貴ノ浪と同時に大関昇進を果たした。

その後安定した成績を挙げ優勝もしたが、連続優勝が出来ず、平成11年3月、5月場所に連続優勝するまで横綱になれなかった。大関で5回の優勝でようやく横綱昇進となった。

本割の結びの一番は、右足の送れない貴乃花は、立ち合い右に動いただけの武蔵丸の突き落としをあっさり食った。館内は大ききなため息に包まれた。もうとても相撲を取る状態ではない。

右ひざの半月板は、皿が外れたり戻ったりの状態で、220キロをゆうに超す武蔵丸の巨体を支えられるのは到底無理

な話だ。

まだ28歳でこれから10分脂の乗り切った力を存分にみせなくてはならないのだから、無理しないでほしいと誰もが願うばかりだった。

それでも、貴乃花は優勝決定戦に臨んだ。10分の休憩を挟んで戦いに挑むのだが、テレビの中継では、支度部屋で鉄砲柱を突いて臨戦態勢に入っている貴乃花の様子が映し出されている。もうこの相撲でひざがどうなってしまっても、全力を尽くして取りきろうという現れがにじみ出ていた。

館内は優勝決定戦へと、再び土俵に歩む貴乃花に割れんばかりの拍手と歓声を送った。

土俵上の貴乃花は仕切り直しで赤房下へ塩を取りにいくが、右ひざの様子を確かめたり、あるいは外れた皿を入れたりする仕草を見せるなど、見るに堪えない状態だった。

制限時間一杯となり、行司伊之助の軍配は返る。しっかりひざは割れて立ち上がった。

貴乃花は突っ張って武蔵丸を向正面白房下へ追い込む。武蔵丸が残すところを貴乃花は左に動いて左上手に手がかかった。

泳いだ武蔵丸をめがけて、右で横みつを取って頭をつけた。左上手から脅かし前に出たが、武蔵丸の丸太のような右腕で一度は左上手が切れる。

貴乃花はまた左上手を引き直し、両者右四つがっぷりに渡り合った。呼吸を置かずに、貴乃花は両まわしを引きつけ、頭をつけ、武蔵丸の左上手を切り、右の差し手を持ち上げてから体を開くと、左上手投げで武蔵丸を土俵中央に這わせた。

投げが決まった瞬間、貴乃花は鬼の形相と化し、想像もつかなかった貴乃花22回目の優勝の結末に終止符が打たれた。とんでもないことをやってのけた。

「痛みに耐えよく頑張った！感動した！おめでとう！」と、内閣総理大臣杯授与式で、当時の小泉純一郎首相が絶叫したのは言うまでもない。

○ 横綱・貴乃花 ×（上手投げ）● 横綱・武蔵丸

平成13年5月場所優勝決定戦

横綱朝青龍は、平成19年7月場所、14勝1敗で21回目の優勝を飾った。場所後の夏巡業は腰の疲労骨折を理由に休場届を出し、療養のためモンゴルへ帰省していた。

ところがけがを理由に巡業を休場していたはずの横綱が、こともあろうかモンゴルでサッカーを興じている様子が映し出されている報道があり、これ

○横綱・白鵬×（上手投げ）
●横綱・朝青龍
平成20年1月場所千秋楽

○ 横綱・白鵬 ×（上手投げ）● 横綱・朝青龍
平成20年1月場所千秋楽

を重く見た相撲協会は、朝青龍に対し謹慎処分と、2場所出場停止の重い処分を科した。

7月場所から横綱に昇進した白鵬が、9月、11月場所を連覇し、横綱として朝青龍のいない土俵の責任を果たしていた。

そして、3場所ぶりに朝青龍が戻り、両横綱が揃った。2日目朝青龍は稀勢の里に、10日目白鵬は安馬に敗れたが、千秋楽13勝1敗同士で横綱相星決戦となった。

謹慎明けの横綱に、易々と優勝をさらわれてなるものかと意地の白鵬と、まだまだ第一人者として是が非でも復活優勝をと願う朝青龍のぶつかり合いに、館内は盛り上がった。

立ち合い、白鵬は素早く右から張り差しを見せ、朝青龍も低く踏み込んで互いに右四つに渡り合う。

朝青龍は左を巻き替えてもろ差しを狙うが、ふところの深い白鵬は許さない。互いに上手を狙い、白鵬が先に上手を取って、機を見て両まわしを引きつけ、朝青龍を寄り立てるが、この瞬間朝青龍も左上手を引き、両者引きつけ合いとなる。

お互いの強烈な引きつけ合いに館内の歓声も凄く、白鵬のものすごい引きつけに朝青龍の左足がズズッと正面土俵に食い込むように後退するが、これを残して意地と意地の力比べとなる。

土俵中央に戻った両者は、まず白鵬が朝青龍の左上手を切りにいくが、これを朝青龍は許さず、さらに白鵬は西土俵へ朝青龍を寄り立てるが、これには白鵬を吊って抵抗する朝青龍。まさに意地と意地のぶつかり合いだ。

吊りを残した白鵬は左上手を引きつけ右からも抱えて体を開き、体の傾いた朝青龍を左上手から投げると、土俵中央に裏返した。白鵬は6度目の優勝をもぎ取った。

この場所こそは朝青龍には絶対優勝させまいと、白鵬の意地を見た平成の名勝負として語り継がれる一番だった。

第7章

大相撲の歴史と名力士（始祖〜昭和時代編）

相撲の始祖から相撲普及へ

垂仁天皇7年（紀元前23年）7月7日、垂仁天皇の命により、野見宿禰（のみのすくね）と荒くれ者の当麻蹴速（たいまのけはや）との対戦があったといわれている。

この戦いは蹴り技が主体で競われており、野見宿禰が当麻蹴速の脇骨を折り、倒れた蹴速を踏みつけ腰骨を折り、殺してしまった。これが相撲の起源とされている。

垂仁天皇は当麻蹴速の領地を没収して野見宿禰に与え、野見宿禰は垂仁天皇に仕えたという。彼ら二人はそれぞれ「相撲の始祖」として神社に祭られている。

平安時代に入り、宮廷では全国から相撲人を選出し、相撲大会を催した。天皇のもとに群臣を集めて行われる行事を節会（せちえ）といい、天皇の御前で相撲を取るので、これを相撲節会（すまひのせちえ）と呼んだ。

古来より相撲は神事として五穀豊穣の祈願と作柄を占うことを目的とし、収穫前の旧暦7月（現在の8月）に行っていたため、それにならって相撲節会も同様に開催されていたとされる。

神事の相撲以外も、土地相撲、草相撲、武家相撲と、相撲は全国各地で行われていた。

それぞれの時代時代の武家や重鎮が上覧相撲を開催しており、鎌倉時代には源頼朝が、室町時代には足利将軍家が、戦国時代には織田信長が相撲を奨励し、安土桃山時代には豊臣秀吉が上覧相撲を開催したといわれる。そして鎌倉時代には土俵の原型が生まれている。

東京両国にある野見宿禰神社

江戸時代の大相撲

力士が相撲を職業とするようになったのは勧進相撲と呼ばれたころである。勧進相撲の勧進とは寺社の建築や修理に寄付金を募ることが目的で、江戸に先駆けて、すでに京や大坂では室町時代末期より、寺社の境内に力士を集めて相撲興行を行うようになった。この勧進相撲から職業力士(プロ力士)が出現していくのだった。

江戸での勧進相撲は、明石志賀之助(あかししがのすけ)が江戸四谷・笹寺にて晴天6日間興行を行ったことが始まりというが、確証するものはなく、そのような強豪力士が存在しただろうと伝えられている。

江戸時代の相撲は、ひいき力士を巡っての勝負において、喧嘩や物騒な刃傷沙汰(にんじょうざた)が多く、野蛮で風紀を乱すということで、慶安元年(1648年)には幕府より全国的に勧進相撲禁止令が出されてしまう。

明暦3年(1657年)に、江戸の大半を焼き尽くす「明暦の大火」という大火災があった。消失した多数の寺社再建のため、幕府は寺社奉行の管轄において、貞享元年(1684年)、初代雷権太夫(いかずちごんだゆう)を代表とする相撲浪人(力士を引退した今の年寄を指す)が興行を願い出ていたことに対し、勧進相撲再開を許した。

雷権太夫らは、相撲を職業とする形態をとり、江戸での相撲興行を独占した。これを江戸相撲会所といい、これが現在の公益財団法人日本相撲協会の前身である。少し遅れて、京阪地方でも勧進相撲は再開された。

江戸の最初の興行は、深川の富岡八幡宮で行われ、その後、江戸市中の本所回向院、蔵前八幡、芝神明社などでも不定期だが興行が行われた。

延享元年（1744年）からは、季節ごとに年4回行われるようになった。宝暦7年（1757年）10月場所、蔵前八幡で行われた興行では、木版一枚刷縦番付が初めて発行され、江戸勧進大相撲といわれ興行が確立されていく。

明和5年（1768年）に本所回向院での大規模な興行が行われ、

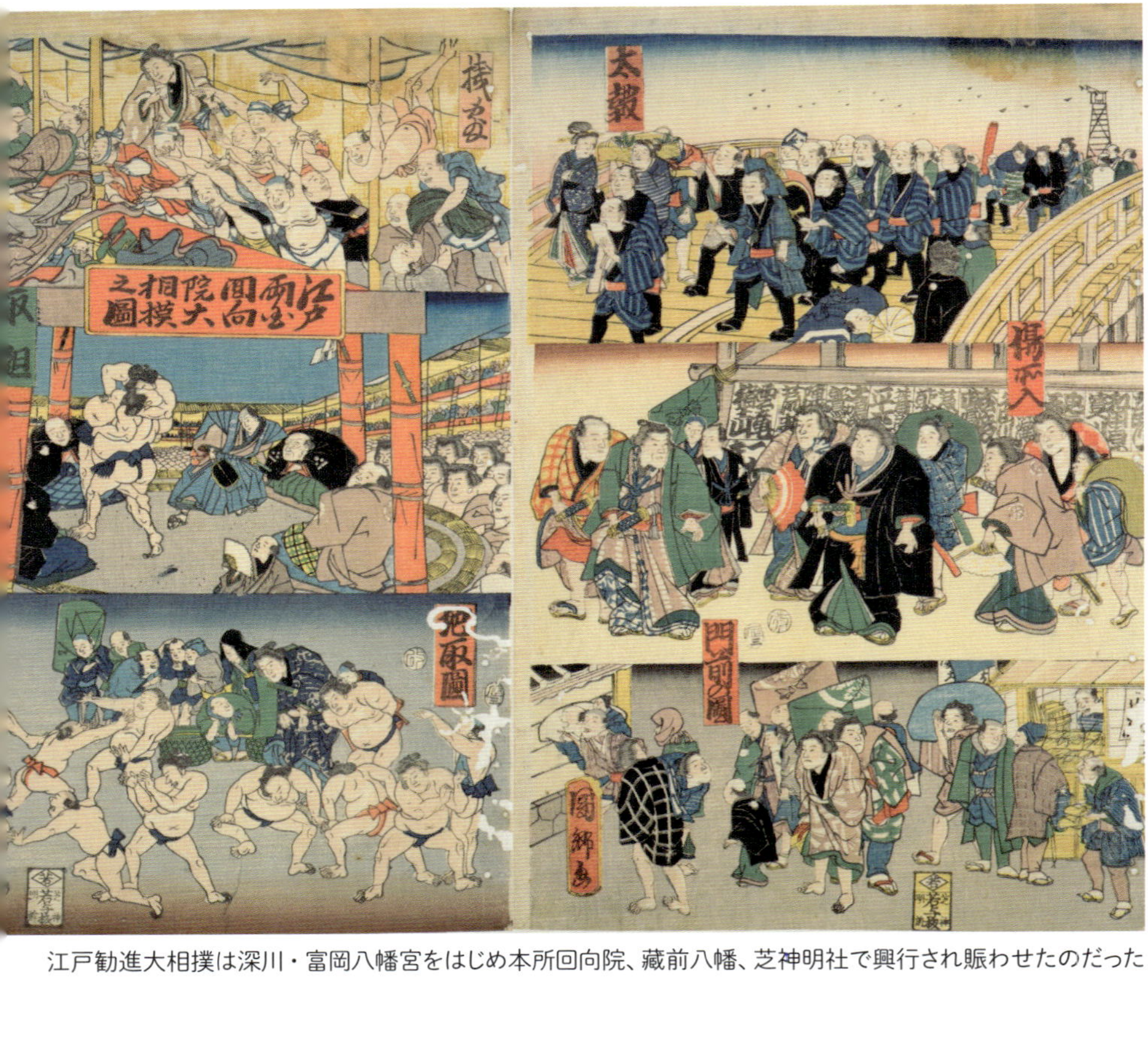

江戸勧進大相撲は深川・富岡八幡宮をはじめ本所回向院、蔵前八幡、芝神明社で興行され賑わせたのだった

ここでの興行定着は天保3年（1832年）からである。

もともと神事の相撲であったため、日本中に土地相撲や草相撲は盛んな地域があったが、次第に京、大坂、江戸、名古屋の大都市での興行が今でいう本場所の興行と認識されるようになり、職業力士はみなここを目指すのだった。

最初のころは、朝廷の権威や文化的や経済的にも先んじていた京や大坂の職業相撲が全国の中心だった。見世物的な要素もあって、体は立派でも実力を持たない看板大関など、土俵入りのみの力士のいた時代である。

寛政元年（1789年）の谷風梶之助（たにかぜかじのすけ）、小野川喜三郎（おのがわきさぶろう）の同時横綱免許と、雷電為右衛門（らいでんためえもん）の出現で、徐々に江戸が相撲の中心へと移っていく。

谷風の入門時は看板大関として初土俵を踏むが、その後実力が開花し、無敵を誇り、小野川に敗れるまでの63連勝を記録。無敵谷風に

古今無双の強さを誇った雷電為右衛門の名も富岡八幡宮に刻まれている

両国回向院では天保年間より２回の本場所が開催された。右は回向院境内にある力塚

勝った功績が認められた小野川は、谷風とともに横綱免許を受けた。

横綱免許と横綱土俵入りを考案した吉田司家の19世吉田追風（よしだおいかぜ）は、相撲司家として吉田司家の地位が公認され、横綱免許については絶大な権力を誇ることとなる。寛政３年（１７９１年）の11代将軍徳川家斉の上覧相撲を成功させ、ここで弓取式の最初とされる谷風が弓を振った記録がある。

ひいき力士が勝つと、観衆は自分の羽織を土俵に投げ入れ、あとで羽織と引き換えにひいき力士へ祝儀を渡す。これが今の懸賞金の始まりとなったようだ。

勝負判定に引き分け、預かり、無勝負を作った。今のような際どい勝負に取り直しの制度もない時代である。特に勝負が少し長引くとあっけなく勝負預かりにするなど、今では考えられないほど相撲の判定が不明瞭で、お抱え大名は自分の力士にけがをさせてはならないことから、このようなルールにしたのではないかといわれている。

無敵を誇った雷電は、すでに谷風、小野川の2横綱がいたためとか、土俵上から投げ飛ばした相手を死なせてしまったなど諸説があり、ついに横綱免許は与えられなかった。

幕内成績も9割6分2厘と古今最高勝率であり、史上最強力士だったといっても過言ではない。あまりの強さゆえ雷電には、鉄砲（突っ張り）、張り手、かんぬきなどが禁じ手とされたという説もある。

明治時代の大相撲

明治維新と文明開化で、お抱え大名を失ってしまった大相撲の力士。さらに東京府の裸体禁止令により、野蛮な裸踊りと見られ、特に東京方の力士は罰金やムチ打ちの刑を受けるなど、まさに存亡の危機にさらされていた。

相撲禁止論が現実味を帯びていたが、自身が相撲を取っていた明治天皇、その意を受けた伊藤博文らの尽力でこの窮地を脱するのだった。また断髪令の際も、力士のシンボルであるまげの断髪の危機も、好角家だった板垣退助らの口添えで免れている。

相撲会所の首脳による専横（せんおう）ぶりが、力士らの不満となって端を発し、高砂浦五郎（たかさごうらごろう・元前頭筆頭高見山改め高砂）を中心とする一派が分裂し、明治6年（1873年）11月、高砂改正組を組織し相撲会所と対立した。これは5階級からなる相撲会所の組織のうち、上位

芝神明社（現在の芝大神宮）にある碑

番付が初めて発行され、勧進大相撲の発祥とされる蔵前八幡（現在の蔵前神社）

左から、第19代横綱常陸山谷右衛門。第20代横綱二代目梅ケ谷藤太郎。第22代太刀山峰右衛門

2階級が収益や相撲茶屋組織までを一部年寄が掌握し独占していたことによるものだった。

明治11年（１８７８年）、相撲会所に復帰した高砂は、力士の生活安定のため給金制度や利益の配当方法など、様々な制度を改正し、大相撲の復興の基礎を築き、のちに角界の風雲児とまで呼ばれ、その政治力をいかんなく発揮した。

そして、第15代横綱に免許された初代梅ケ谷藤太郎（うめがたにとうたろう）の出現もあり、明治17年（１８８４年）3月、東京の芝延遼館で天覧相撲が行われた。その結びの一番で梅ケ谷と新鋭大達羽左衛門（おおだてうざえもん）の死闘引き分けで人気は沸騰し天覧相撲は成功をおさめ、再び大相撲は衆目を集めるようになった。

明治22年（1889年）相撲会所は、東京大角力協会（とうきょうおおずもうきょうかい）と改称された。

そして明治23年（1890年）5月場所、番付上に初めて横綱の名前が書かれたのだった。

それまで横綱は、大関の中でも強豪力士への名誉称号であり、現在のような地位ではなかった。

前場所、明治23年3月場所で大関西ノ海嘉治郎（にしのうみかじろう）は7勝2敗の成績ながら、横綱免許を与えられた。

しかし、翌5月場所の番付では、正大関に後輩の小錦がつき、西ノ海は張出大関となった。これに憤慨した西ノ海をなだめる策として、初めて番付上に横綱が載ったのである。

角界の救いの神であった高砂は、弟子の西ノ海のことをはじめ、彼自身も専横ぶりを示したためやがて失脚し、筆頭取締に元横綱初代梅ケ谷の雷が就き、元前頭筆頭海山の友綱が明治後半の角界の柱となっていく。

土俵の中心は角聖とうたわれ、これぞ横綱相撲をみせた第19代横綱常陸山谷右衛門（ひたちやまたにえもん）と、雷の養子で短身巨軀（たんしんきょく）ながら相撲巧者の、第20代横綱二代目梅ケ谷藤太郎の同時横綱免許で、明治後期の黄金時代を迎える。この二人を中心とする梅常陸時代が始まり、両雄の取組には、満場の観衆は酔いしれるのだった。

東京両国の回向院で、江戸の天保年間から続く春と秋の年2回の本場所には、当時の日清、日露戦争での勝利によっての好景気もあり、人力車の列が後を絶たないほどの大盛況だったという。

この相撲人気が、相撲場の常設館の建設につながり、明治42年（1909年）6月、国技館と命名され、こけら落としを迎えることとなった。

現在も続く優勝制度がここで制定される。これは当時東西対抗戦であり、勝ち星の多いほうに優勝旗が授与され、個人で最優秀成績力士には、時事新報社（現在は毎日新聞社）提供の優勝額を贈呈し掲額することになった。

栄えある第1回の優勝力士は、意外にも平幕力士の前頭7枚目で

7勝3分けの高見山酉之助（たかみやまとりのすけ）が獲得した。

大正時代の大相撲

明治後期の栄華を誇った大相撲は時代が大正となり、大正3年（1914年）には常陸山、翌4年には二代目梅ケ谷が引退し、土俵の中心、は明治44年（1911年）2月に横綱免許を受けた太刀山峰右衛門（たちやまみねえもん）の時代となる。

太刀山は、江戸時代の雷電為右衛門の再来ともいえる強豪ぶりで、相手をひと突き半で土俵に出してしまうところから、1ヶ月半をもじって四十五日の鉄砲と恐れられた。太刀山の対抗馬がないこの時代の相撲人気は、梅常陸の時代とは違い下降気味だったという。

大正5年（1916年）5月場所、強豪太刀山の56連勝をストップさせたのが、新小結栃木山（のちの第27代横綱）だった。

太刀山を寄り切りで破り、大変な大騒ぎとなる中、支度部屋へ戻った栃木山の背中には、当時の百円札が何枚も貼りつけられていたという。（当時の百円は今の数十万円相当）

一方、大正12年1月に起きた養老金倍増をめぐる改善問題（三河島事件）に、横綱として混乱の収拾をつけられなかったことに責任を感じた大錦卯一郎（おおにしきういちろう）はまげを切って廃業してしまった。両国国技館は大正6年11月の失火に続き、大正12年9月1日の関東大震災によって焼亡し、さらなる大打撃を受けてしまい、両国での開催が不可能なため、大正13年1月場所は名古屋での開催を余儀なくされるなど大相撲にとって斜陽の時代を迎える。

しかしここで予期せぬ出来事が起こる。大正14年4月、摂政宮皇太子裕仁親王の台覧相撲があり、その時の御下賜金で摂政宮賜杯を制作された。これが現在の天皇賜杯である。

本場所での優勝力士にこの賜杯を授けることが許可され、大正15年1月場所から拝戴（はいたい）される。

これをきっかけに、大相撲の近代化や改革につながり、大正14年12

月28日、財団法人化が認可され、東京大角力協会は、財団法人大日本相撲協会が発足した。

たびたび東西交流戦を催していた大阪相撲の近年の弱体化をみた東京相撲側は、摂政宮賜杯の栄誉を東京相撲が独占するべきではないという提案をし、大阪相撲との合併に持ち込んだ。これが実現し大相撲は全国統一した組織となった。

大阪相撲は東京相撲の両国国技館に匹敵する大阪国技館を落成し、収容人数も2万5千人と両国国技館を凌ぐものだったが、その後東京相撲との環境の格差などに不満を持った力士が、養老金などの改善を要求するストライキを起こし、こじれた結果幕内力士の半数近くが廃業するなどの混乱事件があった。存続も危ぶまれていたこともあり、今回の合併に至ったのだった。

合併後の適正な番付を作成するため、事前に3回の東西連盟相撲が実施された。その際に懸案となった勝負結果も改正された。

まず、引き分け、預かりが多発しているため、取り直しを導入し、相手の休場のために自分も休むという決まりを廃止し、不戦勝と不戦敗の制度を導入した。

昭和戦前の大相撲

昭和に入ってから、昭和3年1月場所より、これまで無制限だった仕切り時間が、幕内10分、十両7分、幕下以下5分と制定された。ちなみに仕切り時間が無制限だったころ、立ち合いまでに長い時間を要した第30代横綱三代目西ノ海嘉治郎は、数十分もかけて仕切りを繰り返すため、用を足しに出る観客も多く、小用相撲と陰口をたたかれていたほどだった。その他、60センチ間隔の仕切り線を引き、観客に対してのサービスや、立ち合いの醍醐味へとつながった。

同場所、NHKラジオによる本場所の実況放送も開始される。これにより国技館に足を運べない地方の大相撲ファンも身近に相撲を楽しんでもらえて、より一層ファン拡大へと発展する。

昭和5年に四本柱を背にしていた勝負検査役は土俵下へ降りた。

昭和6年、直径13尺（3・94メートル）の土俵から、現行の15尺

（4・55メートル）に拡大されたことが一番の改革といえる。

土俵上の力士も、大正末期からの横綱常ノ花をはじめ、昭和に入ってからの玉錦、武蔵山、朝潮（のちの男女ノ川＝みなのがわ）、清水川、天竜らの活躍で人気を取り戻し、武蔵山と朝潮の対戦目当てに、国技館に長蛇の列ができ、満員札止めとなったという。

人気復活の兆しを見せた矢先、度々起こった混乱事件の中でも最大級の事件が起きた。昭和7年1月、関脇天竜三郎を盟主とし、大関大ノ里以下、東西幕内力士の大半が脱退し、東京大井町の中華料理店春秋園に立て籠もり、脱退力士団は協会に対し、改革案を要求した。この事件を春秋園事件、または天竜事件と呼ぶ。

改革案の内容は、①相撲協会の会計制度の確立と、その収支を明確にすること。②興行時間の改正、夏場所は夜間興行にすること。③入場料の値下げ、枡席を減らし、大衆席を増やすこと。④相撲茶屋の撤廃。⑤年寄制度の漸次廃止。⑥養老金（退職金）制度の確立。⑦地方巡業制度の根本的改革。⑧力士の収入増による生活の安定。⑨冗員の整理。⑩力士協会設立と力士の共済制度の確立。以上10項目だった。

当時、関東大震災で焼失した両国国技館の再建に伴う、巨額の負債を抱えていた協会は、その負債自体も支払えず、納税も滞納していたといわれている。（協会の財政が不透明であったため）

この中でも、天竜が一番重要視したのが、協会の財政問題だった。これに対する協会側の回答がかなり不誠実なものと感じたため、脱退という方向で進んだのである。

協会取締の出羽海（元小結両國）、入間川（元行司木村宗四郎）、高砂（元大関二代目朝潮）は総辞職した。それに代わって、藤島（元横綱常ノ花）、春日野（元横綱栃木山）、立浪（元小結緑島）、錦島（元関脇大蛇潟＝おろちがた）が取締に就任し、協会立て直しの尽力をみせた。

脱退組の力士は一部を除き、まげを断髪し、協会と決別の意思を表していた。

昭和7年2月には東京根岸で、革新力士団による個人別総当たりのリーグ戦を行い、斬新な試みに興行は成功し続けた。しかし、同年5月にまげを切らなかった出羽ヶ嶽が協会に復帰し、翌昭和8年1月には、和歌島、朝潮（復帰後、男女ノ川に改名）ら多くの力士が協会へ帰参した。

内部分裂や帰参力士があったため、残った天竜をはじめとする革新力士団は、昭和8年2月に関西角力協会を設立し、大阪に本拠地を構えたが、徐々に劣勢となり、満州へ活動を求めたものの勢力は尽き、昭和12年12月に解散した。

春秋園事件後、3場所連続優勝したものの、品格を問題視されていた玉錦三右衛門は、事件後に発足した力士会会長としての功績が認められ、昭和7年10月場所後、ようやく第32代横綱へ昇進。昭和6年3月場所で宮城山が引退して以来、横綱不在の場所も解消された。

大量脱退のあおりで実力の伴わない中、昭和7年2月場所に繰り上げ入幕を果たしたのが、のちの大横綱双葉山である。昭和11年5月場所9日目に第一人者の横綱玉錦を倒してから、完全に覇権が双葉山にきた。

ここから5場所連続全勝優勝と、今なお破られない69連勝の偉業を達成。大相撲の人気も双葉山の大活躍によって蘇るのである。

この人気により、長い期間11日興行だった大相撲も、昭和12年5月場所より13日、昭和14年5月場所から15日と興行日数は変化していくのである。

昭和19年2月の役員改選で、廣瀬正徳（陸軍主計中将）初代理事長亡きあと、それまで空位だった第2代理事長に元横綱常ノ花の藤島取締が就任。この年に入ると、戦局は悪化しはじめ、両国国技館も大日本帝国陸軍に接収されてしまう。昭和19年5月場所は小石川後楽園球場で10日間開催。

昭和20年5月場所は、晴天7日間を神宮外苑相撲場で開催を予定としていたが、空襲で6月に順延したため、昭和20年3月の東京大空襲で焼けただれた両国国技館で、晴天7日間を傷痍軍人のみ招待して、非公開での本場所を開催し終戦を迎えた。

双葉山は、昭和20年11月場所の番付に名を留めたまま、力士生活

不滅の69連勝を成し遂げた第35代横綱 双葉山定次

にピリオドを打った。まさに終戦とともに双葉山も土俵を去ったのである。

昭和戦後の大相撲

戦後の大相撲の復興は、日本国民の生活同様に何もないところからのスタートを余儀なくされた。相撲部屋は離散状態のままで、本場所の開催もＧＨＱの許可を仰がなければならなかった。

昭和21年1月、財団法人大日本相撲協会は、大の字を取り、財団法人日本相撲協会と改称された。

両国国技館は当時ＧＨＱに接収されていた。6月に本場所開催を予定したいたが、戦争による損傷の激しさから改修工事が遅れて中止となり、9月に改修がなり、メモリアルホールと改称。そのこけら落としとして、11月に13日間の興行が認められた。

昭和22年6月場所より、それまで成績同点力士が複数いた場合、番付上位の力士の優勝だったが、優勝決定戦制度を定めた。

そしてこの場所、いきなり横綱羽黒山、大関前田山、大関東富士、前頭8枚目力道山と、4人での優勝決定戦となり、羽黒山が優勝して面目を保った。

翌、昭和22年11月場所から、昭和14年5月場所以来の系統別総当たり制が復活した。そして、殊勲、敢闘、技能の三賞が制定され、これは関脇以下の幕内力士で勝ち越した者に権利がある。

昭和23年10月場所、大阪で戦後初の本場所を、大阪市福島公園仮設国技館で11日間興行された。

昭和24年10月には、蔵前に国技館建設の地鎮祭が行われ、翌年には、仮設国技館として興行が行われるようになった。

昭和25年4月に、横綱審議委員会が設置され、初代委員長に酒井忠正が就任した。9月場所は大阪阿倍野仮設国技館で秋場所が開催され、この場所から現行の仕切り制限時間となる、幕内4分、十両3分、幕下以下2分と短縮された。

昭和26年1月より横綱免許は、相撲協会が自主的に授与（推挙）することとし、熊本の吉田司家は権力を失い、認証を行うだけの存在となった。この1月場所で優勝した横綱照國から、優勝写真額の掲額が復活する。

昭和26年5月場所千秋楽より、昭和21年11月場所以来の弓取式が復活し、この場所優勝の大関千代ノ山に、相撲協会から自主的に初の横綱推挙となり、6月に明治神宮で横綱授与式が行われた。

昭和27年1月場所は、明治42年以来43年ぶりに、力士のぼりが復活し、それまで千秋楽のみ復活していた弓取式も、初日から連日行われるようになった。9月場所から、四本柱が撤去され、代わって吊り屋根に四色の房が下げられた。

昭和28年5月場所より、NHKのテレビ実況中継がスタート。同年9月場所からは日本テレビも実況中継を開始した。

こうして、徐々にだがテレビ放送など様々なファンサービスを実施、復活をさせ、戦後の大相撲もようやく軌道に乗り出した。

昭和29年9月場所、蔵前に新装なった国技館が開館され、あわせて相撲博物館も開館するのであった。

昭和30年1月場所、新横綱の栃錦と、まだ関脇の若ノ花（のちの初代若乃花）は小兵ながらも、しぶとく、技の切れも素晴らしい2人の活躍で、いつしか栃若時代と呼ばれ人気を二分した。

昭和32年4月、衆議院文教委員会で大相撲の公益法人としてのあり方について問われる。大相撲は当時の文部省の管轄であり、相撲茶屋制度などの不透明な会計システムが、相撲協会の営利について追及された。古い慣習を改め、茶屋は相撲サービス会社に組織を変える。相撲教習所を設置し、アマチュア界への指導協力、興行ごとの収入に頼ってきた力士の報酬に月給制度を導入した。時代ごとに度々起こった力士の待遇改善などの混乱事件も、こうした改革により大きく改善され、以降起こることはなくなった。

国会でのこの一件がもとで責任を感じた出羽海理事長（元横綱常ノ花）は、同年5月、国技館事務室で割腹自殺未遂を起こし、代わって元横綱双葉山の時津風取締が第3代理事長となった。

昭和33年1月場所、若乃花は13勝2敗で2度目の優勝を飾り、場所後第45代横綱に推挙された。この場所中に横綱吉葉山と、千秋楽で横綱鏡里が引退し、世代交代の場所でもあった。

いよいよ、名人栃錦と異能若乃花、栃若が横綱となり、名実ともに2人の黄金時代を迎えるのであった。栃錦は横綱昇進時は１０９キロで、様々な技を繰り出し楽しませてくれたが、晩年は１４０キロになり、取り口も押しと寄りを主体に変貌。まさに名人横綱であった。

若乃花も踵に目があるとか、下半身にもう1つの命があるなど、まさに異能ぶりを発揮していた。

昭和32年11月の九州場所に続き、33年7月の名古屋場所も本場所に昇格し、年6場所が定着する。

栃若時代に続いてやってきたのは、若い大型力士の柏戸と大鵬だった。エキゾチックなルックスにアイドル的要素を兼ね備えた大鵬は、若い相撲ファンを獲得。巨人・大鵬・玉子焼と子供たちの大好きなもののキャッチフレーズがついたほどだった。

昭和35年1月場所12日目、初日から11連勝の新入幕大鵬は、小結柏戸と初対決。結果は先輩柏戸が、下手出し投げで大鵬を土俵に這わせた。この取組を機に、ライバル同士となり、柏鵬時代は幕開けとなった。

同年5月場所で横綱栃錦が突如引退し、栃若時代は終焉。同年9月場所、柏戸が大関に、昭和36年1月場所に大鵬が大関に昇進。

国技館の歴史

上から、旧両国国技館。蔵前国技館。新両国国技館

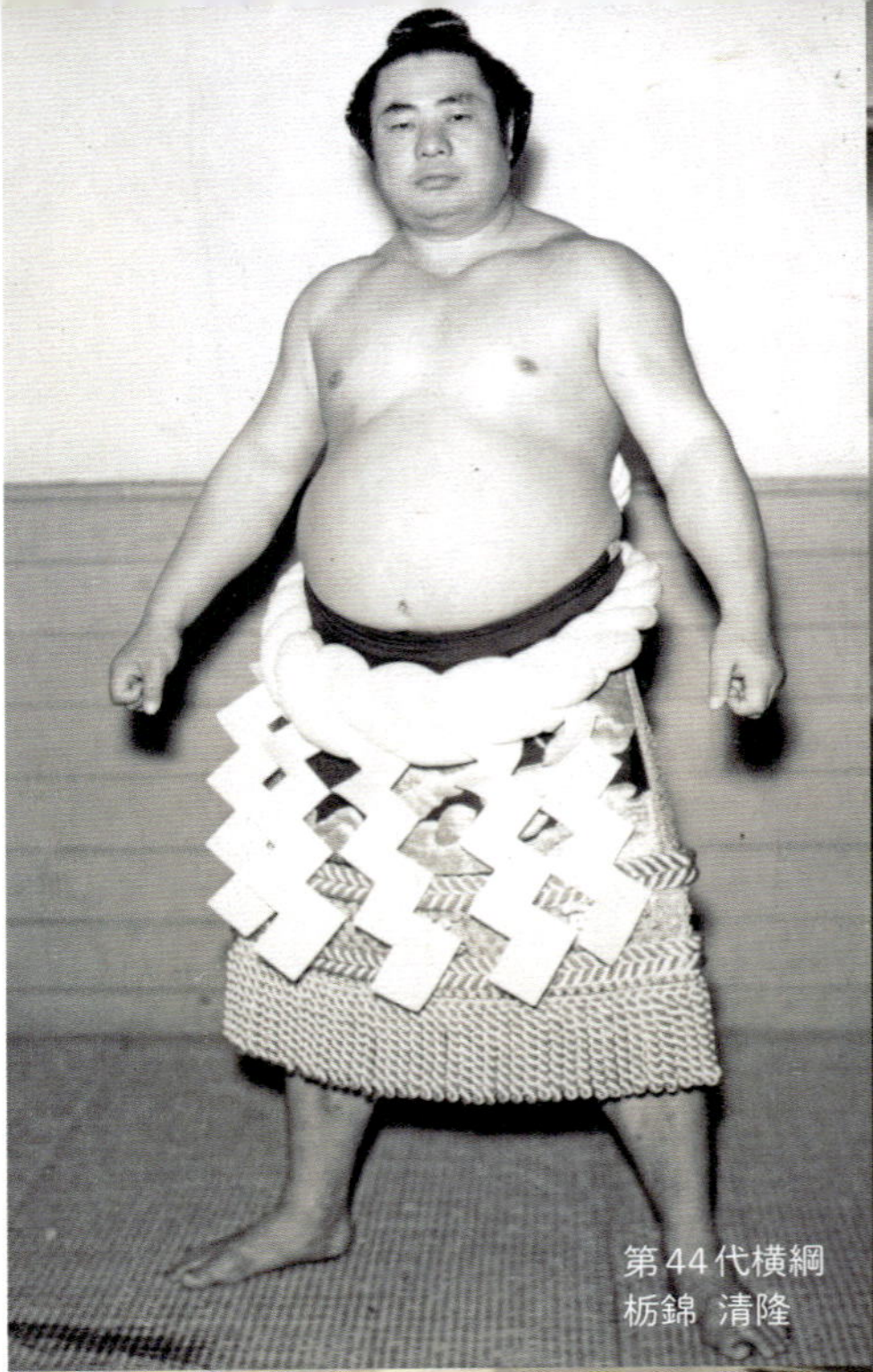

第44代横綱
栃錦 清隆

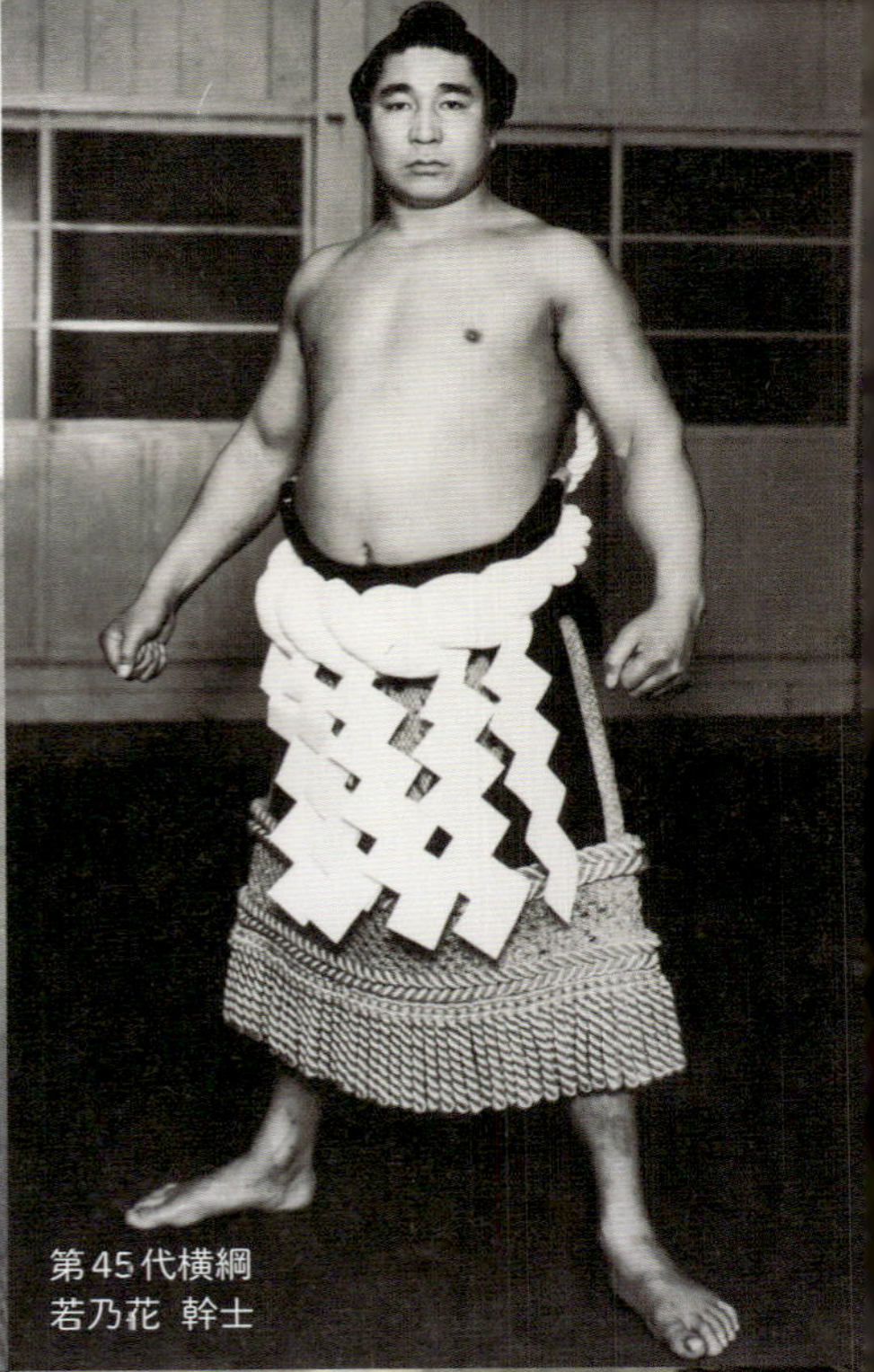

第45代横綱
若乃花 幹士

第47代横綱
柏戸 剛

第48代横綱
大鵬 幸喜

昭和36年1月には年寄、若者頭、世話人、行司、呼出、床山に停年(定年)制も施行された。

昭和36年9月場所後、柏戸と大鵬は同時に横綱に推挙された。大鵬は大関で連続優勝、柏戸は直前の場所こそ優勝の大鵬と同点で成績も3場所で33勝だったが、若さと将来性を期待されての同時昇進だった。

大鵬の柔らかさを生かした自在な取り口と、柏戸の直線的で男性的な取り口は対照的で、大鵬の柔に対し、柏戸の剛といわれた。

しかし、実際は大鵬が新横綱から連続優勝。大関から4場所連続優勝で、柏戸は大鵬の次点に甘んじ、次第に故障で休場が続き、横綱12場所目でようやく横綱初優勝(通算2回目)を果たした。

栃若の2人の小兵から繰り出す、技の切れ、しぶとい見応えある相撲と異なり、大型力士の柏鵬は、取り口が大味であり、大鵬は6連覇を達成するなど独走が続き、柏戸と差がつき、ファンに飽きられてしまい、相撲人気もやや陰りを見せはじめる。

ここで協会は打開策として、系統別総当たり制から、昭和40年1月場所より、現行の部屋別総当たり制を実施する。

これにより好取組は増え、昭和40年代中頃には相撲人気も徐々に回復していくのである。昭和43年12月、元横綱双葉山の時津風理事長が逝去。代わって、元前頭筆頭の武蔵川理事が第4代理事長に就任。

昭和44年3月場所2日目、横綱大鵬と前頭筆頭戸田の対戦では、45連勝中の大鵬が戸田に押し出されて連勝がストップしたが、戸田の右足が先に土俵外に出ている誤審が判明し、この取組をきっかけに勝負判定にビデオを参考にすることになった。

大関北の富士と玉乃島は、昭和44年後半から期待通りの活躍で、昭和45年1月場所後に2人揃って横綱に推挙され、玉乃島は玉の海と改名し北玉時代到来を予感させた。

大鵬は昭和46年5月場所、新進気鋭の小結貴ノ花に寄り倒しで敗れ、優勝32回、2度の6連覇、45連勝、横綱在位58場所と数々の大記録を残し、現役時代の功績を讃えられ、一代年寄大鵬を贈られて引退した。

第54代横綱
輪島 大士

第55代横綱
北の湖 敏満

第58代横綱
千代の富士 貢

北玉の2人は毎場所優勝争いを繰り広げ、特に玉の海は相撲も安定し、右四つの型の完成が近づき、双葉山の再来かと大いに期待された。昭和46年7月場所、玉の海は念願の15戦全勝優勝を成し遂げ、いよいよ双葉山に近づいたかと思われた矢先、虫垂炎を患った。注射で散らしながらも翌9月場所も乗り切った。10月には一門の先輩横綱大鵬の引退相撲にも最後の介添えの土俵入りを務めてようやく入院し手術に踏み切った。術後の経過は良好だったにもかかわらず、退院間近の昭和46年10月11日、朝の洗顔で体調が急変し、手当ての甲斐もなく冠動脈肺血栓症で27歳の若さで亡くなってしまった。

横綱の現役死は、丸山、谷風、玉錦に次いで4人目。奇しくも、玉の海の師匠の師匠に当たる横綱玉錦も、虫垂炎が悪化し腹膜炎で現役死した。好敵手の横綱北の富士は、巡業先で盟友の突然の訃報に際し、人目もはばからず号泣した。

将来の大横綱を予感させた玉の海を失い、予想だにしない大打撃の大相撲だった。彼が存命であれば確実に後の大相撲界の縮図は変わっていったに違いなく、輪島や北の湖の台頭も遅れていたであろう。事実、失意の北の富士は不振が続く。そんな中でも若い新しい波によって巻き返しが図られるのだった。土俵の鬼・若乃花の実弟で、軽量ながら兄同様、足腰の驚異的な粘りが身上の貴ノ花と、学生横綱から角界入りし、天下一品の緻密な相撲の輪島が、昭和47年11月場所に同時大関に昇進した。輪島は大関4場所で、第54代横綱に推挙され、幕下付出でデビューしてから僅か3年半で最高位についた。

昭和49年1月場所、関脇北の湖が14勝1敗で初優勝を飾り、場所後20歳8ヶ月の最年少大関(当時)誕生となった。

場所後の役員改選で、元横綱栃錦の春日野理事が第5代理事長に就任。以降7期14年にわたり理事長を務めた。

北の湖は僅か3場所の大関を経て、昭和49年7月場所後に第55代横綱へ推挙され、今も破られぬ史上最年少21歳2ヶ月での昇進だった。

北の湖の昇進で、輪島とともに輪湖(りんこ)時代と呼ばれ、この

2人の毎場所の優勝争いが長く続いていく。

昭和50年3月場所、大関昇進後低迷が続いていた貴ノ花が、優勝決定戦で北の湖を倒し、初優勝を果たし、日本中が歓喜に沸いた。

輪湖に続けと、昭和51年1月に三重ノ海、5月に旭国、昭和52年3月には若三杉、魁傑（再大関）と、人気力士の大関昇進が続き、大相撲人気は不動のものとなった。

昭和53年は1月場所から5場所連続で北の湖が優勝し、独走が続く中、5月場所後に大関若三杉が第56代横綱に推挙され、二代目若乃花と改名した。

三重ノ海も、大関昇進後は不振続きだったが、昭和54年から成績も安定し、7月場所の輪島との優勝決定戦には敗れたが、場所後第57代横綱に推挙され、31歳5ヶ月での栄進だった。

13年ぶりに豪華な4横綱となり、昭和54年、55年はともに、北の湖が3回、輪島、若乃花、三重ノ海がそれぞれ1回ずつと、横綱が優勝を分け合った。

昭和55年11月場所中、横綱三重ノ海が在位8場所で引退。翌、昭和56年1月場所中に、大関貴ノ花が在位50場所で引退。昭和56年3月場所中、横綱輪島が在位47場所で、大関増位山が在位7場所で引退と、世代交代が加速した。

代わって登場したのが、千代の富士だった。１００キロ未満の軽量ながら、体に似合わぬがっぷり四つからの投げという、大きな相撲で肩の脱臼を繰り返していたが、弱い肩に筋肉の鎧をつけ、体重も１００キロを超してから、立ち合い踏み込んで前みつを取る相撲に変えてからは成績も上昇した。

昭和56年1月場所、千代の富士は横綱北の湖を優勝決定戦で倒し、初優勝と大関を獲得。全国にウルフフィーバーを巻き起こした。

千代の富士は、7月場所で2回目の優勝を果たし、大関を僅か3場所で通過し、第58代横綱に昇進した。

昭和56年の1年間で関脇、大関、横綱の3つの異なる地位で優勝したのは、千代の富士が初めてという快挙を達成し、この記録は未だ彼しか達成していない。

昭和58年9月場所は、横綱千代

の富士と新横綱隆の里がともに14日目まで14連勝とし、昭和39年3月場所の横綱大鵬、柏戸以来19年半ぶりの、横綱同士の14戦全勝の千秋楽対決となった。

隆の里は千代の富士を吊り出しで破り、新横綱として昭和13年1月の双葉山以来45年ぶり、15日制になってからは初の全勝優勝の栄冠を得た。

昭和58年7月場所から4場所連続で千代の富士と隆の里の千秋楽の相星決戦が続き、これは現在も塗り替えられない大相撲史上初のことだった。

そして、戦後の大相撲復興の象徴だった蔵前国技館は、新装から30年を経てその役目を終え、最後の昭和59年9月場所では前頭12枚目の多賀竜が13勝2敗の平幕優勝で締めくくった。

昭和60年1月場所、両国の地に戻った新国技館を目標にしてきた横綱北の湖は初日から2連敗。新国技館無勝のまま、18年の土俵生活に別れを告げ、功績を讃えられ一代年寄北の湖を贈られ襲名した。大鵬の優勝32回を破るのは北の湖しかいないといわれたが、晩年は故障に泣かされ、優勝24回に終わった。

昭和63年1月場所後役員改選で、元横綱栃錦の春日野理事長は勇退し相談役に退き、元横綱初代若乃花の二子山理事が、第6代理事長に就任した。

千代の富士は、5月場所で7日目から連勝がスタートし14勝1敗で23回目の優勝を飾り、続く7月場所、9月場所と連続全勝優勝で連勝を39まで伸ばした。

11月場所も初日から快調に飛ばし、大鵬の45連勝も抜き、14日目に26回目の優勝を果たし53連勝まできた。

千秋楽、横綱大乃国に勝って54連勝とすれば、来年の1月場所の千秋楽まで連勝し続けると、双葉山の69連勝に並ぶ期待が大いに持たれた。

この取組は、大乃国のゆったりとした仕切りのペースに合わせた立ち合いになった千代の富士は、終始大乃国に十分な体制を許し、自らは半身を余儀なくされ、西土俵に寄り倒されて、連勝も53でストップ。これが、昭和最後の取組となったのである。

第8章

大相撲の歴史と名力士（平成前期〜平成現代編）

平成前期の大相撲

昭和天皇は、昭和64年1月7日に崩御。元号は平成と改元された。平成元年1月場所は初日を1日順延し、1月9日の月曜日が初日となった。

大相撲も喪に服し、懸賞金は自粛、土俵上の力士以外は、審判委員、行司、呼出も喪章をつけての土俵であった。

5月場所は肩の脱臼で全休した千代の富士だったが、この場所後に三女を乳幼児突然死で亡くし、精神的にも落ち込み、このまま復活するのも危ぶまれた。

7月場所、出場に踏み切った千代の富士。支度部屋では数珠をさげての場所入りとなり、かつての初代若乃花（愛児を事故で亡くし数珠をさげての場所入り）を思わせた。

12勝3敗で北勝海と相星となり、史上初の同部屋横綱同士の優勝決定戦となったが、千代の富士が北勝海を上手投げで下し、28回目の優勝を飾り、亡き三女に優勝を捧げた。

立ち直った千代の富士は、9月場所は全勝優勝を果たし、この場所で通算勝ち星９６５勝の新記録（当時）を樹立し、場所後に角界初の国民栄誉賞を受賞した。

この11月場所11日目より、バブル景気ということもあり連日満員御礼が続いた。（その後平成9年5月場所初日まで６６６日連続の記録を作った）相撲界は次世代のニューヒーローの出現を待ちわびていた。

平成2年3月場所、千代の富士は通算勝ち星を、前人未到の1千勝に乗せ、あとは大鵬の優勝32回の大記録を目指すこととなった。そして11月場所で31回目の優勝となり、更新は時間の問題と思われた。

平成3年5月場所、休場明けの千代の富士は新鋭貴花田と割が組まれた。貴花田は千代の富士を堂々寄り切った。千代の富士は2日後の3日目に貴闘力に敗れると、打ち出し後に引退を発表した。

大関貴ノ花を関脇千代の富士が引導を渡し、横綱千代の富士を前頭筆頭貴花田が引導を渡す格好となった。惜しくも優勝31回に終わり、一代年寄の栄誉は辞退し、年寄陣幕を襲名した。

平成4年1月場所、前頭2枚目の貴花田が14勝1敗で初優勝。19歳5ヶ月と史上最年少だった。

場所後の役員改選で、元横綱初代若乃花の二子山理事長が勇退し、相談役に退き、代わって元横綱佐田の山の出羽海理事が、第7代理事長に就任した。

横綱北勝海が、5月場所前に引退を発表。28歳の若さだった。昭和6年3月場所に横綱宮城山が引退し、昭和8年1月場所に横綱玉錦が誕生するまでの間横綱不在があり、60年ぶりに横綱不在となってしまった。

1年間で4人の横綱が全員引退となり、特に年齢を考えても、大乃国や北勝海は、あまりに引退が早過ぎた。

この場所、関脇曙が初優勝し、大関に昇進。小錦、霧島、曙の3大関が当時の最高位であった。曙は新大関の場所全休し、先行き不安を感じさせたが、11月場所と平成5年1月場所で連続優勝を成し遂げ、第64代横綱曙となり外国人初の快挙となった。

3月場所は小結若花田が初優勝を果たし、すでに大関に昇進していた貴花田改め貴ノ花と共に世間は若貴ブームと呼び、大相撲力士をアイドルタレント的な扱いで、テレビワイドショーでも連日取り上げるほどの過熱ぶりとなっていく。

平成6年11月場所、貴ノ花は貴乃花と改名して、完璧な取り口で連続全勝優勝を飾り、文句なく第65代横綱へ推挙された。

平成7年1月、新横綱貴乃花はいきなり初日に武双山に敗れ、連勝が30でストップ。以後立て直して13勝2敗で8回目の優勝と3連覇を達成。

11月場所は12勝3敗で若貴が千秋楽で並び、大相撲史上初の、同部屋兄弟優勝決定戦となり、兄の大関若乃花が弟の横綱貴乃花を下手投げに破り、2回目の優勝を果たす。

平成6年の大関時代から9年にかけて、貴乃花は15回の優勝を記録。ライバル曙との時代を築くかと思われたが、貴乃花の独走の時代が続いた。

平成9年11月場所は2度目の貴乃花と貴ノ浪の同部屋優勝決定戦となり、上手投げで貴ノ浪が貴乃花を破り2回目の優勝を果たした。

出羽海改め境川理事長（元横綱佐田の山）の、年寄名跡の協会一括管理の私案を打ち出すと、反境川の急先鋒だった間垣（元横綱二代目若乃花）、高田川（元大関前の山）が、この問題に猛反発。平成10年1月場所後の役員改選で、理事選に立候補した。

特に、高砂一門の高田川は、一門の結束を無視し単独で立候補したため、高砂一門から破門された。なお組織票の少ない高砂一門は、共倒れを防ぐため1人の候補を立てることとなった。

高砂（元小結富士錦）と陣幕（元横綱北の富士）を理事候補として予備選に擁立した。しかしこれに敗れた陣幕は相撲協会から退職した。

昭和43年に協会の役員機構が改正されて以来初の選挙となり、間垣、高田川は揃って理事に当選した。

結局、年寄名跡私案は取り下げられ、この問題に責任を取った境川は理事長を辞任し、時津風理事（元大関豊山）が、第8代理事長に就任した。

協会幹部が揺れる中、大関若乃花が3月、5月を連続優勝し、第66代横綱へ昇進。史上初の兄弟同時横綱の誕生となった。

平成11年3月、5月場所を連覇した大関武蔵丸が、第67代横綱に推挙され、曙、貴乃花、若乃花と共に8年ぶりの4横綱となる。

平成13年5月場所は、貴乃花が

けがを負いながら優勝決定戦で武蔵丸を破り、気力で22回目の優勝を果たした。

このひざのけがの代償は予想以上で、翌場所から7場所連続全休を余儀なくされ、復活していた貴乃花の力士生命を縮める結果となる。

平成14年1月場所後の役員改選で、時津風理事長（元大関豊山）が退任し、元横綱北の湖の北の湖理事が、第9代理事長に就任した。

北の湖理事長は、境川元理事長の推進した年寄名跡の貸借禁止を廃止し、巡業の協会自主興行から以前の勧進元へ戻し、新たに総合企画部を設置、広報部の強化、幕内・十両の増員と、公傷制度の廃止など打ち立てた。

平成15年1月場所、横綱貴乃花が30歳の若さで引退。優勝22回の功績を讃えられて、一代年寄貴乃花を贈られた。

貴乃花の引退により、日本出身横綱が不在となった。

大関陣をはじめとする日本出身力士の頑張りに期待したいところだが、平成の初頭、弱冠17歳の若者が角界を牽引して、大相撲人気を不動のものとしたその功績は大きく、引退によってひとつの時代が終わった。

平成現代の大相撲

平成14年11月と15年1月と連続優勝した大関朝青龍は、大関を僅か3場所で通過し、モンゴル勢として初の第68代横綱へ昇進した。

武蔵丸の引退で1人横綱となり、平成15年から17年にかけての相撲界は朝青龍時代の土俵だった。

平成17年9月場所、朝青龍は大鵬以来の6連覇を達成し、続く11月場所、前人未到の年間完全制覇のかかった朝青龍は、13日目に大関昇進を目指す琴欧州に敗れたが、14日目に優勝を決め、7連覇、年間完全制覇、千秋楽も勝ち、年間最多勝84と3つの新記録を樹立した。

平成19年5月場所、綱取りの白鵬は3回目の優勝を初の全勝で飾り、場所後第69代横綱に推挙された。

7月場所前、時津風部屋で1人の新弟子に対し、師匠と兄弟子による集団リンチで、暴行致死事件が起こる。師匠の時津風（元小結双津竜）と幕下以下の力士3名は、

第64代横綱
曙 太郎

第65代横綱
貴乃花 光司

第66代横綱
若乃花 勝

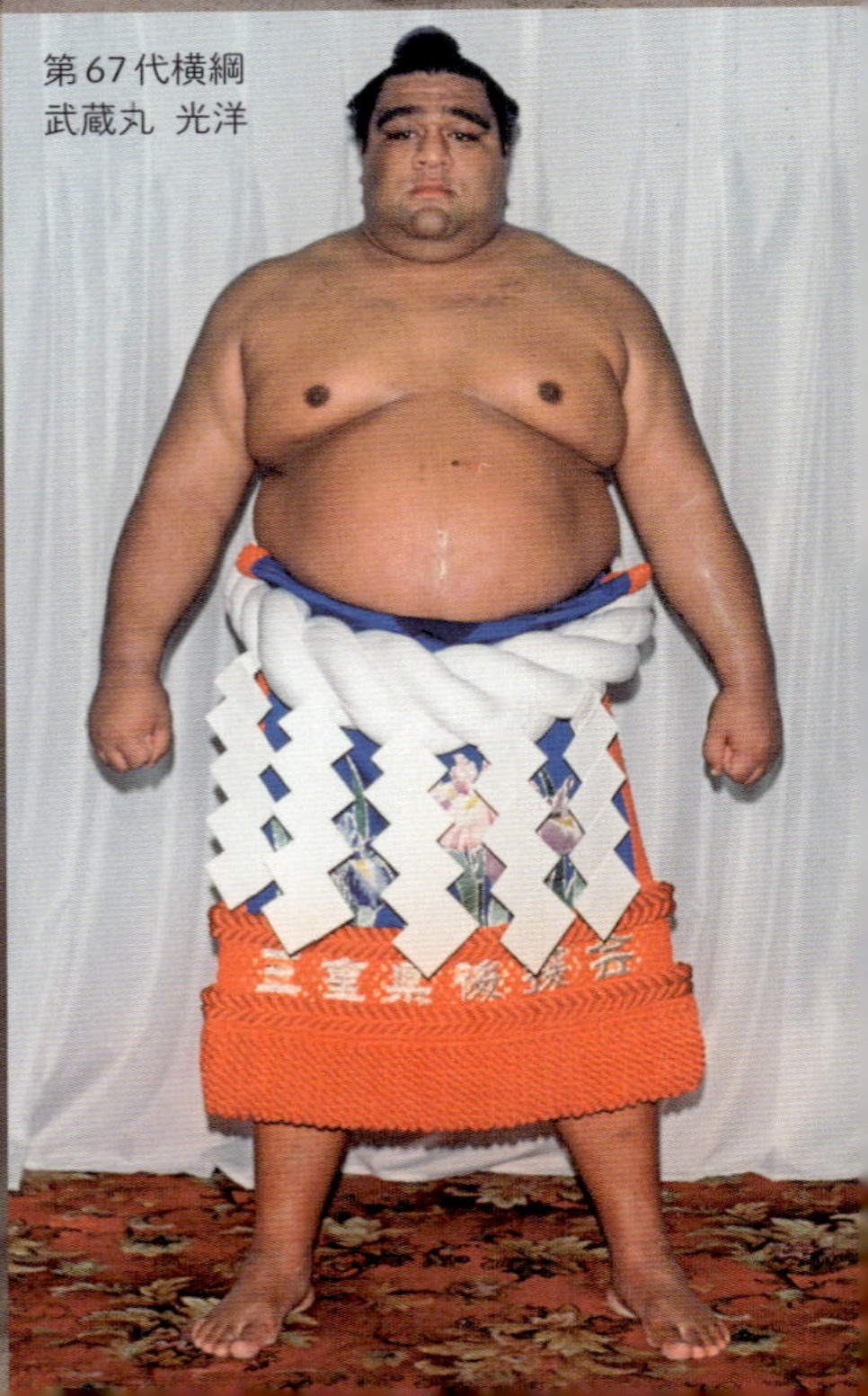
第67代横綱
武蔵丸 光洋

集団で暴行して死なせたことを認め逮捕。解雇処分となった。

現役幕内力士だった時津海は、師匠不在の時津風部屋を継承するため現役を引退した。これに伴い、協会の年寄8名と、外部有識者4名からなる再発防止検討委員会を設置した。

7月場所は20場所ぶりに2横綱となり、東西に横綱が揃った。新横綱白鵬は初日から9連勝したが後半息切れし、朝青龍が先輩横綱の意地を見せ、21回目の優勝を果たした。

ところが、場所後腰のけがのため夏巡業を休場していた朝青龍が、モンゴルに帰国してサッカーイベントに参加している様子が報道され、これを重く見た相撲協会は、朝青龍に対し2場所出場停止処分を下した。

マスコミなど報道陣は、連日、横綱の不祥事を取り上げ、当の朝青龍は事の重大さを理解出来なかったのか、謝罪会見はおろか、ショックのあまり解離性障害の状態が続き、結局モンゴルに帰国する。

平成20年1月場所、謹慎明けで土俵に朝青龍が復帰したが、2日目に稀勢の里に不覚をとったものの、徐々に相撲勘を取り戻し、13勝1敗で千秋楽白鵬との横綱同士の相星決戦と、これ以上ない盛り上がりを見せた。

2場所の間、1人横綱で穴を埋めた白鵬が大熱戦の末、意地の上手投げで朝青龍を土俵に沈め、初の3連覇と6回目の優勝を果たした。

7月場所後、間垣部屋の前頭筆頭若ノ鵬が、落とした財布から大麻が見つかり逮捕。解雇となった。師匠である間垣理事（元横綱二代目若乃花）は理事を辞任した。

その後の協会実施の抜き打ち検査で、尿検査の結果、大嶽部屋の露鵬と、北の湖部屋の白露山にも陽性反応が出たため、2力士も解雇処分が下り、白露山の師匠である北の湖理事長は、責任を取って理事長を辞任した。

後任には、元横綱三重ノ海の武蔵川理事が第10代理事長に就任した。前年の時津風部屋力士暴行致死事件に続き、次は大麻力士問題で、相撲協会は守旧などの体質からくる対応の甘さや、力士出身者だけで構成されている組織など、問題が取り沙汰されるようになってきた。

平成21年、白鵬は年間最多勝86勝の新記録を樹立し、まず破られることはないと思われた朝青龍の84勝を2勝も上回った。

平成22年1月場所、関脇に陥落した千代大海は、この場所大関復帰をかけて臨んだが、往年の力は全くなく、3日目に盟友大関魁皇に送り投げで土俵に叩きつけられ、観念し引退を表明。大関在位は歴代最長65場所。年寄佐ノ山を襲名した。

魁皇はこの一番で幕内８０８勝を記録し、奇しくも千代大海の師匠（九重）、横綱千代の富士の持つ幕内最多勝８０７を抜いた。

土俵は朝青龍が14日目に25回目の優勝を決めた。千秋楽は白鵬が優勝の朝青龍を破り、横綱同士の本割の対戦で白鵬が朝青龍に7連勝し、双葉山が男女ノ川に7連勝した記録に並んだ。

この場所中に、朝青龍が深夜泥酔して個人マネージャーを殴打したとの報道が取り沙汰され、場所後、武蔵川理事長に厳重注意を受け、事態は収束したと思われた。

しかし殴打された被害者は、一般人男性であると別の報道で判明し、虚偽の報告だったことに横綱審議委員会は重く受け止め、引退勧告書を提出。

日本相撲協会は2月4日、緊急理事会で朝青龍を呼んで事情聴取し、暴行問題の責任を取る形で朝青龍からの引退届を受理した。

朝青龍はまだ29歳。これからあと数年は白鵬との切磋琢磨した時代を築いていくはずだったが、自ら引き起こした問題で、現役生活にピリオドを打った。

突然ライバル朝青龍が去り、インタビューでは涙を流した白鵬だったが、一人横綱となったものの、むしろ重圧に耐えうる精神力は備わっていた。

5月場所、新大関に昇進した把瑠都は、先場所の勢いを持続していたが、中日以降失速し10勝止まり。白鵬が独走で13日目に14回目の優勝を決め、6回目の全勝を果たし、気づけば1月場所14日目から32連勝となっていた。

この場所中に、週刊誌で大相撲力士による野球賭博問題が取り沙汰され、暴力団を胴元とするプロ

騒動も多かったが数々の記録と記憶に残る第68代横綱朝青龍明徳

モンゴルの両雄。朝青龍と白鵬

平成22年11月場所2日目、横綱白鵬は前頭筆頭稀勢の里に敗れ連勝は63でストップ

野球を対象とする野球賭博に、年寄大嶽（元関脇貴闘力）、大関琴光喜ら、協会関係者が多数関与していた。

事態を重く見た協会幹部は、掛け金が巨額などで、この問題の中心人物だった年寄大嶽、大関琴光喜を解雇処分とし、他の関与力士は、次の7月場所の謹慎休場を勧告。

武蔵川理事長は7月場所の中止も示唆したが、第三者による特別調査委員会を設置した。理事長以下協会執行部や、関与力士の師匠などにも処分が下り、武蔵川理事長が謹慎となったため、村山弘義外部理事の理事長代行が決まった。

7月場所開催の条件を盛り込んだ勧告案がまとめられ、幕内最高優勝は、天皇賜杯、内閣総理大臣杯、他の表彰も辞退し、優勝旗と、賞金のみが授与された。NHKのテレビ実況生中継は中止。午後6時のダイジェスト版を放映することを決めた。

7月場所、大関の解雇の他、幕内6名、十両4名の謹慎休場の中の本場所で、白鵬は14日目に横綱大鵬の45連勝を超え、15回目の優勝を決め、千秋楽も勝って7回目の全勝と47連勝。15日制になってからの3場所連続全勝優勝は史上初。表彰式では、賜杯のない白鵬は土俵下で涙していた。

場所後8月12日、野球賭博問題の責任を取り、武蔵川理事長が辞任し、後任には、元大関魁傑の放駒理事が、第11代理事長に就任した。

9月場所、大相撲中継も復活し、負けない白鵬の連勝記録がクローズアップされ続け、そんな中でもプレッシャーに押しつぶされることもなく、淡々と白星を重ねる。

千代の富士の53連勝、大正の大横綱太刀山の56連勝、明治の大横綱初代梅ケ谷の58連勝も超え、14日目に16回目の優勝を決め、千秋楽も勝ち、4場所連続15戦全勝（8回目）と、62連勝をマーク。いよいよ11月場所で、双葉山の69連勝更新への挑戦となった。

11月場所、初日栃ノ心を破り、江戸寛政の大横綱谷風の63連勝に並んだ。

2日目は稀勢の里。白鵬は張り差しから浅いもろ差しで、稀勢の里を西土俵に追い詰めた。残した稀勢の里は突き返して、得意の左四つ右上手を取り、白鵬は向正面に詰まった。

白鵬は左からすくい投げで体勢を入れ替えたが、残した稀勢の里は右外掛けで白鵬をぐらつかせ、正面土俵へ白鵬を寄り切り、白鵬の連勝は63でストップした。

平成23年2月に入り、前年に起こった野球賭博問題で、押収した携帯電話のメールのやり取りから発覚したのが、角界を激震に陥れた八百長問題である。

前年7月に野球賭博問題で、警視庁の押収した携帯電話のメールを調査した結果、年寄2名、幕内4名、十両4名、幕下以下3名の合計13名の名前が発覚。

放駒理事長（元大関魁傑）は、八百長問題の全容が解明するまで、本場所開催を中止することを発表。昭和21年6月、メモリアルホールの改修が遅れたため本場所が中止になったが、不祥事による本場所中止は大相撲史上初である。

その後、特別調査委員会による関取以上の聞き取り調査などで、結果的には年寄2名、力士19名が八百長に関与したと認定。

その間の3月11日、東日本大震災が起こり、角界の八百長問題追及どころではなくなり、力士らは被災地の慰問に奔走し、信頼回復に努めた。八百長認定を受けた者のうち、年寄1名、力士19名が、4月5日までに引退届を提出し、引退勧告に従い角界を去った。

勧告に不服とした、年寄谷川（元小結海鵬）、幕内蒼国来、十両星風は引退届を期限内に提出しなかったため解雇となった。（うち蒼国来は、問題とされる取組に無気力相撲はないことが認められ、解雇無効判決が出て平成25年に復帰。星風は最高裁で上告棄却、1審、2審を支持、八百長が認められ、解雇有効となった）

5月技量審査場所（本場所興行ではないので5月場所とは言わない）、番付ではなく順席と呼ばれる公示とされる。この技量審査をもとに7月場所の番付が決められる。

国技館は無料開放されたが、照明も暗く雰囲気が違う。優勝力士への優勝旗授与、三賞はあるが、天皇賜杯、内閣総理大臣杯、外部の表彰、懸賞金は辞退。優勝写真額もなかった。テレビ、ラジオ中継、ダ

第69代横綱
白鵬 翔

第70代横綱
日馬富士 公平

第71代横綱
鶴竜 力三郎

第72代横綱
稀勢の里 寛

イジェスト版放送もなく、ネット配信のみ映像が流れた。

優勝は白鵬が朝青龍以来の7連覇で19回目の優勝が決まったが、千秋楽結びで魁皇に敗れた。

38歳のベテラン大関が、常勝白鵬に堂々と寄り切って勝ち、通算1044勝をマーク。あと1勝で千代の富士の1045勝に並ぶ。

7月場所、半年ぶりに本場所として開催となり、注目は魁皇の通算勝ち星の新記録だったが、豊ノ島に勝って1045勝とし千代の富士に並んだ。

そして5日目、旭天鵬を寄り切りに破り1046勝を挙げ新記録を達成した。1047勝まで星を伸ばしたが、10日目の大関同士の琴欧洲戦を最後に引退。

優勝5回。横綱になってもおかしくない成績を挙げていたが、大関のままだったのでここまで頑張れたのだろう。あと数日で39歳だった。大関在位65場所で年寄浅香山を襲名した。

平成24年1月場所後の役員改選で、放駒理事長（元大関魁傑）が勇退し互選の結果、第9代理事長の北の湖理事（元横綱北の湖）が、日本相撲協会史上初の理事長返り咲きとなり、第12代理事長に就任した。

5月場所、初の6大関となったが、上位陣不調の中、大相撲史上初の平幕同士の優勝決定戦となり、旭天鵬が栃煌山をはたきこんで初優勝。6場所制以降、37歳8ヶ月と史上最年長初優勝だった。

平成25年1月場所中の1月19日、昭和の大横綱大鵬が亡くなった。享年72。娘婿だった貴闘力の野球賭博による不祥事に、晩年は心を痛める日々が多かったようである。

平成27年1月場所、白鵬が日本の父と慕う大横綱大鵬を抜く33回目の優勝がかかるこの場所、対抗として日馬富士も中盤まで1敗で追っていたが終盤崩れ、13日目であっさり優勝を決め、新記録となる33回目の優勝を11回目の全勝で花を添えた。

11月場所中の11月20日、北の湖理事長（元横綱北の湖）が、直腸癌による多臓器不全のため62歳の若さで亡くなった。

現役理事長の死は、昭和43年12月の時津風理事長（元横綱双葉山）以来となる。本場所開催中は初めてのこと。

後任はすぐに置かず、事業部長の八角理事（元横綱北勝海）が理事長代行となり、12月18日に正式に第13代理事長に就任した。

平成28年1月場所、大関琴奨菊が初優勝。平成18年1月場所の栃東以来、10年ぶりの日本出身力士の優勝となった。

3月場所、琴奨菊にとって初の綱取り場所となったが、稀勢の里に敗れてから負けが込み、結局綱取りは失敗。稀勢の里、豪栄道の日本人大関が先場所の琴奨菊に続けとばかりに健闘して、毎場所大変な盛り上がりで大相撲人気が回復し始める。

7月場所後の7月31日、昨年還暦土俵入りを披露し、現役時代を彷彿とさせる体型で驚かせた、元横綱千代の富士の九重親方が、膵癌のため61歳の若さで亡くなった。昨年の北の湖に続き、一時代を築いた大横綱が、相次いでこの世を去った。

9月場所、大関昇進後不振続きだったこの場所カド番の豪栄道が、連戦連勝で全勝優勝。

大関の全勝初優勝は、平成6年7月場所の大関武蔵丸以来22年ぶりで、日本人力士の全勝優勝は、平成8年9月場所の横綱貴乃花以来20年ぶり。カド番大関の優勝は8人目だが、全勝は豪栄道が初めてで、ここにも歴史を残すこととなった。

全休した白鵬不在の中、日本人大関の頑張りと若手力士の台頭で、新たな大相撲ファン獲得が続く。

平成29年1月場所は、鶴竜、日馬富士の2横綱が途中休場、豪栄道、照ノ富士、琴奨菊の3大関も不振で、白鵬と稀勢の里の優勝争いとなった。14日目、1敗をキープした稀勢の里。平幕で好調の貴ノ岩と白鵬が対戦。貴ノ岩の立ち合い一気の寄りで白鵬を撃破。ここで2差となり、稀勢の里の涙の初優勝が決まった。

千秋楽も白鵬の寄りをこらえた稀勢の里は14勝し、場所後第72代横綱に推挙された。日本出身横綱の誕生は平成10年5月場所後の横綱三代目若乃花以来19年ぶりで、稀勢の里が加わり、17年ぶりの4横綱となった。

3月場所、新横綱稀勢の里人気で前売りチケットは発売と同時に

三代目若乃花以来19年
ぶりに日本出身横綱と
なった稀勢の里

即日完売し、4横綱時代の幕開けとなった。

横綱白鵬が途中休場。終盤まで全勝のまま田子ノ浦部屋の稀勢の里と高安が並走。稀勢の里は13日目の日馬富士に初黒星を喫し、寄り倒されて土俵下に転落した際左腕を痛め、誰しも休場を思わせた。

しかし、強行出場に踏み切った稀勢の里は千秋楽まで出場。１敗照ノ富士、２敗稀勢の里の直接対決となった。

結び前の一番、手つき不十分で待ったの後2度目の立ち合い、稀勢の里は左に動いて照ノ富士の動きを封じる。互いに激しい差し手争いとなり、昨日よりも左腕が動く稀勢の里だったが、照ノ富士に前まわしを引かれ、稀勢の里も悪い左腕で巻き替えを図る。

体勢を低くして西土俵へ寄る照ノ富士を待っていたかのように、稀勢の里は土俵際で右に動いて突き落としが決まった。

まさかの稀勢の里の勝利に観衆は大歓声となり、優勝決定戦となる。決定戦は1度待ったの後、２度目で立ち合い、照ノ富士にもろ差しを許し、絶体絶命の稀勢の里だったが、黒房下に一気に寄って体を預ける照ノ富士を右からの小手投げが決まり、奇跡の逆転優勝を成し遂げた。

表彰式前の君が代斉唱で、感極まって涙が止まらなかった稀勢の里。新横綱の優勝は、平成7年1月場所の貴乃花以来22年ぶりだった。

弟弟子の関脇高安も12勝を挙げ、殊勲賞を獲得し、いよいよ来場所は大関取りとなる。けがを押して出場し、自分の力以上の見えない力を感じながら優勝した稀勢の里の勢いはまだ止まらないだろう。

５月場所、稀勢の里のけがは思わぬ重傷で、左腕の他、左の胸筋も損傷しており、稽古も十分に積めないまま責任感だけでの出場に踏み切った。結果11日目から休場を余儀なくされる。

弟弟子の関脇高安は好調を維持し大関昇進を決め、優勝は横綱白鵬が1年ぶり38回目の優勝を13回目の全勝で締めくくった。

７月場所、魁皇の持つ通算最多勝ち星１０４７まで白鵬があと11勝まで迫り、場所の話題はここに集中していた。初日から2横綱３大関が敗れる波乱で、上位陣は白鵬1人が全勝で走る。

稀勢の里、鶴竜、照ノ富士が相次いで休場し、千代の富士の1045勝を抜き、魁皇の1047勝に追い付き、13日目新大関高安を下し1048勝の新記録を樹立。2場所連続で白鵬が14勝1敗で39回目の優勝を飾った。

9月場所、白鵬、稀勢の里、鶴竜の3横綱が初日から休場という、昭和以降記録にない異例の中で開幕したが、大関2場所目の高安は負傷により3日目から、大関カド番だった照ノ富士も6日目から休場となった。記録によれば、大正7年5月場所での3横綱、2大関が休場以来99年ぶりの上位陣の大量休場であった。

土俵は、初日に敗れた大関豪栄道が2日目から10連勝し、3日連続金星配給の横綱日馬富士に3差をつけ独走と思われた。しかし終盤に入り豪栄道は優勝目前で失速。千秋楽、日馬富士に勝てば優勝の豪栄道は敗れ、11勝4敗で同点決勝。優勝決定戦もあっさり豪栄道を寄り切った日馬富士が横綱の面目を保ち、7場所ぶり9回目の優勝を飾った。

横綱、大関陣がこれだけ欠場しても、嘉風をはじめとするベテランと、阿武咲（おうのしょう）をはじめとする若手力士の活躍もあり、稀にみる混戦と内容のある相撲で盛り上がった場所となった。

11月場所、鶴竜は休場となったが、白鵬、稀勢の里、高安の上位陣が土俵に戻り、福岡国際センターは連日満員御礼となった。しかし場所直後の3日目に日馬富士が、10月の秋巡業中にモンゴルの後輩貴ノ岩への暴行問題を巡って再び土俵外での騒動が起こる。日馬富士は3日目より休場し警察や相撲協会からの事情聴取を受ける。稀勢の里も本来の調子を取り戻せず10日目から休場。そんな中でも第一人者の白鵬が上位陣の中でも安定した土俵で締めて、優勝回数は大台の40回に乗せた。平成29年の大相撲は17年ぶりに4横綱時代を迎えたが、4人揃って活躍する場所はなかった。しかし白鵬の牙城を崩せそうな関脇以下に活きのいい若手力士の台頭もあり、平成30年に期待を持たせ幕を閉じた。

第9章 相撲用語集

【合口が悪い】

実力と関係なく相撲の取り癖などから、どうしても勝ちにくいという場合に使う。この逆なら合口がいいという。一般的に苦手なことと使う場合もある。


【相星】

場所の成績が互いに同点であることをいう。特に千秋楽に勝った方が優勝という取組で相星決戦と使うことがある。


【相四つ】

互いに取り組む両力士の得意の四つ、差し手が同じであること。右の相四つ、左の相四つなどと使う。


【明け荷（あけに）】

十両以上の関取が化粧まわしや取りまわしなど身の回りの品を支度部屋に持ち込む時に使う行李（こうり）や、つづらをいう。


【頭四つ（あたまよつ）】

まわしを掴まずに頭を付けあって相手の様子を探り合っている状態をいう。ずよっつという呼び方をするのは間違いである。


【あんこ】

太っている力士をいう。あんこ型ともいう。魚のアンコウの腹が大きく出ているところからいうようになった。


【あんま】

下位力士が、上位力士にけいこをつけてもらうこと。上位力士にとっては「あんま」をしてもらうくらいが、体のもみほぐしになるというところからきている。


【生き体】

少しでも逆転能力の残っている体。


【泉川（いずみがわ）】

相手が差してきた片手を両手で押さえ、右手（または左手）ではさみ付けつつ、左ひじ（または右ひじ）を相手の胸に当てて攻めること。この型で相手を土俵外に押し出せば「ため出し」となる。現在、日本相撲協会の定める決まり手82手の中には「ため出し」が含まれてないので、この技の決まり手は「極め出し」となる。江戸明和年間に関脇・出水川貞右エ門が得意としたことからこの名がついたといわれる。


【板番付】

両国国技館や地方場所の開催会場の入口付近に、板状の番付を興行する場所に宣伝として掲げられる。屋根に当たる部分が「入山形」と呼ばれる「入」の字形に作られるが、これは大入り満員を祈念したものである。


【痛み分け】

取組中にどちらか一方の力士が負傷し、取組の継続が不可能になった時、勝負審判が協議の結果下す勝負結果のひとつ。一般的にも、けんかや議論などで双方ともかなりの痛手をこうむったたま

ま結着をつけないことをいう。

【一代年寄】
現役時代の功績が著しかった横綱が引退した際に、日本相撲協会の理事会がその横綱一代に限って認める特別な年寄名跡で、名称には引退時の四股名がそのまま用いられる。過去、功績顕著として一代年寄の襲名が認められた横綱には、大鵬、北の湖、千代の富士、貴乃花がいるが、千代の富士は「部屋の名前は一代限りでなく末永く続くものにしたい」と辞退し、引退後は年寄陣幕（のちの九重）を襲名した。

【いなす】
正面から相手が突いてきたり、押してきたりした時に、とっさに体を横に開いて相手の攻撃をかわすこと。

【入れ掛け】
巡業の途中、突然の雨などで中止すること。

【打ち止め】
その日の最後の取組（結びの一番）で行司が「この相撲一番にて本日の打ち止め」と口上する。千秋楽結びの一番では「この相撲一番にて千秋楽にござりまする」となり、優勝決定戦があった場合はこの口上はない。

【打ち出し】
相撲の興行が終わる時間のこと。弓取式が終わった時に呼出によって入れられるのがあがり柝で、これが入った時刻が打ち出しとなる。

【上手（うわて）】
四つに組んで互いにまわしを取り合った状態で、相手の差し手（腕）の外側から相手のまわしを引いた状態のこと。また、その相手のまわしを引いた手のことをいう。

【大銀杏】
十両以上の力士が公式の席で結うまげ。まげの先がいちょうの葉の形になっているところからこう呼ばれる。幕下以下でも十両と対戦する時、弓取式、初っ切り、現役を引退し、部屋の千秋楽打ち上げなどで断髪式を行う時は、結うことができる。

【大頭】
幕下筆頭のこと。

【大相撲】
がっぷり四つに組んだ力士同士の力が拮抗して、なかなか決着がつかない膠着状態の取組。およそ4分を超えると水入りになる場合がある。

【送り足】
相手を吊ったまま前進して土俵外に出ても負けにならないことをいう。ただし、吊ったまま後退してかかとから土俵外に出た場合は負けになる。

【押し相撲】
はず、おっつけ、突っ張りなどで相手を攻め、四つに組んで差したり、まわしを引いたりしない取り口の相撲をいう。

【おっつけ】
相手の差し手を封じるために自分のひじを自分の脇に押し付け（「おっつけ」の名の由来）、あるいは相手の差し手のひじを摑んでねじりあげたり、下から上へしぼるように押しつけたりして、差し手の動きを封じようとすること。

【かいなを返す】
差し手で相手のまわしを取らず、手の甲が相手の背につくくらいにひじを張ること。こうすることで相手は上手が取りにくくなり、相手の腕を持ち上げ、脇を開けさせ、重心を高くする効果がある。

【顔触れ言上】
立行司（あるいは三役格行司が務めることもある）が、半紙に書かれた翌日の幕内の取組を土俵上で観客に読み上げる。横綱土俵入りの終了後、中入りの時間に幕内の取組前に行われるが、テレビ中継では映らない場合が多く、日によっては取組進行上、行われない場合もある。

【拍手（かしわで）】
土俵上で打つ手拍子をいう。神への拝礼と世の中がいつまでも栄えることを祈り、邪気をはらう意味がある。

【かちあげ】
立ち合いに片手を胸元へひじからカギの手に曲げたまま、相手のあごや胸板をめがけて体当たりすること。

【かっぱじく】
相手が突進してくる時、少し右か左へ変化して、相手の側面を手で強くはじき飛ばすこと。相手はのめって後ろ向きになってしまう。

【がっぷり四つ】
取り組んでいる両者が互いに上手と下手を取り合い（互いに右が下手なら右四つ、左が下手なら左四つ）胸を合わせた状態を指す。

【カド番】
本場所で負け越した場合、その地位から陥落することをいう。大関が本場所で負け越すと来場所はカド番という言い方はよく使われるが、横綱が15日制の本場所で7敗目を喫して、後がない場合にも使われたことがある。

【かばい手】
相手と一緒に倒れる場合、上になった者が下になった者の体をかばって倒れる時に一瞬早く手を土俵につくこと。倒れる時の衝撃をやわらげるようにすることのためである。かばい手の力士は、たとえ先に土俵に手をついても負けにはならない。

【がぶり寄り】
体全体を上下に揺さぶるようにして寄りたてること。がぶることにより重心が下がって相手は上体があがり残すことが出来ない。出足のある重量力士には有効的である。

【かんぬき】
もろ差しになった相手の両手を外側からかかえ込み、両手を組んでしぼりあげること。片手で自分の一方の手首を掴む。相手は両手の自由が利かなくなって力が出せない。

【柝（き）】
拍子木を打つことを柝を入れるといい、拍子木が打たれることを柝が入るという。相撲の取組をはじめ、土俵入り、弓取式まで、進行のすべてが柝の音を合図としている。

【極める（きめる）】
かんぬきなどで相手の動きを封じ込めること。かんぬきに極めるなどと用いる。

【逆足】
理想的な足の位置とは反対の位置に足がきていること。右四つに組んだ場合は右足が左足より前に出ているのが理想的である。

【給金直し】
十両以上なら8番（15日制）、幕下以下なら4番（7日出場）を勝つ、勝ち越しのことをいう。勝ち越しのかかる取組を給金相撲という。

【金星】
平幕力士が横綱を倒すこと。その力士には10円の褒賞金がつく（勝ち越し20点分に相当）。4000倍になったものが場所ごとに褒賞金として支給される。

反則勝ちや不戦勝は金星にはならない。

【銀星】
平幕力士が大関を倒すこと。俗称としていうが、公式な記録もなければ褒賞金もない。

【食い下がり】
頭を相手の胸に当て、腰を低くして半身に構えること。小柄な力士が体の大きな力士を相手にする時にしばしば用いられる。

【剣ケ峰】
土俵の俵の上のこと。ここまで追いつめられると全くあとがない。したがって助かるか助からないかの瀬戸際のことをいう。

【けんか四つ】
相手力士の得意の差し手が自分と反対のこと。両者とも自分の得意な差し手にしたいので、まるでけんかのような激しい差し手争いをするところからきている。

【御前掛り土俵入り】
天皇陛下がご覧になる天覧相撲や、皇太子殿下がご覧になる台覧相撲の際に、横綱を除く大関以下の幕内力士が、番付下位から順に土俵に上がり、前方から横に4人ずつ列を作り、土俵上に大関まであがったら全員そろって拍手を打ち、右に2回、左に1回四股を踏む。そのあと全員がそんきょして、1人ずつ名前を呼び上げられて、陛下（あるいは殿下）に一礼していく特別な土俵入りをいう。これを東西それぞれで行う。

【小力（こぢから）】
人並みより少しばかり強い力。ちょっとした力。あの力士は小さい体の割りに小力が強いなどと使う。

【腰を割る】
組んだ時、両足を開いてひざを十分に曲げ、重心を低くして構えること。腰を割ると相手の攻撃に耐えやすい。

【蒙御免（ごめんこうむる）】
江戸時代の勧進相撲からの名残で、相撲の興行を寺社奉行から許可を得たという意味。

【こんぱち】
初めてまげが結えるようになった力士は、親方や兄弟子に挨拶回りをする習慣がある。親方や兄弟子は記念として、おでこを指で弾き、油銭（鬢付け油代）を渡す。油銭の金額は兄弟子の地位が高いほど多いという。

【差し手を殺す】
おっつけたり、上手を浅く引きつけたりする（より腹に近いところのまわしを取り、自分のほうに引く）ことで、相手の差し手の動きを封じること。

【三段構え】
東西の横綱または大関が、土俵上で左右対称に上段（開口）・中段（方屋びらき）・下段（三段の結び構え）の三種類の構えを行う儀式のこと。双方阿吽の呼吸（あうんのこきゅう）で行う、いわば相撲道の極みをあらわすため、横綱、大関以外の力士が執り行うことは許されない。国技館落成、新部屋の土俵開き、奉納相撲など、おめでたい特別な式典に行う。

【三番稽古】
実力同等の2力士が、勝ち負けに関係なく2人だけで何番もやる稽古法。

【三役そろい踏み】
千秋楽残り3番の取組前、これより三役の際に行われる恒例の所作。東方力士は前列2名、後列1名が扇形に並び、小結が前列左、関脇が前列右、扇の要の後列には大関が並び、西方力士は前列1名、後列2名が扇を返した形で並び、扇の要の前列に小結が並び、関脇が後列右、大関が後列左に並ぶ。拍手を打ち、右に2回、左に1回揃って四股を踏む。

【仕切り】

両者が土俵へ上がり、互いににらみ合いながら腰を割り（腰を落とすだけでなく、ひざを出来るだけ左右に開く）両手をついて、呼吸を合わせて立つ前までの所作をいう。

【下手（したて）】

四つに組んで互いにまわしを取り合った状態で、相手の腕の内側から相手のまわしを引いた状態のこと。また、その相手のまわしを引いた手のことをいう。

【四股】

両足を左右に開き、膝を曲げ、腰を下ろし、手を膝に添えて足を交互に高く上げて力強く踏み下ろす、下半身を鍛え重心を保つ重要な基本動作。醜（しこ）が語源という説が強く、土の下にいる魔物を踏みつける邪気払をはらう意味もあり、大事な所作の1つである。

【四股名】

相撲における力士の名前である。もともとは醜名と書いた。この場合の醜とは、みにくいという意味ではなく、醜男（しこお）などの言葉と同じように逞しいという意味である。いつからか四股と相まって四股名と書かれるようになった。しこ名と書かれることも多い。

【死に体】

全く逆転能力のない体勢をいう。両足のつま先が浮き上がって、体が30度以上傾いた場合が死に体である。

【蛇の目（じゃのめ）】

勝負俵の外側周囲に幅20センチほど砂が撒かれている。審判が力士の足が踏み越し、踏み切りを判明しやすくするためで、これを蛇の目と呼ぶ。かつて土俵が二重だった時の名残で、力士は土俵に入る時、蛇の目の砂を踏まずにまたいでいる。

【十両（十枚目）】

明治時代に入って給金制度の導入とともに作られた階級。幕下上位10枚目以内の力士は十両の給金をもらって、幕内の候補として関取待遇を受けている。このことから正式名称は十枚目というが、表現の煩わしさを避ける意味で、「給金の十両」から一般的にはこの地位を「十両」と呼んでいる。現在は東西に14枚、計28名が定員となっている。

【初っ切り】

相撲の珍手、禁じ手、所作などを面白おかしく紹介する見世物。江戸時代から相撲の取組前に決まり手や禁じ手を紹介するために行われていたが、現在では幕下以下の力士が担当し花相撲や巡業などで見ることが出来る。

【初日】

力士がその場所で初めての白星を挙げること。初日を出すという。目があくと同じ意味である。

【すり足】

足を上げず、足全体で地面を擦るようにして移動する方法。重心を落として脇を締め、右手と右足、左手と左足を同時に前に出しながら前方に移動する。同手同足が基本動作なので、上半身と下半身にねじれが生じない。そのため、移動の際に頭が上下左右に揺れず、歩く際に重心が常に安定している。また、左右どちらに対しても俊敏に動くことが出来る。

【そっぷ】
痩せている力士のこと。そっぷ型ともいう。鶏のガラからスープ（そっぷ）を取ることで、よくダシが取れ痩せ細った鶏のガラを連想した言葉。また、鶏ガラをベースにしたちゃんこ鍋をそっぷ炊きという。

【外四つ】
相手にもろ差しを許した状態で両上手を摑んで組んだ四つの体勢をいう。長身でふところの深い力士が、自分より小柄な力士と対戦した際に、この体勢になることがしばしば見受けられる。

【そろい踏み】
何人かの力士がそろって土俵上で四股を踏むこと。千秋楽の三役そろい踏み、天覧相撲などの御前がかり土俵入りがそれであり、一種の顔みせといえる。

【そんきょ（蹲踞）】
つま先立ちで踵の上に尻を乗せて腰を下ろし、ひざを開いて、上体が揺れないように重心をとり安定させた姿勢をいう。そんきょという言葉の意味には、うずくまるという意味もあり、古くは貴人に対する礼の姿勢であった。

【たぐる】
突き押しで攻撃してくる相手の腕を、押し返すのではなく、逆に自分のほうに引き寄せること。これによって相手の体勢を崩すことを狙う。

【立ち合い】
両力士がそんきょの姿勢から立ち上がって取組を開始する瞬間のことをいう。両力士はそんきょの姿勢から立ち上がり、目を合わせつつ腰を落とし、上体を下げ片手を着き、両力士の合意の成立した時点でもう片手を着いて相手にぶつかっていく。

【立ち合い負け】
立ち合いの時、相手より遅れて立ったり、タイミング悪く立ったりして、不利な体勢になる場合をいう。相撲では立ち合いが勝負の大きなポイントとなるので、立ち合い負けは致命傷になりやすい。

【力紙】
力士が取組前に力水をつけたあと、口元や体を拭ったりする半紙のことをいう。

【力水】
力士が土俵に上がって取組前に渡される清めの水のことで、前の取組の勝ち力士から柄杓（ひしゃく）で力水をつけてもらう。必ず勝った力士か控えの力士がつけ、負け力士は力水をつけない。結びの一番で前2番の力士が負けた時は、その力士に付いている当日勝った付け人（力士）が、浴衣を着て片肌を脱いで力水をつける。

【ちゃんこ】
力士の食事のことをいう。力士は相撲を取る体格を身につけるため、鍋料理を食べることが多く、広く知れ渡ったのがちゃんこ鍋である。語源としては『ちゃん』（お父ちゃん）、東北地方の語尾に『こ』をつけることからなった説がある。

【ちょんまげ】
現在幕下以下の力士が結っているまげで、十両以上でも正式の席でない場合はちょんまげである。明治4年8月、維新政府により散髪脱刀令（断髪令）が出されたが、政府高官の好角家や明治天皇と相撲を取った力士もいたなどといういきさつから、力士は例外としてまげが許された。

【ちりちょうず（塵手水）】
土俵の二字口（東西の徳俵辺り）でそんきょをし、両手を前に出して手のひらを打ち、左右に広げ手の甲を返す所作をいう。手のひらを擦り合わせて打つ所作は、土俵のない時代に雑草の露を手で清めることに由来している。両手を左右に大きく広げて手のひらを見せるのは、手や体に武器を持っていないことを示し、正々堂々と素手で闘うことで潔白を意味する。

【付け出し】
学生・アマチュア時代に優秀な成績を収めた者が、相撲界にデビューするにあたり、前相撲から順序を経て取るのではなく地位を優遇する制度である。

【出足】
すり足で前へ出て、相手を攻めながら足を相手のほうへ踏み出すこと。運び足の中で最も重要である。

【手刀】
勝ち名乗りを受ける力士が、行司の軍配の上に載せられた懸賞金を受け取る際に行う所作。

【鉄砲】
稽古場にある鉄砲柱や力士同士が互いに向き合って行う突っ張りの稽古で、腕力などを鍛えるための最も重要な基本のひとつである。土俵上では、相手の上半身を狙って強く突っ張り、有利な体勢に持ち込むための技である。

【手四つ（手車）】
体をくっつけずに両力士が互いに手だけを掴み合う状態をいう。片手だけで掴み合うことを片手四つ（片手車）という。

【同体】
両力士が同時に倒れたり、同時に土俵外に出たりした時をいう。この場合、勝負審判から物言いがつき、協議した結果取り直しとなる。

【徳俵】
15尺の土俵20俵のうち東西南北中央にそれぞれ1俵ずつ外側にずれている俵が徳俵にあたり、他の俵だと踏み切って負けてしまう時でも、ここなら残ることがあるのでこの名がついた。

【飛び付き】
花相撲の5人勝ち抜きなどで、仕切りなしで行う相撲のことをいう。

【止め名（留め名）】
二度と使われない四股名をいう。

【ドロ着】
本場所の取組前後や、巡業中の稽古場などで取りまわしを締めたまま着る浴衣をいう。

【取り直し】
勝負が同体であった時、あるいは水入りが2度あった時には、取り直して立ち合いから再勝負を行うことをいう。

【中入り】
十両と幕内の取組の間に入れる休憩をいう。十両最後の取組前に「この相撲一番にて中入り」と行司が宣言する。中入りでは幕内土俵入り、横綱土俵入り、立行司による翌日取組の顔触れ言上などが行われるが、十両以下取組の進行上、幕内取組開始までに時間がない場合は、顔触れ言上が割愛されることがある。

【中剃り】
まげを結いやすくするため、頭頂部を直径6～7センチくらい円形に剃ること。引退が近い力士は中剃りをしなくなる。

【中日（なかび）】
興行期間の真ん中の日をいう。大相撲の本場所は15日間なので8日目が中日となる。

【なた（鉈）】
相手の差し手を極める1つの方

法。例えば、相手が右差しにきた時、左手でその差し手を抱えて極め、さらに内側から自分の右手を摑む。一方、右腕のひじを曲げ相手の胸を押しつけたり、はずに当てたりする。

【なまくら四つ】
右四つでも左四つでも同じ程度に相撲が取れることだが、相手十分に組んでしまうような、よくない意味で用いられることが多い。

【二枚鑑札】
現役の力士、または行司が年寄を兼務することをいう。明治時代、力士用と年寄用の営業鑑札を警察から受け取ることが制度化された時に、兼務している者は、二枚の鑑札を必要としたことからきている。明治～大正時代には多く見受けられたが、昭和に入り東西合併から徐々に少なくなり、昭和33年の行司の年寄兼務が廃止になった時、力士の二枚鑑札も実質上廃止になったと考えられる。例外として昭和34年11月、横綱栃木山の春日野の死去により、弟子の横綱栃錦が現役を引退する昭和35年5月まで年寄春日野を兼務したのがある。その後師匠の停年にともない、部屋の継承予定者が現役中のため、二枚鑑札になるのではと思われるケースがあったが、いずれも現役を引退して年寄を襲名し部屋を継承しているので、平成になった現在においても実質上廃止とみてよい。

【根岸流】
江戸時代の相撲会所の番付表版元であった三河屋根岸治右衛門が創設し伝えられている、いわゆる相撲字のこと。寄席文字や芝居の勘亭流同様、白いところを少なくしているのは、大入りの縁起をかついでいるとされている。根岸家は年寄として相撲協会の運営にも関与していたが、昭和27年に10代目が年寄名跡を返上し、現在は行司にその書体を伝え受け継がれている。

【ねこだまし】
立ち合い相手が飛び込んでくる寸前、相手の目の前で両手をパチンと打つ奇襲戦法。相手が思わず目を閉じる瞬間を利用して、有利な体勢になろうとする作戦である。

【のぞかせる】
差し手を深くせずに、相手の脇の下から自分の手首がのぞく程度に浅く差していることをいう。

【のど輪】
はずにした手を相手のアゴにかけて押す型。もう一方の手は押っつけるのが原則。のどをつかむと反則になる。

【はき手】
取組中、体勢が崩れて、思わず手の先が軽く着いてしまうことをいう。相手が力を加えずにつけば、今の勝負結果では「つき手」となる。

【はず】
親指を相手の胸にあて、他の四指を90度に開き、その形で手を相手の脇の下に差しあてること。両手をはずにすれば両はず（もろはず）という。

【はず押し】
片手または両手ともはずで相手の脇の下、脇腹などにあてて押すこと。

【八番相撲】
幕下以下の力士は1場所7番の相撲を取るが、休場者が出て全力士が均等に7番の割が組めない場合、例外的に7番取り終えた1力士が8番目の相撲を取ることがある。この場合の勝ちは勝ち星と評価され、負けても負けの評価はない。このことからそれぞれ勝ち得、負け得という。

【花相撲】
本場所以外の巡業、トーナメント、親善相撲、引退相撲などのことをいい、勝敗が番付の昇降、給金に反映しない興行をいう。取組の他、初っ切り、相撲甚句、横綱の綱締め実演などが盛り込まれる。

【花道】
土俵に向かってついている4つの通路をいい、力士は向正面側の東西2つの通路から登場する。花道という名は、平安朝の相撲節会（すまひのせちえ）で、東の通路に葵、西の通路に夕顔の花を飾ったことからきている。

【張り差し】
立ち合いすぐに相手の顔を張り、相手がひるんだスキに自分の有利な差し手に持っていく戦法。

【張出】
番付表の欄外に四股名が載ること。大関、関脇、小結は東西に1名ずつと決まっていたが、近代になってからはその地位にふさわしい成績を挙げた力士がいたら、定数にこだわらなくなっている。そのため長方形の番付表の枠を出っ張らせ、3人目以降はその部分に四股名を載せるようになった。その部分が番付表から張り出して見えるため、張出○○と呼ぶようになった。通常の部分に載った力士は、正○○と呼び、正のほうが張出より上位である。平成6年7月場所より、同地位に3名以上の力士が出ても番付表から張り出さずに、通常の部分に連記されることとなったため、張出は存在しなくなった。

【バンザイ】
もろ差しになられたうえに、自分は相手のまわしも取れない状態のことをいう。

【半端相撲】
相撲の基本にかなっていない取り方。あるいは取り方をする力士をいう。

【半身】
片足を前、もう片足を極端に後方へ引いて構えること。体全体が相手に対して斜め向きになっていること。防御には適しているが、この体勢からの攻撃は適していない。

【左四つ】
互いに左手を相手の右腕の下に差して組んだ四つの状態。まわしを引いても引かなくてもよい。

【引っぱりこむ】
相手にわざと差させるために、脇の下をあけ、その差し手を抱えこんだり上手を取ったりする作戦。体の大きな力士が、小柄な相手とぶつかった時によく用いられる。

【日の下開山】
天下無双の強豪という意味で、現在の横綱にあたるが、相当の無敵ぶりを称えるための名誉や称号として使われる。

【不戦勝】
対戦相手が、けがや急病などで突然出場できなくなった時不戦勝となる。反対に休場した力士はその日1日だけ不戦敗となる。昔は相手が休めば自分も休場となったが、昭和3年3月に不戦勝制度が確立して現在のようになっている。

【ぶちかまし】
立ち合いに頭を下げて額から相手の胸へぶつかっていく戦法。

【ぶつかりげいこ】
受ける側とぶつかる側があり、

受ける側は腰を割って主に防御の稽古をし、ぶつかる側は当たって出足よく押し、倒れる時に受け身の稽古をする。重要な稽古法の一つ。

【ふところが深い】

上背があって腕が長くひざにゆとりがある体の柔らかい力士は、一気に押したり、投げたり差し手を返しても、効果が薄く非常に取りづらい。こうした力士を、ふところが深いという。

【踏み切り】

足の踵が土俵外へ出ること。

【前さばき】

立ち合い相手に有利な体勢をとらせないため、お互いが相手の手をはね返して争うこと。腰を低く落とし、両脇をしっかり閉じているのが大切である。

【前褌（まえみつ）】

まわしの前の部分のこと。前まわしともいう。

【巻きかえる】

それまで上手を取っていた手を相手のスキをみて差し手にすること。左四つに組んでいた両力士が、同時に巻きかえて右四つになるケースがしばしばある。

【股割り】

両足を出来るだけ真横に開き、尻をつける。そして上体を前後左右へ動かす。足腰を柔らかくするための稽古である。

【待った】

立ち合いで、呼吸が合わずに相手が先に立ってしまった時などに、手のひらを前に出して「待った」と言う。待ったがあると仕切り直しとなる。

【まわしうちわ】

行司が勝負判定を訂正するために、一度上げた軍配を下ろさずに、そのままぐるっと回してもう一方の力士に上げ直してしまうこと。

【まわしを切る】

相手に掴まれているまわしを、腰のひねりを利用したり、はずにかかったりして相手から取られたまわしを外す戦法。まわしを掴まれていると攻められやすいのでこの戦法がとられる。

【満員御礼】

本場所において観客が一定の人数に達すると、中入り後、幕内取組直前に土俵の吊り屋根の上に、正面、向正面、東西四方に垂れ幕で表示される。満員になると関係者に大入り袋が配られる。完全に満員になると「札止め」という。

【右四つ】

互いに相手の左腕の下に右腕を差して四つに組んだ状態をいう。

【水入り】

勝負がなかなかつかず、しかも互いに組み合ったまま動きが鈍くなり４分も経過するとタイミングを見計らっていったん勝負を中断させる。水入りは向正面赤房下の時計係審判がタイムを計っており、審判長の判断で行司に合図されるか、行司と審判の同意で、行司が両力士に知らせる。両力士に休息を与え、力水をつけ、乱れたまわしを締め直させたあと、中断した体勢から勝負再開となる。力水をつけるからこれを水入りという。

【向こうづけ】

相手の前まわしを掴み、姿勢を低くして頭か額を相手の胸につけてまっすぐ構える型。半身に構えると食い下がりとなる。

【結びの一番】

その日の最後の一番。行司が「番数も取り進みましたるところ、かたや○○山、○○山、こなた○○海、○○海、この相撲一番にて本日の打ち止め」と口上して始まる。

【胸をあわせる】

互いに摑んだまわしを引き合い、文字通り胸が合うようになっている状態をいう。


【胸を貸す】

番付上位の力士が下位の力士に稽古をつけること。


【申し合い】

勝ち抜きで行う稽古法。勝てば何番でも取れるが、負ければ引き下がる。稽古をしたい力士は勝負がついたらすぐに挙手し、勝った相手は自分が稽古したい相手を指名する。


【物言い】

勝負審判は、行司の勝負さばきがおかしいと思ったら、すぐに手を挙げて異議を申し立てることが出来る。これを物言いという。物言いは控え力士がつけることも出来るが、勝負判定の協議には加わらず、決定権はない。軍配どおり、同体取り直し、軍配差し違いのいずれかを判定するため、土俵上に5人の審判員があがって協議する。わかりづらく際どい取組は、別室の審判員がテレビのビデオを参考にして、土俵上の審判長に説明している。多数決で協議し、結果は審判長が場内にわかりやすく説明をする。この際、行司は自分の意見を述べることが出来るが決定権はない。


【もろ差し（両差し）】

両手とも相手の脇の下に差し入れること。二本差しともいう。


【もろ手突き】

両手を一緒に出して突っ張ること。普通は両手で交互に突っ張るが、それよりもろ手突きは威力がある。ただタイミングが悪いと脇が開いているので、腕をたぐられたりして相手につけこまれる。


【山げいこ】

土俵のないところで円を描いてそこで稽古をすること。大合併巡業などでは土俵が不足するため、あちこちで行われている。


【吉田司家（よしだつかさけ）】

相撲の宗家（家元）として代々追風（おいかぜ）の号を名乗り、熊本藩に仕えた以降に熊本に住み、江戸勧進相撲の谷風、小野川の時代へさかのぼるほどその歴史は古く、相撲協会が推薦した力士に横綱の免許を与えるなど、長く相撲の司として重きをなしてきた。昭和26年1月の第41代横綱千代の山以降は、相撲協会が自主的に横綱を授与するようになり、司家は第59代横綱隆の里まで推挙式に立ち合っていたが、第60代横綱双羽黒以降は、司家内の不祥事等で25世吉田長孝の時に相撲協会との関係を中断し、その後相撲協会に横綱授与の儀式も委ねられている。


【四つ身（四つ）】

両力士が組み合うこと。


【脇が甘い】

相手に簡単に腕を差されてしまうような取り組み方をすることをいう。脇をしっかりと締めていないためにこのようになる。脇が固いがこの反対の意味。


【割】

取組そのものを指した言葉だが、取組表のこともいう。


【割り返し】

割が出来上がったあとで休場力士が出た場合、不戦勝が続かないように取組の変更をすること。


【割場】

審判委員と行司が集まって取組を作成する場所。

第10章 相撲隠語集

今は使わなくなったが おもしろいものも 取り上げた

【アゴをかます】なにかを頼まれた時、きっぱり断ってしまうこと。けんもほろろに断る。

【あっぱ】女房のこと。東北、関東の田舎の言葉からきたといわれている。

【油銭（あぶらせん）】力士がまげを結ってもらった時、心づけで床山に渡すチップのこと。

【天野（あまの）】しゃれ、冗談、あるいは軽いウソのこと。明治時代に天野さんという大の相撲ファンがいて、この人がしゃれや冗談を言うのが非常にうまかったところからきている。

【あらし】引き分け、預かり、勝負なしのこと。

【いいとこ売る】知ったかぶりをすること。話を作ったり、おもしろいことを言ったりすること。

【イカ】勝負ごとに勝つこと。

【イカをきめる】勝負ごとに勝ったまま、勝ち逃げをすること。イカが逃げる時にスミを吹いて行方をくらますから。

【いなづま（稲妻）】巡業の道中で茶店には入らずに、木陰にむしろなどを敷いてお金を使わずに休むこと。（大正時代までは使われていた隠語）

【えびすこ（恵比寿講）】腹いっぱい食べること。昔、恵比寿講（祭礼）で大勢集まって、たらふく食べるところからきている。大食漢のことをえびすこが強いといい、たくさん食べることをえびすこをきめるという。

【おかる（お軽）】みにくい女。不美人。明治時代、相撲の巡業一行と一緒になった旅役者一行の役者お軽が大変な不美人だったことが語源。

【おコメ（お米）】お金。小遣い。給金。江戸時代の力士が大名に抱えられていて、扶持米をもらって生活していたところからきている。

【押す】相手におごらせること。たかること。

【お手上がり】一文もないこと。両手を上げて財布が空になったところからきている。

【おてこ】一文もないこと。

【お天気】一文もないこと。財布が、晴れたお天気空のようにカラカラという意味。お手上がりよりは深刻でない時に使われる。

【恩を返す】稽古をつけてくれた先輩力士を、土俵上で負かしたり、番付の面で追い越したりすること。

【がい（害）にする】稽古でこてんこてんにやっつけること。しごくこと。

【顔じゃない】そこまでの貫禄や実力が十分に備わっていないこと。こんなところへ顔を出す身分じゃないという意味。一流の会合へ地位の低い者が出席しようとした時などに使う。

【上総道（かずさみち）】大きいことを小さく言う嘘。昔、上総の国（今の千葉県）が遠いのにすぐ近くといったところからきている。

【かたくち（肩口）】男性の性器のこと。

【かたくなる】怒ること。

【肩透かしを食う】うまくかわされること。

【がちんこ】真剣勝負のこと。両力士が頭で当たり合う時ガチンと音がするところからきている。

【かます】質に入れること。または品物をほうり投げる時にも使う。

【かます屋】質屋のこと。

【かまぼこ】稽古をさぼること。稽古場の板壁に張りついたように立っていることから、板についたかまぼこを連想した言葉。

【かわいがる】けいこで猛烈にしごくこと。

【北向き】変わり者。北向き天神が、北向き変人としゃれて出た言葉。

【北向く】すねる。怒る。

【君山ざらし】花札で間違えること。君山団吉という力士は、目が悪くて、札をよく見間違えたという。

【切りもの】立て替え金。

【銀流し】気取ってきれいにしているが軽薄だったり、金を持っているふうに見えてけちだったりすること。すぐに剥げる銀メッキからきている。

【金星】美しい女性のこと。

【銀星】ちょっと素敵な女性のこと。

【日下山をきめる】勘定不足で足を出すこと。日下山矢三郎（くさかやまやさぶろう）という力士は、体が大きくていつでも布団から足を出していたので足が出る、勘定が足りないという意味になった。

【首投げ】情事のこと。決まり手の首投げがきまった格好が似ているから。

【くらわす】ぶん殴ること。げんこつを食ら

わすこと。

【化粧立ち】
仕切りで、まだ立つ気がないのに、あたかも立つような素振りをみせること。

【げんぶ（源武）】
ひいきに取りいってものを貰うこと。お世辞を言って祝儀にありついたりすること。大正末期から昭和初期にかけての十両力士源武山源右衛門が、人に取りいるのが天才的にうまかったところからきている。「勲八等源武山源右衛門」と書かれた特大の名刺と、自分の名前を染め抜いた安手ぬぐいを小道具にして押しまくったとのこと。

【ごっつぁん】
ありがとう、ごちそうさまの意味。ごちそうさまが訛った言葉。ごっちゃんともいう。ありがとうという広い意味で使われることが多い。

【米びつ】
その部屋の柱。かせぎ頭。ドル箱。当然横綱、大関は部屋の米びつである。

【ご免をこぅむる】
部屋を破門されること。

【逆取り（さかどり）】
巡業中に雨が降り、時間がたつにつれてコンディションが悪化するような場合、途中から上位を先に出し、番付の逆順に取っていくこと。

【さしや】
無一文のくせに、豪遊したり大金を使ったりする話ばかりをするホラ吹きのことをいう。

【しかをきめる】
しらばっくれる。知らないふりをする。花札のシカが横を向いているところからきている。

【シャモ（闘鶏）になる】
一方的にやっつけられたり、バクチですっかりやられたりすること。シャモが料理で使われる時、首を絞められ毛をむしられる様子からきている。

【性（しょう）がいい】
財産家のこと。金回りがいい人のこと。

【しょっぱい】
相撲が弱いこと。不細工な相撲をとること。小遣いがないこと。品物が悪いこと。けちくさいこと。

【スカす】
所属部屋から逃げ出すこと。

【頭突きをかます】
ひどく叱りつけること。ぶちかます相撲の立ち合いからきている。

【頭突きを食らう】
こっぴどく叱られること。

【砂久（すなきゅう）】
待遇が悪いこと。明治時代、横浜の砂久という宿屋は、行司の取的の宿屋だったが、ひどく待遇が悪かった。

【石炭たく】
急ぐこと。汽車がスピードを出す時は石炭をたくさんたいて走らせるところからきている。

【せっちんの火事】
やけくそになること。雪隠（せっちん）＝便所が火事になると、くそが焼けるから。

【仙台道】
小さいことを大きくいう嘘。昔、仙台方面では近いところを遠くいうところからきている。

【タコ釣る】
思い上がっている者を叱りつけること。

【タコになる】
言うことを聞かず、思い上がっていること。天狗になること。

【タドン】
黒星のこと。タドンの色と形からこのようにいう。

【タニマチ（谷町）】

ごひいき、後援者のこと。明治時代、大阪の谷町に大変相撲狂の医者がいて、力士からは治療代を一銭ももらわなかったというところからきている。


【たろう（太郎）】

呼出しや床山の給金のこと。


【力がはいる】

疲れること。


【ちゃんすけ】

旅館で出すチップのこと。


【注射】

八百長の俗語。


【ちょうば（丁場）】

お世辞のこと。


【ちょこれんぱん】

バクチのこと。


【ツラ相撲】

勝ちや負けが連続すること。連なるという意味からきている。


【手が合う】

気が合う。仲がいいこと。


【手相撲】

自分の金で飲食すること。


【鉄砲かませる】

相手の頼みをきっぱり断ること。


【テラ（寺）切る】

ピンハネすること。寺銭からきている。


【電車道】

立ち合いから一気に相手を押し込んだり寄ったりすること。昔、電車のレールはほとんど真っ直ぐが多く、一直線に進むということからきている。


【とうすけ（藤介）】

けちなこと。倹約家。明治中期の三段目力士、藤田川藤介は大変なけちだったことから。


【道中】

地方巡業などで、興行のない日のこと。


【土左衛門】

水死人のこと。享保年間の幕内力士、成瀬川土左衛門は、青白くむくんだように太り、まるで水死人のようだったことから

【どじょう掘る】

祝儀をもらうこと。昔、祝儀が土俵上に投げられたが、それを拾うために、まるでどじょうを捕るようにザルで集めたところからきている。


【どっこい】

頑固な人。


【とりごま（鳥駒）】

物を借りること。大正時代の三段目力士、鳥駒条吉は物を借りる名人だった。鳥駒はのちに呼出に転向し、条吉の名で昭和34年まで務めた。


【とんぱち】

目先の見えない人。勘の悪い人。常識外れな人。トンボにはち巻きの略で、トンボは目ばかりだから、はち巻きをしたらなにも見えないところから。


【ヌケヌケ】

1番毎に東と西が入れ替わって勝ったり、個人で1日おきに勝ったり負けたりすること。


【ネコカン】

手も足も出ないこと。カン袋に押し込められた猫からきている。


【はがみ（端紙）】

借用書のこと。


【箱山】

床山のこと。


【はずにかかる】

脇からごちそうになること。ただ食いすること。はず押しは、相手の脇にかけて押す（おごってもらう）ところからきている。


【ハーちゃん】

頭の足りない人。馬鹿のこと。昔、中立庄太郎という親方に美

人だが少し頭の足らない、春子という娘がいたところからきている。

【はねだち】
地方巡業で1日興行のこと。

【馬力】
酒。酒を飲むと元気が出て馬力が出るところからきている。

【馬力屋】
酒屋。

【ひたちがた（常陸潟）】
見栄をはること。ホラを吹くこと。明治後期の三段目力士、常陸潟力三はブ男だったが、もてて困った話ばかりをしていたから。

【びんごおのみち（備後尾道）】
バクチのテラ銭が多いこと。尾道には寺が多いところからきている。

【貧乏神】
十両筆頭のこと。給金は十両なのに幕内力士との対戦が多いから。

【ぶるたかる】
怖がること。ふるえること。

【へのこ差し】
棒差し。差し手が返らない悪い差し方。

【ホシ（星）】
女性。恋人。

【星をとる】
行司が差し違いをして黒星になること。

【星を残す】
勝ち越すこと。

【ぼんなか（盆中）】
気をきかすこと。

【ぼんなか相撲】
頼まれもしないのに負けてあげる片八百長のこと。

【虫メガネ】
序ノ口力士のこと。番付表に載っていてもなかなか捜し出せず、虫メガネが必要なことからついた。

【目があく】
初日から連敗していた力士が1勝目を挙げること。片目があくともいう。両目があいたといえば2勝目を挙げたという意味。

【メガネ】
のぞき見すること。

【めする】
見損なう。間違える。

【元結】
まげを結うのに用いる細く丈夫な紐（ひも）のこと。もっといともいう。

【やしまん（香具師万）】
水で割った酒。飲んでも効かないところからきている。

【やぐら太鼓】
相撲の興行を市中に知らせるためにやぐらの上で呼出が打つ太鼓のこと。太鼓を叩いて市中を触れまわることもある。寄せ太鼓、一番太鼓、はね太鼓がある。

【家賃が高い】
自分の実力以上の地位に上がったために、思うような成績が残せず負けが込むこと。身分以上の家に入って家賃が払えないということ。

【やまいく】
けがをすること。病（やまい）がつまったもの。

【よかた】
一般人のことをさす。

【レンコンきめる】
目先をきかせるという意味。レンコン越しに物を見ると、穴を通して向こうがよく見えること。

【渡し場めぐり】
お金のない連中のこと。バクチ場で金もないのに、「のったのった」とばかり言うところからきている。

記録集　歴代横綱一覧

代数	しこ名	出身地	昇進年月	優勝回数
初代	明石《あかし》 志賀之輔《しがのすけ》	栃木県宇都宮市（？）	（？）	（？）
2代	綾川《あやかわ》 五郎次《ごろうじ》	栃木県栃木市（？）	（？）	（？）
3代	丸山《まるやま》 権太左衛門《ごんだざえもん》	宮城県登米郡米山町	（？）	（？）
4代	谷風《たにかぜ》 梶之助《かじのすけ》	宮城県仙台市若林区	寛政元年11月	21
5代	小野川《おのがわ》 喜三郎《きさぶろう》	滋賀県大津市	寛政元年11月	7
6代	阿武松《おうのまつ》 緑之助《みどりのすけ》	石川県鳳珠郡能登町	文政11年2月	5
7代	稲妻《いなづま》 雷五郎《らいごろう》	茨城県稲敷郡東村	文政12年10月	10
8代	不知火《しらい》 諾右衛門《だくえもん》	熊本県宇土市	天保11年10月	1
9代	秀ノ山《ひでのやま》 雷五郎《らいごろう》	宮城県気仙沼市	弘化4年11月	6
10代	雲龍《うんりゅう》 久吉《きゅうきち》	福岡県山門郡大和町	文久元年10月	7
11代	不知火《しらぬい》 光右衛門《みつえもん》	熊本県菊池郡大津町	文久3年11月	3
12代	陣幕《じんまく》 久五郎《きゅうごろう》	島根県八束郡東出雲町	慶応3年11月	5
13代	鬼面山《きめんざん》 谷五郎《たにごろう》	岐阜県養老郡養老町	明治2年4月	7
14代	境川《さかいがわ》 浪右衛門《なみえもん》	千葉県市川市	明治10年1月	5
15代	梅ヶ谷《うめがたに》 藤太郎《とうたろう》 ①	福岡県朝倉郡杷木町	明治17年5月	9
16代	西ノ海《にしのうみ》 嘉治郎《かじろう》 ①	鹿児島県川内市	明治23年5月	2
17代	小錦《こにしき》 八十吉《やそきち》	千葉県山武郡横芝町	明治29年5月	7
18代	大砲《おおづつ》 万右衛門《まんえもん》	宮城県白石市	明治34年5月	2

※優勝制度（明治42年6月）導入以前は、優勝相当を回数とする

代数	しこ名	出身地	昇進年月	優勝回数
19代	常陸山《ひたちやま》 谷右衛門《たにえもん》	茨城県水戸市	明治37年1月	7
20代	梅ヶ谷《うめがたに》 藤太郎《とうたろう》 ②	富山県富山市	明治37年1月	3
21代	若島《わかしま》 権四郎《ごんしろう》	千葉県市川市	明治38年6月（大阪）	4
22代	太刀山《たちやま》 峰右衛門《みねえもん》	富山県富山市	明治44年5月	11
23代	大木戸《おおきど》 森右衛門《もりえもん》	兵庫県神戸市東灘区	大正2年1月（大阪）	10
24代	鳳《おおとり》 谷五郎《たにごろう》	千葉県印西市	大正4年5月	2
25代	西ノ海《にしのうみ》 嘉治郎《かじろう》 ②	鹿児島県西之表市	大正5年5月	1
26代	大錦《おおにしき》 卯一郎《ういちろう》	大阪府大阪市南区	大正6年5月	5
27代	栃木山《とちぎやま》 守也《もりや》	栃木県下都賀郡藤岡町	大正7年5月	9
28代	大錦《おおにしき》 大五郎《だいごろう》	愛知県海部郡弥富町	大正7年5月（大阪）	6
29代	宮城山《みやぎやま》 福松《ふくまつ》	岩手県一関市	大正11年5月（大阪）	6※
30代	西ノ海《にしのうみ》 嘉治郎《かじろう》 ③	鹿児島県姶良郡隼人町	大正12年5月	1
31代	常ノ花《つねのはな》 寛市《かんいち》	岡山県岡山市	大正13年5月	10
32代	玉錦《たまにしき》 三右衛門《さんえもん》	高知県高知市	昭和8年1月	9
33代	武蔵山《むさしやま》 武《たけし》	神奈川県横浜市港北区	昭和11年1月	1
34代	男女ノ川《みなのがわ》 登三《とうぞう》	茨城県つくば市	昭和11年5月	2
35代	双葉山《ふたばやま》 定次《さだじ》	大分県宇佐市天津町	昭和13年1月	12
36代	羽黒山《はぐろやま》 政司《まさじ》	新潟県西蒲原郡中之口村	昭和17年1月	7

※宮城山の優勝回数は大阪時代の4回、東西合併後の2回

代数	しこ名	出身地	昇進年月	優勝回数
37代	安藝ノ海《あきのうみ》 節男《せつお》	広島県広島市南区	昭和18年1月	1
38代	照國《てるくに》 万藏《まんぞう》	秋田県湯沢市	昭和18年1月	2
39代	前田山《まえだやま》 英五郎《えいごろう》	愛媛県西宇和郡保内町	昭和22年11月	1
40代	東富士《あずまふじ》 欽壹《きんいち》	東京都台東区	昭和24年1月	6
41代	千代《ちよ》の山《やま》 雅信《まさのぶ》	北海道松前郡福島町	昭和26年9月	6
42代	鏡里《かがみさと》 喜代治《きよじ》	青森県三戸郡三戸町	昭和28年3月	4
43代	吉葉山《よしばやま》 潤之輔《じゅんのすけ》	北海道石狩市	昭和29年3月	1
44代	栃錦《とちにしき》 清隆《きよたか》	東京都江戸川区	昭和30年1月	10
45代	若乃花《わかのはな》 幹士《かんじ》 ①	青森県弘前市	昭和33年3月	10
46代	朝潮《あさしお》 太郎《たろう》	鹿児島県大島郡徳之島町	昭和34年5月	5
47代	柏戸《かしわど》 剛《つよし》	山形県東田川郡櫛引町	昭和36年11月	5
48代	大鵬《たいほう》 幸喜《こうき》	北海道川上郡弟子屈町	昭和36年11月	32
49代	栃ノ海《とちのうみ》 晃嘉《てるよし》	青森県南津軽郡田舎館村	昭和39年3月	3
50代	佐田《さだ》の山《やま》 晋松《しんまつ》	長崎県南松浦郡有川町	昭和40年3月	6
51代	玉《たま》の海《うみ》 正洋《まさひろ》	愛知県蒲郡市	昭和45年3月	6
52代	北《きた》の富士《ふじ》 勝昭《かつあき》	北海道旭川市	昭和45年3月	10
53代	琴櫻《ことざくら》 傑將《まさかつ》	鳥取県倉吉市鍛冶町	昭和48年3月	5
54代	輪島《わじま》 大士《ひろし》	石川県七尾市石崎町	昭和48年7月	14

代数	しこ名	出身地	昇進年月	優勝回数
55代	北《きた》の湖《うみ》 敏満《としみつ》	北海道有珠郡壮瞥町	昭和49年9月	24
56代	若乃花《わかのはな》 幹士《かんじ》 ②	青森県南津軽郡大鰐町	昭和53年7月	4
57代	三重ノ海《みえのうみ》 剛司《つよし》	三重県松坂市	昭和54年9月	3
58代	千代《ちよ》の富士《ふじ》 貢《みつぐ》	北海道松前郡福島町	昭和56年9月	31
59代	隆《たか》の里《さと》 俊英《としひで》	青森県青森市	昭和58年9月	4
60代	双羽黒《ふたはぐろ》 光司《こうじ》	三重県津市	昭和61年9月	0
61代	北勝海《ほくとうみ》 信芳《のぶよし》	北海道広尾郡広尾町	昭和62年7月	8
62代	大乃国《おおのくに》 康《やすし》	北海道河西郡芽室町	昭和62年11月	2
63代	旭富士《あさひふじ》 正也《せいや》	青森県北津軽郡木造町	平成2年9月	4
64代	曙《あけぼの》 太郎《たろう》	米国ハワイ州オアフ島	平成5年3月	11
65代	貴乃花《たかのはな》 光司《こうじ》	東京都中野区	平成7年1月	22
66代	若乃花《わかのはな》 勝《まさる》 ③	東京都中野区	平成10年7月	5
67代	武蔵丸《むさしまる》 光洋《こうよう》	米国ハワイ州オアフ島	平成11年7月	12
68代	朝青龍《あさしょうりゅう》 明徳《あきのり》	モンゴル国ウランバートル市	平成15年3月	25
69代	白鵬《はくほう》 翔《しょう》	モンゴル国ウランバートル市	平成19年7月	40
70代	日馬富士《はるまふじ》 公平《こうへい》	モンゴル国ゴビ・アルタイ県	平成24年11月	9
71代	鶴竜《かくりゅう》 力三郎《りきさぶろう》	モンゴル国スフバートル	平成26年5月	3
72代	稀勢《きせ》の里《さと》 寛《ゆたか》	茨城県牛久市	平成29年3月	2

記録集 歴代優勝力士一覧

場所	優勝力士			成績	優勝回数
明治42年(1909)6月	前頭7	高見山 西之助	(高砂)	7勝3分	1
明治43年(1910)1月	横綱	常陸山 谷右衛門	(出羽海)	7勝2分1休	1
明治43年(1910)6月	大関	太刀山 峰右衛門	(友綱)	9勝1分	
明治44年(1911)2月	大関	太刀山 峰右衛門	(友綱)	8勝1分1預	
明治44年(1911)6月	横綱	太刀山 峰右衛門	(友綱)	10戦全勝	
明治45年(1912)1月	横綱	太刀山 峰右衛門	(友綱)	8勝1敗1分	
明治45年(1912)5月	横綱	太刀山 峰右衛門	(友綱)	10戦全勝	
大正2年(1913)1月	大関	鳳 谷五郎	(宮城野)	7勝1分1預1休	
大正2年(1913)5月	横綱	太刀山 峰右衛門	(友綱)	10戦全勝	
大正3年(1914)1月	横綱	太刀山 峰右衛門	(友綱)	10戦全勝	
大正3年(1914)5月	前頭14	両國 勇治郎	(出羽海)	9勝1休	1
大正4年(1915)1月	大関	鳳 谷五郎	(宮城野)	10戦全勝	2
大正4年(1915)6月	横綱	太刀山 峰右衛門	(友綱)	10戦全勝	
大正5年(1916)1月	大関	西ノ海 嘉治郎 ②	(井筒)	8勝1分1休	1
大正5年(1916)5月	横綱	太刀山 峰右衛門	(友綱)	9勝1敗	9
大正6年(1917)1月	大関	大錦 卯一郎	(出羽海)	10戦全勝	
大正6年(1917)5月	大関	栃木山 守也	(出羽海)	9勝1預	
大正7年(1918)1月	大関	栃木山 守也	(出羽海)	10戦全勝	
大正7年(1918)5月	横綱	栃木山 守也	(出羽海)	9勝1敗	
大正8年(1919)1月	横綱	栃木山 守也	(出羽海)	9勝1休	
大正8年(1919)5月	横綱	栃木山 守也	(出羽海)	10戦全勝	
大正9年(1920)1月	横綱	大錦 卯一郎	(出羽海)	8勝1敗1分	
大正9年(1920)5月	横綱	大錦 卯一郎	(出羽海)	9勝1敗	
大正10年(1921)1月	横綱	大錦 卯一郎	(出羽海)	10戦全勝	
大正10年(1921)5月	大関	常ノ花 寛市	(出羽海)	10戦全勝	
大正11年(1922)1月	前頭4	鶴ヶ濱 増太郎	(荒磯)	9勝1敗	1
大正11年(1922)5月	横綱	大錦 卯一郎	(出羽海)	8勝1敗1分	5
大正12年(1923)1月	横綱	栃木山 守也	(出羽海)	8勝1敗1分	
大正12年(1923)5月	大関	常ノ花 寛市	(出羽海)	9勝1分1預	
大正13年(1924)1月	横綱	栃木山 守也	(出羽海)	9勝1分	
大正13年(1924)5月	横綱	栃木山 守也	(出羽海)	10勝1敗	
大正14年(1925)1月	横綱	栃木山 守也	(出羽海)	10勝1分	9
大正14年(1925)5月	横綱	西ノ海嘉治郎 ③	(井筒)	9勝2敗	1

場所	優勝力士			成績	優勝回数
大正15年（1926）1月	横綱	常ノ花 寛市	（出羽海）	11戦全勝	
大正15年（1926）5月	前頭8	大蛇山 酉之助	（錦島）	10勝1敗	1
昭和2年（1927）1月	横綱	宮城山 福松	（高田川）	10勝1敗	
昭和2年（1927）3月	横綱	常ノ花 寛市	（出羽海）	10勝1敗	
昭和2年（1927）5月	横綱	常ノ花 寛市	（出羽海）	10勝1敗	
昭和2年（1927）10月	横綱	常ノ花 寛市	（出羽海）	10勝1敗	
昭和3年（1928）1月	大関	常陸岩 英太郎	（出羽海）	10勝1敗	1
昭和3年（1928）3月	大関	能代潟 錦作	（錦島）	10勝1分	1
昭和3年（1928）5月	横綱	常ノ花 寛市	（出羽海）	11戦全勝	
昭和3年（1928）10月	横綱	宮城山 福松	（高田川）	9勝2敗	2
昭和4年（1929）1月	関脇	玉錦 三右衛門	（二所ノ関）	10勝1敗	
昭和4年（1929）3月	大関	豊國 福馬	（井筒）	9勝2敗	
昭和4年（1929）5月	横綱	常ノ花 寛市	（出羽海）	10勝1敗	
昭和4年（1929）10月	横綱	常ノ花 寛市	（出羽海）	8勝3敗	
昭和5年（1930）1月	大関	豊國 福馬	（井筒）	9勝2敗	2
昭和5年（1930）3月	横綱	常ノ花 寛市	（出羽海）	10勝1敗	10
昭和5年（1930）5月	前頭5	山錦 善治郎	（出羽海）	11戦全勝	1
昭和5年（1930）10月	大関	玉錦 三右衛門	（二所ノ関）	9勝2敗	
昭和6年（1931）1月	大関	玉錦 三右衛門	（二所ノ関）	9勝2敗	
昭和6年（1931）3月	大関	玉錦 三右衛門	（二所ノ関）	10勝1敗	
昭和6年（1931）5月	小結	武蔵山 武	（出羽海）	10勝1敗	1
昭和6年（1931）10月	前頭4	綾櫻 由太郎	（出羽海）	10勝1敗	1
昭和7年（1932）2月	関脇	清水川 元吉	（二十山）	8戦全勝	
昭和7年（1932）3月	小結	沖ツ海 福雄	（若藤）	9勝1敗	1
昭和7年（1932）5月	大関	玉錦 三右衛門	（粂川）	10勝1敗	
昭和7年（1932）10月	大関	清水川 元吉	（二十山）	9勝2敗	
昭和8年（1933）1月	別席	男女ノ川 登三	（佐渡ケ嶽）	11戦全勝	
昭和8年（1933）5月	横綱	玉錦 三右衛門	（粂川）	10勝1敗	
昭和9年（1934）1月	関脇	男女ノ川 登三	（佐渡ケ嶽）	9勝2敗	2
昭和9年（1934）5月	大関	清水川 元吉	（二十山）	11戦全勝	3
昭和10年（1935）1月	横綱	玉錦 三右衛門	（二所ノ関）	10勝1敗	
昭和10年（1935）5月	横綱	玉錦 三右衛門	（二所ノ関）	10勝1敗	
昭和11年（1936）1月	横綱	玉錦 三右衛門	（二所ノ関）	11戦全勝	9

場所	優勝力士			成績	優勝回数
昭和11年(1936)5月	関脇	双葉山 定兵衛	(立浪)	11戦全勝	
昭和12年(1937)1月	大関	双葉山 定次	(立浪)	11戦全勝	
昭和12年(1937)5月	大関	双葉山 定次	(立浪)	13戦全勝	
昭和13年(1938)1月	横綱	双葉山 定次	(立浪)	13戦全勝	
昭和13年(1938)5月	横綱	双葉山 定次	(立浪)	13戦全勝	
昭和14年(1939)1月	前頭17	出羽湊 利吉	(出羽海)	13戦全勝	1
昭和14年(1939)5月	横綱	双葉山 定次	(立浪)	15戦全勝	
昭和15年(1940)1月	横綱	双葉山 定次	(立浪)	14勝1敗	
昭和15年(1940)5月	関脇	安藝ノ海 節男	(出羽海)	14勝1敗	1
昭和16年(1941)1月	横綱	双葉山 定次	(立浪)	14勝1敗	
昭和16年(1941)5月	大関	羽黒山 政司	(立浪)	14勝1敗	
昭和17年(1942)1月	横綱	双葉山 定次	(双葉山)	14勝1敗	
昭和17年(1942)5月	横綱	双葉山 定次	(双葉山)	13勝2敗	
昭和18年(1943)1月	横綱	双葉山 定次	(双葉山)	15戦全勝	
昭和18年(1943)5月	横綱	双葉山 定次	(双葉山)	15戦全勝	12
昭和19年(1944)1月	小結	佐賀ノ花 勝巳	(二所ノ関)	13勝2敗	1
昭和19年(1944)5月	横綱	羽黒山 政司	(立浪)	10戦全勝	
昭和19年(1944)11月	大関	前田山 英五郎	(高砂)	9勝1敗	1
昭和20年(1945)6月	前頭1	備州山 大八郎	(伊勢ヶ濱)	7戦全勝	1
昭和20年(1945)11月	横綱	羽黒山 政司	(立浪)	10戦全勝	
昭和21年(1946)11月	横綱	羽黒山 政司	(立浪)	13戦全勝	
昭和22年(1947)6月	横綱	羽黒山 政司	(立浪)	9勝1敗	
昭和22年(1947)11月	横綱	羽黒山 政司	(立浪)	10勝1敗	
昭和23年(1948)6月	大関	東冨士 謹一	(富士ヶ根)	10勝1敗	
昭和23年(1948)11月	関脇	增位山 大志郎	(出羽海)	10勝1敗	
昭和24年(1949)1月	横綱	東冨士 謹一	(高砂)	10勝2敗1分	
昭和24年(1949)5月	大関	增位山 大志郎	(出羽海)	13勝2敗	2
昭和24年(1949)9月	大関	千代ノ山 雅信	(出羽海)	13勝2敗	
昭和25年(1950)1月	大関	千代ノ山 雅信	(出羽海)	12勝3敗	
昭和25年(1950)5月	横綱	東冨士 謹一	(高砂)	14勝1敗	
昭和25年(1950)9月	横綱	照國 万藏	(伊勢ヶ濱)	13勝2敗	
昭和26年(1951)1月	横綱	照國 万藏	(伊勢ヶ濱)	15戦全勝	2
昭和26年(1951)5月	大関	千代ノ山 雅信	(出羽海)	14勝1敗	

場所	優勝力士			成績	優勝回数
昭和26年(1951)9月	横綱	東富士 欽壹	(高砂)	13勝1敗1預	
昭和27年(1952)1月	横綱	羽黒山 政司	(立浪)	15戦全勝	7
昭和27年(1952)5月	横綱	東富士 欽壹	(高砂)	13勝2敗	
昭和27年(1952)9月	関脇	栃錦 清隆	(春日野)	14勝1敗	
昭和28年(1953)1月	大関	鏡里 喜代治	(時津風)	14勝1敗	
昭和28年(1953)3月	大関	栃錦 清隆	(春日野)	14勝1敗	
昭和28年(1953)5月	前頭6	時津山 仁一	(立浪)	15戦全勝	1
昭和28年(1953)9月	横綱	東富士 欽壹	(高砂)	14勝1敗	6
昭和29年(1954)1月	大関	吉葉山 潤之輔	(高島)	15戦全勝	1
昭和29年(1954)3月	大関	三根山 隆司	(高島)	12勝3敗	1
昭和29年(1954)5月	大関	栃錦 清隆	(春日野)	14勝1敗	
昭和29年(1954)9月	大関	栃錦 清隆	(春日野)	14勝1敗	
昭和30年(1955)1月	横綱	千代の山 雅信	(出羽海)	12勝3敗	
昭和30年(1955)3月	横綱	千代の山 雅信	(出羽海)	13勝2敗	
昭和30年(1955)5月	横綱	栃錦 清隆	(春日野)	14勝1敗	
昭和30年(1955)9月	横綱	鏡里 喜代治	(時津風)	14勝1敗	
昭和31年(1956)1月	横綱	鏡里 喜代治	(時津風)	14勝1敗	
昭和31年(1956)3月	関脇	朝汐 太郎	(高砂)	12勝3敗	
昭和31年(1956)5月	大関	若ノ花 勝治	(花籠)	12勝3敗	
昭和31年(1956)9月	横綱	鏡里 喜代治	(時津風)	14勝1敗	4
昭和32年(1957)1月	横綱	千代の山 雅信	(出羽海)	15戦全勝	6
昭和32年(1957)3月	関脇	朝汐 太郎	(高砂)	13勝2敗	
昭和32年(1957)5月	小結	安念山 治	(立浪)	13勝2敗	1
昭和32年(1957)9月	横綱	栃錦 清隆	(春日野)	13勝2敗	
昭和32年(1957)11月	前頭14	玉乃海 太三郎	(二所ノ関)	15戦全勝	1
昭和33年(1958)1月	大関	若乃花 勝治	(花籠)	13勝2敗	
昭和33年(1958)3月	大関	朝汐 太郎	(高砂)	13勝2敗	
昭和33年(1958)5月	横綱	栃錦 清隆	(春日野)	14勝1敗	
昭和33年(1958)7月	横綱	若乃花 幹士	(花籠)	13勝2敗	
昭和33年(1958)9月	横綱	若乃花 幹士	(花籠)	14勝1敗	
昭和33年(1958)11月	大関	朝汐 太郎	(高砂)	14勝1敗	
昭和34年(1959)1月	横綱	若乃花 幹士	(花籠)	14勝1敗	
昭和34年(1959)3月	横綱	栃錦 清隆	(春日野)	14勝1敗	

場所	優勝力士			成績	優勝回数
昭和34年(1959)5月	横綱	若乃花 幹士	(花籠)	14勝1敗	
昭和34年(1959)7月	横綱	栃錦 清隆	(春日野)	15戦全勝	
昭和34年(1959)9月	横綱	若乃花 幹士	(花籠)	14勝1敗	
昭和34年(1959)11月	大関	若羽黒 朋明	(立浪)	13勝2敗	1
昭和35年(1960)1月	横綱	栃錦 清隆	(春日野)	14勝1敗	10
昭和35年(1960)3月	横綱	若乃花 幹士	(花籠)	15戦全勝	
昭和35年(1960)5月	前頭4	若三杉 彰晃	(花籠)	14勝1敗	1
昭和35年(1960)7月	横綱	若乃花 幹士	(花籠)	13勝2敗	
昭和35年(1960)9月	横綱	若乃花 幹士	(花籠)	13勝2敗	10
昭和35年(1960)11月	関脇	大鵬 幸喜	(二所ノ関)	13勝2敗	
昭和36年(1961)1月	大関	柏戸 剛	(伊勢ノ海)	13勝2敗	
昭和36年(1961)3月	横綱	朝潮 太郎	(高砂)	13勝2敗	5
昭和36年(1961)5月	前頭13	佐田の山 晋松	(出羽海)	12勝3敗	
昭和36年(1961)7月	大関	大鵬 幸喜	(二所ノ関)	13勝2敗	
昭和36年(1961)9月	大関	大鵬 幸喜	(二所ノ関)	12勝3敗	
昭和36年(1961)11月	横綱	大鵬 幸喜	(二所ノ関)	13勝2敗	
昭和37年(1962)1月	横綱	大鵬 幸喜	(二所ノ関)	13勝2敗	
昭和37年(1962)3月	関脇	佐田の山 晋松	(出羽海)	13勝2敗	
昭和37年(1962)5月	関脇	栃ノ海 晃嘉	(春日野)	14勝1敗	
昭和37年(1962)7月	横綱	大鵬 幸喜	(二所ノ関)	14勝1敗	
昭和37年(1962)9月	横綱	大鵬 幸喜	(二所ノ関)	13勝2敗	
昭和37年(1962)11月	横綱	大鵬 幸喜	(二所ノ関)	13勝2敗	
昭和38年(1963)1月	横綱	大鵬 幸喜	(二所ノ関)	14勝1敗	
昭和38年(1963)3月	横綱	大鵬 幸喜	(二所ノ関)	14勝1敗	
昭和38年(1963)5月	横綱	大鵬 幸喜	(二所ノ関)	15戦全勝	
昭和38年(1963)7月	大関	北葉山 英俊	(時津風)	13勝2敗	1
昭和38年(1963)9月	横綱	柏戸 健志	(伊勢ノ海)	15戦全勝	
昭和38年(1963)11月	大関	栃ノ海 晃嘉	(春日野)	14勝1敗	
昭和39年(1964)1月	横綱	大鵬 幸喜	(二所ノ関)	15戦全勝	
昭和39年(1964)3月	横綱	大鵬 幸喜	(二所ノ関)	15戦全勝	
昭和39年(1964)5月	横綱	栃ノ海 晃嘉	(春日野)	13勝2敗	3
昭和39年(1964)7月	前頭9	富士錦 猛光	(高砂)	14勝1敗	1
昭和39年(1964)9月	横綱	大鵬 幸喜	(二所ノ関)	14勝1敗	

場所	優勝力士			成績	優勝回数
昭和39年(1964)11月	横綱	大鵬 幸喜	(二所ノ関)	14勝1敗	
昭和40年(1965)1月	大関	佐田の山 晋松	(出羽海)	13勝2敗	
昭和40年(1965)3月	横綱	大鵬 幸喜	(二所ノ関)	14勝1敗	
昭和40年(1965)5月	横綱	佐田の山 晋松	(出羽海)	14勝1敗	
昭和40年(1965)7月	横綱	大鵬 幸喜	(二所ノ関)	13勝2敗	
昭和40年(1965)9月	横綱	柏戸 剛	(伊勢ノ海)	12勝3敗	
昭和40年(1965)11月	横綱	大鵬 幸喜	(二所ノ関)	13勝2敗	
昭和41年(1966)1月	横綱	柏戸 剛	(伊勢ノ海)	14勝1敗	
昭和41年(1966)3月	横綱	大鵬 幸喜	(二所ノ関)	13勝2敗	
昭和41年(1966)5月	横綱	大鵬 幸喜	(二所ノ関)	14勝1敗	
昭和41年(1966)7月	横綱	大鵬 幸喜	(二所ノ関)	14勝1敗	
昭和41年(1966)9月	横綱	大鵬 幸喜	(二所ノ関)	13勝2敗	
昭和41年(1966)11月	横綱	大鵬 幸喜	(二所ノ関)	15戦全勝	
昭和42年(1967)1月	横綱	大鵬 幸喜	(二所ノ関)	15戦全勝	
昭和42年(1967)3月	大関	北の冨士 勝明	(九重)	14勝1敗	
昭和42年(1967)5月	横綱	大鵬 幸喜	(二所ノ関)	14勝1敗	
昭和42年(1967)7月	横綱	柏戸 剛	(伊勢ノ海)	14勝1敗	5
昭和42年(1967)9月	横綱	大鵬 幸喜	(二所ノ関)	15戦全勝	
昭和42年(1967)11月	横綱	佐田の山 晋松	(出羽海)	12勝3敗	
昭和43年(1968)1月	横綱	佐田の山 晋松	(出羽海)	13勝2敗	6
昭和43年(1968)3月	前頭8	若浪 順	(立浪)	13勝2敗	1
昭和43年(1968)5月	大関	玉乃島 正夫	(片男波)	13勝2敗	
昭和43年(1968)7月	大関	琴櫻 傑將	(佐渡ヶ嶽)	13勝2敗	
昭和43年(1968)9月	横綱	大鵬 幸喜	(二所ノ関)	14勝1敗	
昭和43年(1968)11月	横綱	大鵬 幸喜	(二所ノ関)	15戦全勝	
昭和44年(1969)1月	横綱	大鵬 幸喜	(二所ノ関)	15戦全勝	
昭和44年(1969)3月	大関	琴櫻 傑將	(二所ノ関)	13勝2敗	
昭和44年(1969)5月	横綱	大鵬 幸喜	(二所ノ関)	13勝2敗	
昭和44年(1969)7月	大関	清國 勝雄	(伊勢ケ濱)	12勝3敗	1
昭和44年(1969)9月	大関	玉乃島 正夫	(片男波)	13勝2敗	
昭和44年(1969)11月	大関	北の富士 勝昭	(九重)	13勝2敗	
昭和45年(1970)1月	大関	北の富士 勝昭	(九重)	13勝2敗	
昭和45年(1970)3月	横綱	大鵬 幸喜	(二所ノ関)	14勝1敗	

場所	優勝力士			成績	優勝回数
昭和45年(1970)5月	横綱	北の富士 勝昭	(九重)	14勝1敗	
昭和45年(1970)7月	横綱	北の富士 勝昭	(九重)	13勝2敗	
昭和45年(1970)9月	横綱	玉の海 正洋	(片男波)	14勝1敗	
昭和45年(1970)11月	横綱	玉の海 正洋	(片男波)	14勝1敗	
昭和46年(1971)1月	横綱	大鵬 幸喜	(二所ノ関)	14勝1敗	32
昭和46年(1971)3月	横綱	玉の海 正洋	(片男波)	14勝1敗	
昭和46年(1971)5月	横綱	北の富士 勝晃	(九重)	15戦全勝	
昭和46年(1971)7月	横綱	玉の海 正洋	(片男波)	15戦全勝	6
昭和46年(1971)9月	横綱	北の富士 勝晃	(九重)	15戦全勝	
昭和46年(1971)11月	横綱	北の富士 勝晃	(九重)	13勝2敗	
昭和47年(1972)1月	前頭5	栃東 知頼	(春日野)	11勝4敗	1
昭和47年(1972)3月	関脇	長谷川 勝敏	(佐渡ヶ嶽)	12勝3敗	1
昭和47年(1972)5月	関脇	輪島 博	(花籠)	12勝3敗	
昭和47年(1972)7月	前頭4	高見山 大五郎	(高砂)	13勝2敗	1
昭和47年(1972)9月	横綱	北の富士 勝昭	(九重)	15戦全勝	
昭和47年(1972)11月	大関	琴櫻 傑將	(佐渡ヶ嶽)	14勝1敗	
昭和48年(1973)1月	大関	琴櫻 傑將	(佐渡ヶ嶽)	14勝1敗	
昭和48年(1973)3月	横綱	北の富士 勝昭	(九重)	14勝1敗	10
昭和48年(1973)5月	大関	輪島 大士	(花籠)	15戦全勝	
昭和48年(1973)7月	横綱	琴櫻 傑將	(佐渡ヶ嶽)	14勝1敗	5
昭和48年(1973)9月	横綱	輪島 大士	(花籠)	15戦全勝	
昭和48年(1973)11月	横綱	輪島 大士	(花籠)	12勝2敗1休	
昭和49年(1974)1月	関脇	北の湖 敏満	(三保ヶ関)	14勝1敗	
昭和49年(1974)3月	横綱	輪島 大士	(花籠)	12勝3敗	
昭和49年(1974)5月	大関	北の湖 敏満	(三保ヶ関)	13勝2敗	
昭和49年(1974)7月	横綱	輪島 大士	(花籠)	13勝2敗	
昭和49年(1974)9月	横綱	輪島 大士	(花籠)	14勝1敗	
昭和49年(1974)11月	小結	魁傑 將晃	(花籠)	12勝3敗	
昭和50年(1975)1月	横綱	北の湖 敏満	(三保ヶ関)	12勝3敗	
昭和50年(1975)3月	大関	貴ノ花 健士	(二子山)	13勝2敗	
昭和50年(1975)5月	横綱	北の湖 敏満	(三保ヶ関)	13勝2敗	
昭和50年(1975)7月	前頭1	金剛 正裕	(二所ノ関)	13勝2敗	1
昭和50年(1975)9月	大関	貴ノ花 健士	(二子山)	12勝3敗	2

場所	優勝力士			成績	優勝回数
昭和50年(1975)11月	関脇	三重ノ海 五郎	(出羽海)	13勝2敗	
昭和51年(1976)1月	横綱	北の湖 敏満	(三保ヶ関)	13勝2敗	
昭和51年(1976)3月	横綱	輪島 大士	(花籠)	13勝2敗	
昭和51年(1976)5月	横綱	北の湖 敏満	(三保ヶ関)	13勝2敗	
昭和51年(1976)7月	横綱	輪島 大士	(花籠)	14勝1敗	
昭和51年(1976)9月	前頭4	魁傑 將晃	(花籠)	14勝1敗	2
昭和51年(1976)11月	横綱	北の湖 敏満	(三保ヶ関)	14勝1敗	
昭和52年(1977)1月	横綱	輪島 大士	(花籠)	13勝2敗	
昭和52年(1977)3月	横綱	北の湖 敏満	(三保ヶ関)	15戦全勝	
昭和52年(1977)5月	大関	若三杉 壽人	(二子山)	13勝2敗	
昭和52年(1977)7月	横綱	輪島 大士	(花籠)	15戦全勝	
昭和52年(1977)9月	横綱	北の湖 敏満	(三保ヶ関)	15戦全勝	
昭和52年(1977)11月	横綱	輪島 大士	(花籠)	14勝1敗	
昭和53年(1978)1月	横綱	北の湖 敏満	(三保ヶ関)	15戦全勝	
昭和53年(1978)3月	横綱	北の湖 敏満	(三保ヶ関)	13勝2敗	
昭和53年(1978)5月	横綱	北の湖 敏満	(三保ヶ関)	14勝1敗	
昭和53年(1978)7月	横綱	北の湖 敏満	(三保ヶ関)	15戦全勝	
昭和53年(1978)9月	横綱	北の湖 敏満	(三保ヶ関)	14勝1敗	
昭和53年(1978)11月	横綱	若乃花 幹士	(二子山)	15戦全勝	
昭和54年(1979)1月	横綱	北の湖 敏満	(三保ヶ関)	14勝1敗	
昭和54年(1979)3月	横綱	北の湖 敏満	(三保ヶ関)	15戦全勝	
昭和54年(1979)5月	横綱	若乃花 幹士	(二子山)	14勝1敗	
昭和54年(1979)7月	横綱	輪島 大士	(花籠)	14勝1敗	
昭和54年(1979)9月	横綱	北の湖 敏満	(三保ヶ関)	13勝2敗	
昭和54年(1979)11月	横綱	三重ノ海 剛司	(出羽海)	14勝1敗	
昭和55年(1980)1月	横綱	三重ノ海 剛司	(出羽海)	15戦全勝	3
昭和55年(1980)3月	横綱	北の湖 敏満	(三保ヶ関)	13勝2敗	
昭和55年(1980)5月	横綱	北の湖 敏満	(三保ヶ関)	14勝1敗	
昭和55年(1980)7月	横綱	北の湖 敏満	(三保ヶ関)	15戦全勝	
昭和55年(1980)9月	横綱	若乃花 幹士	(二子山)	14勝1敗	4
昭和55年(1980)11月	横綱	輪島 大士	(花籠)	14勝1敗	14
昭和56年(1981)1月	関脇	千代の富士 貢	(九重)	14勝1敗	
昭和56年(1981)3月	横綱	北の湖 敏満	(三保ヶ関)	13勝2敗	

場所	優勝力士			成績	優勝回数
昭和56年(1981)5月	横綱	北の湖 敏満	(三保ヶ関)	14勝1敗	
昭和56年(1981)7月	大関	千代の富士 貢	(九重)	14勝1敗	
昭和56年(1981)9月	関脇	琴風 豪規	(佐渡ヶ嶽)	12勝3敗	
昭和56年(1981)11月	横綱	千代の富士 貢	(九重)	12勝3敗	
昭和57年(1982)1月	横綱	北の湖 敏満	(三保ヶ関)	13勝2敗	
昭和57年(1982)3月	横綱	千代の富士 貢	(九重)	13勝2敗	
昭和57年(1982)5月	横綱	千代の富士 貢	(九重)	13勝2敗	
昭和57年(1982)7月	横綱	千代の富士 貢	(九重)	12勝3敗	
昭和57年(1982)9月	大関	隆の里 俊英	(二子山)	15戦全勝	
昭和57年(1982)11月	横綱	千代の富士 貢	(九重)	14勝1敗	
昭和58年(1983)1月	大関	琴風 豪規	(佐渡ヶ嶽)	14勝1敗	2
昭和58年(1983)3月	横綱	千代の富士 貢	(九重)	15戦全勝	
昭和58年(1983)5月	関脇	北天佑 勝彦	(三保ヶ関)	14勝1敗	
昭和58年(1983)7月	大関	隆の里 俊英	(二子山)	14勝1敗	
昭和58年(1983)9月	横綱	隆の里 俊英	(二子山)	15戦全勝	
昭和58年(1983)11月	横綱	千代の富士 貢	(九重)	14勝1敗	
昭和59年(1984)1月	横綱	隆の里 俊英	(二子山)	13勝2敗	4
昭和59年(1984)3月	大関	若嶋津 六夫	(二子山)	14勝1敗	
昭和59年(1984)5月	横綱	北の湖 敏満	(三保ヶ関)	15戦全勝	24
昭和59年(1984)7月	大関	若嶋津 六夫	(二子山)	15戦全勝	2
昭和59年(1984)9月	前頭12	多賀竜 昇司	(鏡山)	13勝2敗	1
昭和59年(1984)11月	横綱	千代の富士 貢	(九重)	14勝1敗	
昭和60年(1985)1月	横綱	千代の富士 貢	(九重)	15戦全勝	
昭和60年(1985)3月	大関	朝潮 太郎	(高砂)	13勝2敗	1
昭和60年(1985)5月	横綱	千代の富士 貢	(九重)	14勝1敗	
昭和60年(1985)7月	大関	北天佑 勝彦	(三保ヶ関)	13勝2敗	2
昭和60年(1985)9月	横綱	千代の富士 貢	(九重)	15戦全勝	
昭和60年(1985)11月	横綱	千代の富士 貢	(九重)	14勝1敗	
昭和61年(1986)1月	横綱	千代の富士 貢	(九重)	13勝2敗	
昭和61年(1986)3月	関脇	保志 延芳	(九重)	13勝2敗	
昭和61年(1986)5月	横綱	千代の富士 貢	(九重)	13勝2敗	
昭和61年(1986)7月	横綱	千代の富士 貢	(九重)	14勝1敗	
昭和61年(1986)9月	横綱	千代の富士 貢	(九重)	14勝1敗	

場所	優勝力士			成績	優勝回数
昭和61年(1986)11月	横綱	千代の富士 貢	(九重)	13勝2敗	
昭和62年(1987)1月	横綱	千代の富士 貢	(九重)	12勝3敗	
昭和62年(1987)3月	大関	北勝海 信芳	(九重)	12勝3敗	
昭和62年(1987)5月	大関	大乃国 康	(放駒)	15戦全勝	
昭和62年(1987)7月	横綱	千代の富士 貢	(九重)	14勝1敗	
昭和62年(1987)9月	横綱	北勝海 信芳	(九重)	14勝1敗	
昭和62年(1987)11月	横綱	千代の富士 貢	(九重)	15戦全勝	
昭和63年(1988)1月	大関	旭富士 正也	(大島)	14勝1敗	
昭和63年(1988)3月	横綱	大乃国 康	(放駒)	13勝2敗	2
昭和63年(1988)5月	横綱	千代の富士 貢	(九重)	14勝1敗	
昭和63年(1988)7月	横綱	千代の富士 貢	(九重)	15戦全勝	
昭和63年(1988)9月	横綱	千代の富士 貢	(九重)	15戦全勝	
昭和63年(1988)11月	横綱	千代の富士 貢	(九重)	14勝1敗	
平成元年(1989)1月	横綱	北勝海 信芳	(九重)	14勝1敗	
平成元年(1989)3月	横綱	千代の富士 貢	(九重)	14勝1敗	
平成元年(1989)5月	横綱	北勝海 信芳	(九重)	13勝2敗	
平成元年(1989)7月	横綱	千代の富士 貢	(九重)	12勝3敗	
平成元年(1989)9月	横綱	千代の富士 貢	(九重)	15戦全勝	
平成元年(1989)11月	大関	小錦 八十吉	(高砂)	14勝1敗	
平成2年(1990)1月	横綱	千代の富士 貢	(九重)	14勝1敗	
平成2年(1990)3月	横綱	北勝海 信芳	(九重)	13勝2敗	
平成2年(1990)5月	大関	旭富士 正也	(大島)	14勝1敗	
平成2年(1990)7月	大関	旭富士 正也	(大島)	14勝1敗	
平成2年(1990)9月	横綱	北勝海 信芳	(九重)	14勝1敗	
平成2年(1990)11月	横綱	千代の富士 貢	(九重)	13勝2敗	31
平成3年(1991)1月	大関	霧島 一博	(井筒)	14勝1敗	1
平成3年(1991)3月	横綱	北勝海 信芳	(九重)	13勝2敗	8
平成3年(1991)5月	横綱	旭富士 正也	(大島)	14勝1敗	4
平成3年(1991)7月	前頭13	琴富士 孝也	(佐渡ヶ嶽)	14勝1敗	1
平成3年(1991)9月	前頭5	琴錦 功宗	(佐渡ヶ嶽)	13勝2敗	
平成3年(1991)11月	大関	小錦 八十吉	(高砂)	13勝2敗	
平成4年(1992)1月	前頭2	貴花田 光司	(藤島)	14勝1敗	
平成4年(1992)3月	大関	小錦 八十吉	(高砂)	13勝2敗	3

場所	優勝力士		成績	優勝回数
平成4年(1992)5月	関脇	曙 太郎 (東関)	13勝2敗	
平成4年(1992)7月	前頭1	水戸泉 政人 (高砂)	13勝2敗	1
平成4年(1992)9月	小結	貴花田 光司 (藤島)	14勝1敗	
平成4年(1992)11月	大関	曙 太郎 (東関)	14勝1敗	
平成5年(1993)1月	大関	曙 太郎 (東関)	13勝2敗	
平成5年(1993)3月	小結	若花田 勝 (二子山)	14勝1敗	
平成5年(1993)5月	大関	貴ノ花 光司 (二子山)	14勝1敗	
平成5年(1993)7月	横綱	曙 太郎 (東関)	13勝2敗	
平成5年(1993)9月	横綱	曙 太郎 (東関)	14勝1敗	
平成5年(1993)11月	横綱	曙 太郎 (東関)	13勝2敗	
平成6年(1994)1月	大関	貴ノ花 光司 (二子山)	14勝1敗	
平成6年(1994)3月	横綱	曙 太郎 (東関)	12勝3敗	
平成6年(1994)5月	大関	貴ノ花 光司 (二子山)	14勝1敗	
平成6年(1994)7月	大関	武蔵丸 光洋 (武蔵川)	15戦全勝	
平成6年(1994)9月	大関	貴ノ花 光司 (二子山)	15戦全勝	
平成6年(1994)11月	大関	貴乃花 光司 (二子山)	15戦全勝	
平成7年(1995)1月	横綱	貴乃花 光司 (二子山)	13勝2敗	
平成7年(1995)3月	横綱	曙 太郎 (東関)	14勝1敗	
平成7年(1995)5月	横綱	貴乃花 光司 (二子山)	14勝1敗	
平成7年(1995)7月	横綱	貴乃花 光司 (二子山)	13勝2敗	
平成7年(1995)9月	横綱	貴乃花 光司 (二子山)	15戦全勝	
平成7年(1995)11月	大関	若乃花 勝 (二子山)	12勝3敗	
平成8年(1996)1月	大関	貴ノ浪 貞博 (二子山)	14勝1敗	
平成8年(1996)3月	横綱	貴乃花 光司 (二子山)	14勝1敗	
平成8年(1996)5月	横綱	貴乃花 光司 (二子山)	14勝1敗	
平成8年(1996)7月	横綱	貴乃花 光司 (二子山)	13勝2敗	
平成8年(1996)9月	横綱	貴乃花 光司 (二子山)	15戦全勝	
平成8年(1996)11月	大関	武蔵丸 光洋 (武蔵川)	11勝4敗	
平成9年(1997)1月	大関	若乃花 勝 (二子山)	14勝1敗	
平成9年(1997)3月	横綱	貴乃花 光司 (二子山)	12勝3敗	
平成9年(1997)5月	横綱	曙 太郎 (東関)	13勝2敗	
平成9年(1997)7月	横綱	貴乃花 光司 (二子山)	13勝2敗	
平成9年(1997)9月	横綱	貴乃花 光司 (二子山)	13勝2敗	

場所	優勝力士			成績	優勝回数
平成9年(1997)11月	大関	貴ノ浪 貞博	(二子山)	14勝1敗	2
平成10年(1998)1月	大関	武蔵丸 光洋	(武蔵川)	12勝3敗	
平成10年(1998)3月	大関	若乃花 勝	(二子山)	14勝1敗	
平成10年(1998)5月	大関	若乃花 勝	(二子山)	12勝3敗	5
平成10年(1998)7月	横綱	貴乃花 光司	(二子山)	14勝1敗	
平成10年(1998)9月	横綱	貴乃花 光司	(二子山)	13勝2敗	
平成10年(1998)11月	前頭12	琴錦 功宗	(佐渡ヶ嶽)	14勝1敗	2
平成11年(1999)1月	関脇	千代大海 龍二	(九重)	13勝2敗	
平成11年(1999)3月	大関	武蔵丸 光洋	(武蔵川)	13勝2敗	
平成11年(1999)5月	大関	武蔵丸 光洋	(武蔵川)	13勝2敗	
平成11年(1999)7月	関脇	出島 武春	(武蔵川)	13勝2敗	1
平成11年(1999)9月	横綱	武蔵丸 光洋	(武蔵川)	12勝3敗	
平成11年(1999)11月	横綱	武蔵丸 光洋	(武蔵川)	12勝3敗	
平成12年(2000)1月	関脇	武双山 正士	(武蔵川)	13勝2敗	1
平成12年(2000)3月	前頭14	貴闘力 忠茂	(二子山)	13勝2敗	1
平成12年(2000)5月	小結	魁皇 博之	(友綱)	14勝1敗	
平成12年(2000)7月	横綱	曙 太郎	(東関)	13勝2敗	
平成12年(2000)9月	横綱	武蔵丸 光洋	(武蔵川)	14勝1敗	
平成12年(2000)11月	横綱	曙 太郎	(東関)	14勝1敗	11
平成13年(2001)1月	横綱	貴乃花 光司	(二子山)	14勝1敗	
平成13年(2001)3月	大関	魁皇 博之	(友綱)	13勝2敗	
平成13年(2001)5月	横綱	貴乃花 光司	(二子山)	13勝2敗	22
平成13年(2001)7月	大関	魁皇 博之	(友綱)	13勝2敗	
平成13年(2001)9月	前頭2	琴光喜 啓司	(佐渡ヶ嶽)	13勝2敗	1
平成13年(2001)11月	横綱	武蔵丸 光洋	(武蔵川)	13勝2敗	
平成14年(2002)1月	大関	栃東 大裕	(玉ノ井)	14勝1敗	
平成14年(2002)3月	横綱	武蔵丸 光洋	(武蔵川)	13勝2敗	
平成14年(2002)5月	横綱	武蔵丸 光洋	(武蔵川)	13勝2敗	
平成14年(2002)7月	大関	千代大海 龍二	(九重)	14勝1敗	
平成14年(2002)9月	横綱	武蔵丸 光洋	(武蔵川)	13勝2敗	12
平成14年(2002)11月	大関	朝青龍 明徳	(高砂)	14勝1敗	
平成15年(2003)1月	大関	朝青龍 明徳	(高砂)	14勝1敗	
平成15年(2003)3月	大関	千代大海 龍二	(九重)	12勝3敗	3

場所	優勝力士			成績	優勝回数
平成15年(2003)5月	横綱	朝青龍 明徳	(高砂)	13勝2敗	
平成15年(2003)7月	大関	魁皇 博之	(友綱)	12勝3敗	
平成15年(2003)9月	横綱	朝青龍 明徳	(高砂)	13勝2敗	
平成15年(2003)11月	大関	栃東 大裕	(玉ノ井)	13勝2敗	
平成16年(2004)1月	横綱	朝青龍 明徳	(高砂)	15戦全勝	
平成16年(2004)3月	横綱	朝青龍 明徳	(高砂)	15戦全勝	
平成16年(2004)5月	横綱	朝青龍 明徳	(高砂)	13勝2敗	
平成16年(2004)7月	横綱	朝青龍 明徳	(高砂)	13勝2敗	
平成16年(2004)9月	大関	魁皇 博之	(友綱)	13勝2敗	5
平成16年(2004)11月	横綱	朝青龍 明徳	(高砂)	13勝2敗	
平成17年(2005)1月	横綱	朝青龍 明徳	(高砂)	15戦全勝	
平成17年(2005)3月	横綱	朝青龍 明徳	(高砂)	14勝1敗	
平成17年(2005)5月	横綱	朝青龍 明徳	(高砂)	15戦全勝	
平成17年(2005)7月	横綱	朝青龍 明徳	(高砂)	13勝2敗	
平成17年(2005)9月	横綱	朝青龍 明徳	(高砂)	13勝2敗	
平成17年(2005)11月	横綱	朝青龍 明徳	(高砂)	14勝1敗	
平成18年(2006)1月	大関	栃東 大裕	(玉ノ井)	14勝1敗	3
平成18年(2006)3月	横綱	朝青龍 明徳	(高砂)	13勝2敗	
平成18年(2006)5月	大関	白鵬 翔	(宮城野)	14勝1敗	
平成18年(2006)7月	横綱	朝青龍 明徳	(高砂)	14勝1敗	
平成18年(2006)9月	横綱	朝青龍 明徳	(高砂)	13勝2敗	
平成18年(2006)11月	横綱	朝青龍 明徳	(高砂)	15戦全勝	
平成19年(2007)1月	横綱	朝青龍 明徳	(高砂)	14勝1敗	
平成19年(2007)3月	大関	白鵬 翔	(宮城野)	13勝2敗	
平成19年(2007)5月	大関	白鵬 翔	(宮城野)	15戦全勝	
平成19年(2007)7月	横綱	朝青龍 明徳	(高砂)	14勝1敗	
平成19年(2007)9月	横綱	白鵬 翔	(宮城野)	13勝2敗	
平成19年(2007)11月	横綱	白鵬 翔	(宮城野)	12勝3敗	
平成20年(2008)1月	横綱	白鵬 翔	(宮城野)	14勝1敗	
平成20年(2008)3月	横綱	朝青龍 明徳	(高砂)	13勝2敗	
平成20年(2008)5月	大関	琴欧洲 勝紀	(佐渡ヶ嶽)	14勝1敗	1
平成20年(2008)7月	横綱	白鵬 翔	(宮城野)	15戦全勝	
平成20年(2008)9月	横綱	白鵬 翔	(宮城野)	14勝1敗	

場所	優勝力士			成績	優勝回数
平成20年(2008)11月	横綱	白鵬 翔	(宮城野)	13勝2敗	
平成21年(2009)1月	横綱	朝青龍 明徳	(高砂)	14勝1敗	
平成21年(2009)3月	横綱	白鵬 翔	(宮城野)	15戦全勝	
平成21年(2009)5月	大関	日馬富士 公平	(伊勢ヶ濱)	14勝1敗	
平成21年(2009)7月	横綱	白鵬 翔	(宮城野)	14勝1敗	
平成21年(2009)9月	横綱	朝青龍 明徳	(高砂)	14勝1敗	
平成21年(2009)11月	横綱	白鵬 翔	(宮城野)	15戦全勝	
平成22年(2010)1月	横綱	朝青龍 明徳	(高砂)	13勝2敗	25
平成22年(2010)3月	横綱	白鵬 翔	(宮城野)	15戦全勝	
平成22年(2010)5月	横綱	白鵬 翔	(宮城野)	15戦全勝	
平成22年(2010)7月	横綱	白鵬 翔	(宮城野)	15戦全勝	
平成22年(2010)9月	横綱	白鵬 翔	(宮城野)	15戦全勝	
平成22年(2010)11月	横綱	白鵬 翔	(宮城野)	14勝1敗	
平成23年(2011)1月	横綱	白鵬 翔	(宮城野)	14勝1敗	
平成23年(2011)5月	横綱	白鵬 翔	(宮城野)	13勝2敗	
平成23年(2011)7月	大関	日馬富士 公平	(伊勢ヶ濱)	14勝1敗	
平成23年(2011)9月	横綱	白鵬 翔	(宮城野)	13勝2敗	
平成23年(2011)11月	横綱	白鵬 翔	(宮城野)	14勝1敗	
平成24年(2012)1月	大関	把瑠都 凱斗	(尾上)	14勝1敗	1
平成24年(2012)3月	横綱	白鵬 翔	(宮城野)	13勝2敗	
平成24年(2012)5月	前頭7	旭天鵬 勝	(友綱)	12勝3敗	1
平成24年(2012)7月	大関	日馬富士 公平	(伊勢ヶ濱)	15戦全勝	
平成24年(2012)9月	大関	日馬富士 公平	(伊勢ヶ濱)	15戦全勝	
平成24年(2012)11月	横綱	白鵬 翔	(宮城野)	14勝1敗	
平成25年(2013)1月	横綱	日馬富士 公平	(伊勢ヶ濱)	15戦全勝	
平成25年(2013)3月	横綱	白鵬 翔	(宮城野)	15戦全勝	
平成25年(2013)5月	横綱	白鵬 翔	(宮城野)	15戦全勝	
平成25年(2013)7月	横綱	白鵬 翔	(宮城野)	13勝2敗	
平成25年(2013)9月	横綱	白鵬 翔	(宮城野)	14勝1敗	
平成25年(2013)11月	横綱	日馬富士 公平	(伊勢ヶ濱)	14勝1敗	
平成26年(2014)1月	横綱	白鵬 翔	(宮城野)	14勝1敗	
平成26年(2014)3月	大関	鶴竜 力三郎	(井筒)	14勝1敗	
平成26年(2014)5月	横綱	白鵬 翔	(宮城野)	14勝1敗	

場所	優勝力士			成績	優勝回数
平成26年(2014)7月	横綱	白鵬 翔	(宮城野)	13勝2敗	
平成26年(2014)9月	横綱	白鵬 翔	(宮城野)	14勝1敗	
平成26年(2014)11月	横綱	白鵬 翔	(宮城野)	14勝1敗	
平成27年(2015)1月	横綱	白鵬 翔	(宮城野)	15戦全勝	
平成27年(2015)3月	横綱	白鵬 翔	(宮城野)	14勝1敗	
平成27年(2015)5月	関脇	照ノ富士 春雄	(伊勢ヶ濱)	12勝3敗	1
平成27年(2015)7月	横綱	白鵬 翔	(宮城野)	14勝1敗	
平成27年(2015)9月	横綱	鶴竜 力三郎	(井筒)	12勝3敗	
平成27年(2015)11月	横綱	日馬富士 公平	(伊勢ヶ濱)	13勝2敗	
平成28年(2016)1月	大関	琴奨菊 和弘	(佐渡ヶ嶽)	14勝1敗	1
平成28年(2016)3月	横綱	白鵬 翔	(宮城野)	14勝1敗	
平成28年(2016)5月	横綱	白鵬 翔	(宮城野)	15戦全勝	
平成28年(2016)7月	横綱	日馬富士 公平	(伊勢ヶ濱)	13勝2敗	
平成28年(2016)9月	大関	豪栄道 豪太郎	(境川)	15戦全勝	1
平成28年(2016)11月	横綱	鶴竜 力三郎	(井筒)	14勝1敗	3
平成29年(2017)1月	大関	稀勢の里 寛	(田子ノ浦)	14勝1敗	
平成29年(2017)3月	横綱	稀勢の里 寛	(田子ノ浦)	13勝2敗	2
平成29年(2017)5月	横綱	白鵬 翔	(宮城野)	15戦全勝	
平成29年(2017)7月	横綱	白鵬 翔	(宮城野)	14勝1敗	
平成29年(2017)9月	横綱	日馬富士 公平	(伊勢ヶ濱)	11勝4敗	9
平成29年(2017)11月	横綱	白鵬 翔	(宮城野)	14勝1敗	40

記録集

三賞受賞力士一覧

三賞	殊勲賞			敢闘賞			技能賞		
場所（昭和）	番付	しこ名	勝敗	番付	しこ名	勝敗	番付	しこ名	勝敗
22年（1947）11月	前頭11	出羽錦	9-2	小結	輝昇	7-4	前頭2	増位山	8-3
23年（1948）6月	前頭2	力道山	8-3	前頭17	大蛇潟	9-2	前頭7	若瀬川	6-5
23年（1948）11月	関脇	増位山	10-1	前頭1	千代ノ山	8-3	前頭1	神風	7-4
24年（1949）1月	前頭2	三根山	9-4	前頭15	國登	10-3	前頭3	栃錦	7-6
24年（1949）5月	関脇	千代ノ山	12-3	前頭17	羽嶋山	13-2	前頭6	五ツ海	11-4
24年（1949）9月	前頭1	鏡里	12-3	前頭1	鏡里	12-3	前頭7	栃錦	12-3
25年（1950）1月	前頭3	吉葉山	10-5	前頭18	若ノ花	11-4	小結	栃錦	8-7
25年（1950）5月	前頭1	吉葉山	10-5	前頭14	名寄岩	9-6	前頭14	常ノ山	10-5
25年（1950）9月	関脇	吉葉山	13-2	前頭21	時津山	12-3	前頭3	栃錦	8-7
26年（1951）1月	関脇	三根山	13-2	前頭7	若ノ花	11-4	前頭14	櫻錦	12-3
26年（1951）5月	前頭2	若葉山	8-7	前頭14	大昇	12-3	小結	栃錦	9-6
26年（1951）9月	関脇	三根山	11-4	前頭8	時津山	11-4	関脇	栃錦	9-6
27年（1952）1月	関脇	栃錦	10-5	前頭8	輝昇	12-3	関脇	栃錦	10-5
27年（1952）5月	関脇	三根山	11-4	前頭10	清水川	12-3	関脇	栃錦	10-5
27年（1952）9月	前頭2	朝潮	10-5	前頭3	名寄岩	9-6	関脇	栃錦	14-1
28年（1953）1月	関脇	朝潮	11-4	前頭9	玉ノ海	13-2	前頭13	常ノ山	10-5
28年（1953）3月	前頭2	清水川	11-4	関脇	三根山	11-4	前頭5	鳴門海	10-5
28年（1953）5月	関脇	三根山	12-3	前頭6	時津山	15-0	前頭9	北ノ洋	12-3
28年（1953）9月	前頭3	國登	10-5	前頭6	琴錦	10-5	前頭17	成山	12-3
29年（1954）1月	関脇	若ノ花	8-7	前頭2	松登	11-4	前頭6	信夫山	10-5
29年（1954）3月	前頭1	國登	9-6	張前21	大天龍	11-4	前頭6	若瀬川	9-6
29年（1954）5月	関脇	松登	9-6	前頭10	北ノ洋	11-4	前頭10	北ノ洋	11-4
29年（1954）9月	関脇	若ノ花	11-4	前頭5	宮錦	8-7	前頭4	信夫山	10-5
30年（1955）1月	前頭1	朝潮	8-7	前頭9	時津山	12-3	小結	信夫山	8-7
30年（1955）3月	関脇	大内山	13-2	前頭17	若ノ海	11-4	前頭5	琴ヶ濱	10-5
30年（1955）5月	前頭1	時津山	12-3	前頭11	若ノ海	11-4	小結	信夫山	9-6
30年（1955）9月	関脇	松登	13-2	前頭8	出羽錦	12-3	関脇	若ノ花	10-4-1
31年（1956）1月	前頭1	成山	8-7	前頭20	清水川	12-3	前頭10	鶴ヶ嶺	14-1
31年（1956）3月	関脇	朝汐	12-3	前頭15	若羽黒	12-3	小結	鶴ヶ嶺	9-6
31年（1956）5月	前頭4	鳴門海	8-7	前頭9	大晃	12-3	小結	琴ヶ濱	10-5
31年（1956）9月	小結	玉乃海	9-6	前頭10	三根山	10-5	前頭1	若羽黒	9-6
32年（1957）1月	前頭1	信夫山	9-6	関脇	玉乃海	11-4	前頭8	成山	10-5
32年（1957）3月	関脇	玉乃海	11-4	前頭8	琴ヶ濱	12-3	前頭11	北ノ洋	12-3

※昭和30年（1955）9月場所の若ノ花の成績は10勝4敗1引き分け

三賞受賞力士一覧

三賞	殊勲賞			敢闘賞			技能賞		
場所(昭和)	番付	しこ名	勝敗	番付	しこ名	勝敗	番付	しこ名	勝敗
32年(1957)5月	小結	安念山	13-2	前頭20	房錦	11-4	小結	琴ヶ濱	12-3
32年(1957)9月	小結	北ノ洋	11-4	前頭10	若瀬川	12-3	関脇	琴ヶ濱	11-4
32年(1957)11月	小結	若羽黒	9-6	前頭14	玉乃海	15-0	該当力士なし		
33年(1958)1月	関脇	琴ヶ濱	11-4	小結	若前田	8-7	前頭1	北ノ洋	9-6
33年(1958)3月	関脇	琴ヶ濱	13-2	小結	若前田	10-5	関脇	琴ヶ濱	13-2
33年(1958)5月	前頭5	鶴ヶ嶺	9-6	関脇	若前田	10-5	小結	信夫山	10-5
33年(1958)7月	前頭4	安念山	11-4	関脇	信夫山	9-6	前頭5	成山	8-7
33年(1958)9月	前頭4	時津山	12-3	前頭18	若秩父	12-3	関脇	信夫山	10-5
33年(1958)11月	前頭1	北の洋	8-7	前頭2	安念山	10-5	前頭6	若瀬川	9-6
34年(1959)1月	関脇	時津山	9-6	前頭4	若秩父	10-5	小結	若前田	10-5
34年(1959)3月	前頭1	北の洋	8-7	前頭13	柏戸	13-2	前頭13	柏戸	13-2
34年(1959)5月	前頭4	潮錦	9-6	関脇	栃光	10-5	前頭1	房錦	9-6
34年(1959)7月	前頭4	岩風	9-6	前頭14	冨士錦	12-3	前頭3	鶴ヶ嶺	9-6
34年(1959)9月	前頭1	鶴ヶ嶺	9-6	前頭3	柏戸	12-3	関脇	若羽黒	12-3
34年(1959)11月	関脇	安念山	12-3	前頭11	冨士錦	12-3	前頭2	若ノ海	12-3
35年(1960)1月	前頭3	北の洋	9-6	前頭13	大鵬	12-3	小結	柏戸	9-6
35年(1960)3月	関脇	柏戸	9-6	関脇	北葉山	10-5	前頭1	北の洋	9-6
35年(1960)5月	前頭4	若三杉	14-1	前頭6	大鵬	11-4	関脇	柏戸	10-5
35年(1960)7月	関脇	柏戸	11-4	前頭7	岩風	12-3	関脇	柏戸	11-4
35年(1960)9月	前頭2	小城ノ花	9-6	関脇	北葉山	11-4	関脇	大鵬	12-3
35年(1960)11月	前頭2	房錦	9-6	前頭10	羽黒花	11-4	前頭8	栃ノ海	11-4
36年(1961)1月	小結	房錦	8-7	前頭4	冨士錦	10-5	前頭3	鶴ヶ嶺	10-5
36年(1961)3月	前頭3	栃光	8-7	前頭8	前田川	12-3	小結	房錦	9-6
36年(1961)5月	関脇	北葉山	11-4	前頭13	佐田の山	12-3	前頭5	栃ノ海	10-5
36年(1961)7月	前頭2	佐田の山	11-4	小結	栃光	10-5	小結	栃ノ海	11-4
36年(1961)9月	前頭3	出羽錦	11-4	前頭4	明武谷	12-3	該当力士なし		
36年(1961)11月	前頭1	開隆山	9-6	前頭5	若三杉	11-4	関脇	栃ノ海	9-6
37年(1962)1月	前頭1	青ノ里	8-7	前頭9	豊山	12-3	関脇	栃ノ海	9-6
37年(1962)3月	小結	栃光	10-5	前頭2	豊國	9-6	関脇	佐田の山	13-2
37年(1962)5月	関脇	栃光	13-2	関脇	栃ノ海	14-1	関脇	栃ノ海	14-1
37年(1962)7月	前頭1	出羽錦	9-6	前頭13	廣川	10-5	前頭7	鶴ヶ嶺	11-4
37年(1962)9月	前頭2	豊山	12-3	前頭2	豊山	12-3	該当力士なし		
37年(1962)11月	関脇	豊山	12-3	関脇	豊山	12-3	関脇	小城ノ花	9-6

三賞	殊勲賞			敢闘賞			技能賞		
場所（昭和）	番付	しこ名	勝敗	番付	しこ名	勝敗	番付	しこ名	勝敗
38年（1963）1月	関脇	豊山	13-2	関脇	豊山	13-2	前頭8	海乃山	12-3
38年（1963）3月	前頭1	富士錦	8-7	前頭1	海乃山	10-5	前頭6	鶴ヶ嶺	10-5
38年（1963）5月	前頭5	岩風	12-3	前頭14	逆鉾	11-4	前頭1	鶴ヶ嶺	9-6
38年（1963）7月	前頭3	富士錦	9-6	前頭9	若浪	10-5	該当力士なし		
38年（1963）9月	前頭3	岩風	9-6	前頭9	琴櫻	12-3	該当力士なし		
38年（1963）11月	前頭1	琴櫻	8-7	前頭12	沢光	10-5	前頭6	海乃山	12-3
39年（1964）1月	関脇	大豪	9-6	前頭10	北の冨士	13-2	前頭13	清國	14-1
39年（1964）3月	前頭2	開隆山	9-6	前頭2	若見山	8-7	前頭9	鶴ヶ嶺	11-4
39年（1964）5月	前頭4	沢光	8-7	前頭8	若浪	11-4	前頭5	北の冨士	9-6
39年（1964）7月	前頭1	明武谷	8-7	前頭9	富士錦	14-1	前頭9	富士錦	14-1
39年（1964）9月	前頭5	開隆山	9-6	前頭1	明武谷	8-7	前頭6	前田川	9-6
39年（1964）11月	関脇	明武谷	8-7	前頭3	青ノ里	9-6	前頭1	北の冨士	10-5
40年（1965）1月	関脇	明武谷	9-6	前頭13	若杉山	12-3	前頭1	清國	10-5
40年（1965）3月	前頭3	玉乃島	9-6	前頭1	大豪	9-6	小結	清國	9-6
40年（1965）5月	小結	玉乃島	8-7	前頭9	前田川	11-4	該当力士なし		
40年（1965）7月	小結	清國	10-5	前頭12	栃王山	11-4	該当力士なし		
40年（1965）9月	前頭1	琴櫻	9-6	前頭5	明武谷	12-3	前頭2	長谷川	10-5
40年（1965）11月	小結	明武谷	9-6	前頭6	大豪	12-3	前頭7	鶴ヶ嶺	11-4
41年（1966）1月	関脇	北の冨士	10-5	前頭8	玉乃島	13-2	前頭11	海乃山	12-3
41年（1966）3月	関脇	北の冨士	8-7	前頭9	高鐵山	11-4	前頭2	浅瀬川	8-7
41年（1966）5月	前頭5	麒麟児	9-6	関脇	玉乃島	10-5	関脇	北の冨士	10-5
41年（1966）7月	関脇	玉乃島	9-6	前頭11	鶴ヶ嶺	11-4	前頭11	鶴ヶ嶺	11-4
41年（1966）9月	関脇	玉乃島	11-4	前頭12	禊鳳	12-3	前頭4	麒麟児	11-4
41年（1966）11月	小結	琴櫻	10-5	前頭10	鶴ヶ嶺	11-4	前頭4	高鐵山	12-3
42年（1967）1月	小結	麒麟児	9-6	前頭4	明武谷	11-4	前頭4	豊國	9-6
42年（1967）3月	前頭4	藤ノ川	12-3	前頭14	陸奥嵐	13-2	前頭4	藤ノ川	12-3
42年（1967）5月	小結	麒麟児	12-3	前頭7	長谷川	13-2	小結	麒麟児	12-3
42年（1967）7月	小結	長谷川	9-6	関脇	琴櫻	11-4	前頭6	若浪	11-4
42年（1967）9月	関脇	琴櫻	11-4	前頭6	海乃山	11-4	該当力士なし		
42年（1967）11月	関脇	海乃山	8-7	前頭5	福の花	11-4	該当力士なし		
43年（1968）1月	関脇	清國	9-6	前頭9	高見山	9-6	該当力士なし		
43年（1968）3月	小結	麒麟児	12-3	前頭9	龍虎	11-4	前頭8	若浪	13-2
43年（1968）5月	前頭2	栃東	10-5	前頭5	藤ノ川	10-5	前頭2	栃東	10-5

三賞	殊勲賞			敢闘賞			技能賞		
場所（昭和）	番付	しこ名	勝敗	番付	しこ名	勝敗	番付	しこ名	勝敗
43年（1968）7月	前頭4	若二瀬	11-4	前頭5	陸奥嵐	12-3	前頭5	陸奥嵐	12-3
43年（1968）9月	前頭3	栃東	11-4	前頭3	高見山	8-7	前頭3	栃東	11-4
43年（1968）11月	該当力士なし			前頭11	大竜川	10-5	前頭7	二子岳	10-5
44年（1969）1月	小結	清國	10-5	前頭7	戸田	11-4	前頭2	藤ノ川	9-6
44年（1969）3月	前頭9	龍虎	12-3	前頭9	龍虎	12-3	小結	藤ノ川	8-7
44年（1969）5月	前頭2	龍虎	8-7	前頭1	前の山	11-4	関脇	清國	12-3
44年（1969）7月	関脇	前乃山	10-5	前頭5	藤ノ川	12-3	前頭5	藤ノ川	12-3
44年（1969）9月	前頭2	栃東	9-6	前頭8	大竜川	11-4	前頭2	栃東	9-6
44年（1969）11月	関脇	麒麟児	11-4	前頭6	龍虎	11-4	小結	栃東	8-7
45年（1970）1月	小結	栃東	10-5	前頭5	黒姫山	9-6	小結	栃東	10-5
45年（1970）3月	関脇	前乃山	9-6	前頭4	陸奥嵐	11-4	前頭4	錦洋	9-6
45年（1970）5月	関脇	前乃山	12-3	前頭4	福の花	8-7	前頭6	大受	9-6
45年（1970）7月	小結	三重ノ海	8-7	関脇	前乃山	13-2	関脇	大麒麟	12-3
45年（1970）9月	小結	貴ノ花	9-6	前頭11	龍虎	13-2	関脇	大麒麟	12-3
45年（1970）11月	前頭2	長谷川	8-7	前頭4	福の花	11-4	該当力士なし		
46年（1971）1月	該当力士なし			前頭4	陸奥嵐	12-3	前頭5	大受	11-4
46年（1971）3月	関脇	大受	8-7	前頭6	福の花	10-5	前頭5	貴ノ花	9-6
46年（1971）5月	小結	貴ノ花	8-7	前頭12	輪島	11-4	関脇	大受	8-7
46年（1971）7月	小結	貴ノ花	8-7	前頭7	義ノ花	10-5	前頭5	黒姫山	10-5
46年（1971）9月	関脇	長谷川	8-7	前頭4	三重ノ海	10-5	関脇	貴ノ花	9-6
46年（1971）11月	前頭2	黒姫山	11-4	前頭1 前頭6	輪島 富士櫻	11-4 11-4	小結	三重ノ海	11-4
47年（1972）1月	小結	輪島	10-5	前頭3	福の花	10-5	前頭5	栃東	11-4
47年（1972）3月	前頭7	魁傑	12-3	関脇	長谷川	12-3	前頭7	魁傑	12-3
47年（1972）5月	関脇	輪島	12-3	小結	魁傑	11-4	小結	貴ノ花	11-4
47年（1972）7月	前頭4	高見山	13-2	関脇	貴ノ花	12-3	関脇	貴ノ花	12-3
47年（1972）9月	関脇	輪島	13-2	関脇	貴ノ花	10-5	前頭3	旭國	10-5
47年（1972）11月	前頭1	高見山	9-6	前頭14	福の花	11-4	前頭4	増位山	9-6
48年（1973）1月	前頭3	三重ノ海	11-4	前頭1	魁傑	11-4	前頭1	大受	10-5
48年（1973）3月	小結	大受	10-5	前頭5	北の湖	9-6	小結	三重ノ海	10-5
48年（1973）5月	関脇	大受	11-4	前頭13	鷲羽山	11-4	関脇	大受	11-4
48年（1973）7月	関脇	大受	13-2	関脇	大受	13-2	関脇	大受	13-2
48年（1973）9月	前頭11	大錦	11-4	前頭11	大錦	11-4	前頭11	大錦	11-4

三賞	殊勲賞			敢闘賞			技能賞		
場所（昭和）	番付	しこ名	勝敗	番付	しこ名	勝敗	番付	しこ名	勝敗
48年（1973）11月	関脇	北の湖	10-5	前頭5	黒姫山	11-4	前頭2	富士櫻	10-5
49年（1974）1月	関脇	北の湖	14-1	小結	魁傑	11-4	小結	富士櫻	9-6
49年（1974）3月	前頭1	高見山	10-5	前頭2	長谷川	10-5	前頭9	旭國	11-4
49年（1974）5月	前頭6	荒瀬	11-4	前頭3	豊山	11-4	前頭4	増位山	12-3
49年（1974）7月	関脇	高見山	11-4	関脇	高見山	11-4	前頭5	長谷川	10-5
49年（1974）9月	前頭1	金剛	9-6	前頭3	荒瀬	10-5	前頭3	若三杉	10-5
49年（1974）11月	小結	魁傑	12-3	前頭10	福の花	10-5	小結	若三杉	11-4
50年（1975）1月	前頭6	三重ノ海	10-5	前頭1	麒麟児	10-5	関脇	若三杉	9-6
50年（1975）3月	前頭1	三重ノ海	11-4	前頭2	荒瀬	9-6	小結	麒麟児	8-7
50年（1975）5月	前頭9	金剛	10-5	小結	麒麟児	9-6	前頭4	旭國	11-4
50年（1975）7月	前頭1	金剛	13-2	前頭5	青葉城	12-3	小結	旭國	11-4
50年（1975）9月	関脇	麒麟児	8-7	前頭7	鷲羽山	11-4	関脇	旭國	9-6
50年（1975）11月	関脇	三重ノ海	13-2	前頭11	青葉山	10-5	関脇	三重ノ海	13-2
51年（1976）1月	小結	高見山	9-6	関脇	旭國	12-3	前頭6	鷲羽山	12-3
51年（1976）3月	前頭11	北瀬海	12-3	小結	鷲羽山	10-5	関脇	旭國	13-2
51年（1976）5月	小結	北瀬海	10-5	前頭6	魁傑	10-5	関脇	鷲羽山	8-7
51年（1976）7月	前頭4	麒麟児	11-4	前頭6	若獅子	11-4	前頭4	麒麟児	11-4
51年（1976）9月	関脇	麒麟児	8-7	前頭4	魁傑	14-1	関脇	若三杉	11-4
51年（1976）11月	関脇	若三杉	11-4	関脇	魁傑	11-4	前頭4	鷲羽山	10-5
52年（1977）1月	関脇	若三杉	11-4	関脇	魁傑	11-4	該当力士なし		
52年（1977）3月	該当力士なし			前頭7	金城	11-4	前頭1	北瀬海	9-6
52年（1977）5月	関脇	黒姫山	8-7	前頭12	栃赤城	10-5	前頭4	鷲羽山	8-7
52年（1977）7月	該当力士なし			該当力士なし			前頭1	鷲羽山	9-6
52年（1977）9月	小結	高見山	9-6	前頭6	豊山	10-5	関脇	荒勢	11-4
52年（1977）11月	前頭1	琴風	10-5	前頭11	隆ノ里	11-4	前頭3	大潮	9-6
53年（1978）1月	前頭5	豊山	9-6	小結 前頭3	玉ノ富士 蔵間	11-4 10-5	該当力士なし		
53年（1978）3月	前頭4	富士櫻	8-7	前頭11	尾形	11-4	小結	蔵間	8-7
53年（1978）5月	前頭6	琴風	12-3	前頭5	千代の富士	9-6	該当力士なし		
53年（1978）7月	前頭2	富士櫻	9-6	前頭9	出羽の花	10-5	該当力士なし		
53年（1978）9月	該当力士なし			前頭3	播竜山	10-5	前頭5	麒麟児	12-3
53年（1978）11月	小結	麒麟児	8-7	前頭10	黒姫山	9-6	前頭4	青葉山	9-6

三賞受賞力士一覧

三賞	殊勲賞			敢闘賞			技能賞		
場所（昭和）	番付	しこ名	勝敗	番付	しこ名	勝敗	番付	しこ名	勝敗
54年（1979）1月	前頭3	黒姫山	8-7	前頭6 前頭7	長岡 金城	10-5 12-3	前頭4	富士櫻	10-5
54年（1979）3月	前頭1	黒姫山	8-7	前頭4	栃赤城	10-5	該当力士なし		
54年（1979）5月	該当力士なし			小結 前頭9	魁輝 巨砲	8-7 10-5	該当力士なし		
54年（1979）7月	関脇	栃赤城	9-6	前頭11	出羽の花	10-5	該当力士なし		
54年（1979）9月	前頭1	玉ノ富士	8-7	前頭14	朝汐	10-5	小結	増位山	8-7
54年（1979）11月	前頭1	栃赤城	10-5	小結	玉ノ富士	8-7	関脇	増位山	11-4
55年（1980）1月	関脇	栃赤城	11-4	前頭14	琴風	12-3	関脇	増位山	12-3
55年（1980）3月	前頭2	朝汐	10-5	前頭1	琴風	10-5	前頭3	千代の富士	8-7
55年（1980）5月	関脇 小結	琴風 朝汐	10-5 10-5	前頭10 前頭13	栃光 舛田山	12-3 11-4	該当力士なし		
55年（1980）7月	関脇	朝汐	11-4	張前2 前頭12	栃赤城 隆の里	10-5 12-3	前頭2	千代の富士	9-6
55年（1980）9月	前頭1	隆の里	13-2	前頭1 前頭10	隆の里 青葉山	13-2 11-4	小結	千代の富士	10-5
55年（1980）11月	関脇 前頭3	隆の里 舛田山	11-4 9-6	前頭12	佐田の海	11-4	関脇	千代の富士	11-4
56年（1981）1月	関脇	千代の富士	14-1	前頭6 前頭12	富士櫻 若島津	10-5 10-5	関脇	千代の富士	14-1
56年（1981）3月	前頭2	栃赤城	10-5	前頭7	高見山	9-6	小結	巨砲	11-4
56年（1981）5月	小結	朝汐	9-6	前頭2	北天佑	9-6	前頭1	蔵間	9-6
56年（1981）7月	関脇	朝汐	11-4	前頭7	高見山	10-5	該当力士なし		
56年（1981）9月	前頭2	巨砲	9-6	前頭1	大寿山	10-5	関脇	琴風	12-3
56年（1981）11月	小結	朝汐	12-3	関脇 前頭5	隆の里 栃赤城	11-4 9-6	前頭4	佐田の海	10-5
57年（1982）1月	小結	佐田の海	8-7	関脇	隆の里	12-3	前頭2	若島津	12-3
57年（1982）3月	関脇	出羽の花	9-6	前頭5	麒麟児	11-4	関脇	出羽の花	9-6
57年（1982）5月	小結	朝汐	13-2	小結	朝汐	13-2	関脇	出羽の花	11-4
57年（1982）7月	関脇	朝汐	8-7	前頭2	闘竜	8-7	前頭11	高望山	11-4
57年（1982）9月	前頭1	大寿山	10-5	関脇 前頭5	若島津 北天佑	12-3 10-5	関脇	若島津	12-3
57年（1982）11月	小結	北天佑	8-7	前頭8	大潮	10-5	関脇	若島津	12-3

三賞	殊勲賞			敢闘賞			技能賞		
場所（昭和）	番付	しこ名	勝敗	番付	しこ名	勝敗	番付	しこ名	勝敗
58年（1983）1月	関脇	朝潮	14-1	関脇	北天佑	11-4	関脇	朝潮	14-1
58年（1983）3月	関脇	朝潮	12-3	関脇	北天佑	12-3	前頭1	出羽の花	11-4
58年（1983）5月	関脇	北天佑	14-1	関脇	出羽の花	8-7	関脇	北天佑	14-1
58年（1983）7月	小結	舛田山	8-7	前頭11	飛騨ノ花	10-5	該当力士なし		
58年（1983）9月	前頭4	巨砲	9-6	前頭10	富士櫻	10-5	前頭12	栃剣	10-5
58年（1983）11月	前頭3	大ノ国	10-5	前頭7	保志	9-6	前頭7	高望山	10-5
59年（1984）1月	関脇	大ノ国	9-6	小結	保志	9-6	前頭6	出羽の花	10-5
59年（1984）3月	関脇	大乃国	10-5	関脇	大乃国	10-5	前頭10	逆鉾	9-6
59年（1984）5月	前頭3	逆鉾	8-7	前頭9	栃司	10-5	該当力士なし		
59年（1984）7月	前頭1	大乃国	10-5	前頭12	霧島	8-7	関脇	逆鉾	8-7
59年（1984）9月	前頭6	小錦	12-3	前頭6 前頭12	小錦 多賀竜	12-3 13-2	前頭12	多賀竜	13-2
59年（1984）11月	前頭3	北尾	8-7	前頭5	旭富士	11-4	前頭1	保志	9-6
60年（1985）1月	関脇	保志	10-5	前頭9 前頭10	出羽の花 水戸泉	11-4 11-4	小結	北尾	10-5
60年（1985）3月	小結	北尾	10-5	前頭13	佐田の海	10-5	前頭1	旭富士	9-6
60年（1985）5月	関脇	大乃国	10-5	小結	小錦	12-3	前頭6	花乃湖	8-7
60年（1985）7月	前頭1	北尾	12-3	関脇	大乃国	12-3	小結 前頭1	保志 北尾	10-5 12-3
60年（1985）9月	関脇	北尾	11-4	前頭7	琴ヶ梅	9-6	前頭2	旭富士	10-5
60年（1985）11月	関脇	北尾	12-3	前頭9	小錦	11-4	関脇	保志	9-6
61年（1986）1月	関脇	旭富士	11-4	前頭1	琴ヶ梅	9-6	関脇	保志	8-7
61年（1986）3月	関脇	保志	13-2	小結 前頭12	小錦 水戸泉	12-3 12-3	関脇 小結	保志 小錦	13-2 12-3
61年（1986）5月	小結	旭富士	10-5	関脇	保志	11-4	該当力士なし		
61年（1986）7月	関脇	保志	12-3	前頭6	水戸泉	10-5	小結	琴ヶ梅	9-6
61年（1986）9月	前頭4	小錦	12-3	前頭8	寺尾	9-6	小結	逆鉾	8-7
61年（1986）11月	関脇	小錦	10-5	前頭13	益荒雄	11-4	前頭7	霧島	12-3
62年（1987）1月	関脇	小錦	10-5	該当力士なし			前頭4	益荒雄	8-7
62年（1987）3月	小結	益荒雄	9-6	前頭13	栃乃和歌	10-5	前頭1	花乃湖	10-5
62年（1987）5月	小結	益荒雄	10-5	関脇	小錦	12-3	関脇	旭富士	10-5
62年（1987）7月	小結	栃乃和歌	9-6	前頭10	出羽の花	11-4	関脇	旭富士	11-4
62年（1987）9月	前頭4	逆鉾	8-7	関脇	旭富士	12-3	関脇	旭富士	12-3

三賞	殊勲賞			敢闘賞			技能賞		
場所(昭和)	番付	しこ名	勝敗	番付	しこ名	勝敗	番付	しこ名	勝敗
62年(1987)11月	関脇	逆鉾	8-7	該当力士なし			前頭6	栃司	10-5
63年(1988)1月	関脇	逆鉾	9-6	前頭7	琴ヶ梅	12-3	該当力士なし		
63年(1988)3月	該当力士なし			前頭7	麒麟児	10-5	該当力士なし		
63年(1988)5月	関脇	琴ヶ梅	8-7	小結 前頭8	太寿山 水戸泉	8-7 9-6	該当力士なし		
63年(1988)7月	関脇	逆鉾	8-7	前頭10	安芸ノ島	11-4	該当力士なし		
63年(1988)9月	小結 前頭2	水戸泉 安芸ノ島	10-5 8-7	前頭9 前頭12	花ノ国 琴富士	11-4 11-4	該当力士なし		
63年(1988)11月	該当力士なし			該当力士なし			前頭6	霧島	10-5

三賞	殊勲賞			敢闘賞			技能賞		
場所(平成)	番付	しこ名	勝敗	番付	しこ名	勝敗	番付	しこ名	勝敗
元年(1989)1月	前頭1	寺尾	8-7	前頭12	旭道山	9-6	関脇	逆鉾	9-6
元年(1989)3月	前頭7	板井	11-4	前頭1 前頭14	安芸ノ島 益荒雄	8-7 10-5	前頭7	板井	11-4
元年(1989)5月	前頭1	霧島	8-7	前頭12	恵那櫻	10-5	該当力士なし		
元年(1989)7月	該当力士なし			関脇 前頭8	琴ヶ梅 太寿山	10-5 11-4	前頭3	寺尾	10-5
元年(1989)9月	該当力士なし			関脇	寺尾	8-7	関脇	琴ヶ梅	10-5
元年(1989)11月	前頭3	両国	10-5	小結	水戸泉	11-4	小結	霧島	10-5
2年(1990)1月	小結	霧島	11-4	前頭4	栃乃和歌	10-5	該当力士なし		
2年(1990)3月	関脇 前頭2	霧島 安芸ノ島	13-2 8-7	前頭6 前頭14	両国 久島海	11-4 10-5	関脇	霧島	13-2
2年(1990)5月	前頭1	安芸ノ島	10-5	前頭6 前頭9	琴錦 孝乃富士	9-6 11-4	前頭1	安芸ノ島	10-5
2年(1990)7月	前頭1	琴錦	9-6	関脇 前頭12	安芸ノ島 春日富士	9-6 10-5	該当力士なし		
2年(1990)9月	小結	琴錦	9-6	前頭13	貴闘力	11-4	該当力士なし		
2年(1990)11月	関脇 前頭1	琴錦 安芸ノ島	10-5 10-5	前頭7	曙	9-6	関脇	琴錦	10-5
3年(1991)1月	前頭1	曙	8-7	前頭15	巴富士	10-5	関脇	琴錦	11-4
3年(1991)3月	小結 前頭1	曙 貴闘力	8-7 9-6	前頭13	貴花田	12-3	前頭13	貴花田	12-3

三賞	殊勲賞			敢闘賞			技能賞		
場所（平成）	番付	しこ名	勝敗	番付	しこ名	勝敗	番付	しこ名	勝敗
3年（1991）5月	前頭1	貴花田	9-6	小結 前頭1	貴闘力 安芸ノ島	9-6 9-6	該当力士なし		
3年（1991）7月	小結	貴花田	11-4	関脇 前頭13	貴闘力 琴富士	9-6 14-1	小結	貴花田	11-4
3年（1991）9月	前頭3	若花田	11-4	前頭1 前頭5	栃乃和歌 琴錦	11-4 13-2	前頭3 前頭12	若花田 舞の海	11-4 8-7
3年（1991）11月	小結	琴錦	12-3	前頭12	武蔵丸	11-4	前頭9	舞の海	8-7
4年（1992）1月	小結 前頭2	曙 貴花田	13-2 14-1	小結 前頭2	曙 貴花田	13-2 14-1	前頭1 前頭2	若花田 貴花田	10-5 14-1
4年（1992）3月	小結 前頭2	栃乃和歌 安芸ノ島	12-3 12-3	前頭2	安芸ノ島	12-3	小結	栃乃和歌	12-3
4年（1992）5月	関脇	曙	13-2	前頭1	三杉里	10-5	前頭7	若花田	11-4
4年（1992）7月	前頭2	旭道山	9-6	前頭1	水戸泉	13-2	小結	武蔵丸	11-4
4年（1992）9月	小結	貴花田	14-1	小結 前頭8	旭道山 大翔鳳	8-7 11-4	該当力士なし		
4年（1992）11月	該当力士なし			前頭14	琴別府	10-5	小結	琴錦	13-2
5年（1993）1月	該当力士なし			前頭3 前頭14	若翔洋 大翔山	10-5 12-3	前頭3	若花田	10-5
5年（1993）3月	小結 前頭2	若花田 旭道山	14-1 9-6	小結	若翔洋	10-5	小結	若花田	14-1
5年（1993）5月	関脇	若ノ花	10-5	小結	貴ノ浪	10-5	前頭6	貴闘力	11-4
5年（1993）7月	前頭10	安芸ノ島	9-6	前頭1	琴錦	12-3	関脇	若ノ花	13-2
5年（1993）9月	該当力士なし			前頭13	久島海	12-3	前頭10 前頭14	智ノ花 舞の海	9-6 9-6
5年（1993）11月	関脇	武蔵丸	13-2	前頭16	小城錦	11-4	前頭2	智ノ花	8-7
6年（1994）1月	前頭3	武双山	10-5	関脇	貴ノ浪	13-2	関脇	武蔵丸	12-3
6年（1994）3月	前頭1	魁皇	9-6	前頭2 前頭12	寺尾 貴闘力	9-6 12-3	関脇 前頭6	琴錦 小城錦	10-5 9-6
6年（1994）5月	小結	寺尾	8-7	前頭1	貴闘力	9-6	前頭12	舞の海	9-6
6年（1994）7月	前頭2	濱ノ嶋	8-7	小結	貴闘力	10-5	前頭4	舞の海	9-6
6年（1994）9月	関脇 前頭5	武双山 琴稲妻	13-2 8-7	関脇	武双山	13-2	該当力士なし		
6年（1994）11月	該当力士なし			前頭15	浪乃花	10-5	該当力士なし		

三賞受賞力士一覧

三賞	殊勲賞			敢闘賞			技能賞		
場所（平成）	番付	しこ名	勝敗	番付	しこ名	勝敗	番付	しこ名	勝敗
7年（1995）1月	関脇	魁皇	8-7	小結 前頭11	安芸乃島 大翔鳳	11-4 11-4	該当力士なし		
7年（1995）3月	前頭6	寺尾	8-7	関脇	安芸乃島	11-4	該当力士なし		
7年（1995）5月	前頭4	武双山	11-4	前頭4	武双山	11-4	該当力士なし		
7年（1995）7月	前頭1 前頭4	琴錦 剣晃	8-7 11-4	小結	琴の若	9-6	関脇	武双山	10-5
7年（1995）9月	関脇	魁皇	11-4	前頭1 前頭8	琴稲妻 土佐ノ海	9-6 11-4	小結	琴錦	10-5
7年（1995）11月	前頭1	土佐ノ海	9-6	関脇 前頭5	魁皇 湊富士	9-6 8-7	前頭1	土佐ノ海	9-6
8年（1996）1月	関脇	魁皇	10-5	前頭1 前頭5 前頭16	貴闘力 剣晃 玉春日	12-3 8-7 10-5	該当力士なし		
8年（1996）3月	前頭6	旭豊	9-6	前頭4	琴の若	11-4	関脇	武双山	12-3
8年（1996）5月	関脇	魁皇	11-4	該当力士なし			前頭6	玉春日	9-6
8年（1996）7月	関脇 前頭2	魁皇 琴の若	10-5 9-6	小結	貴闘力	10-5	該当力士なし		
8年（1996）9月	該当力士なし			関脇 前頭1	貴闘力 旭豊	11-4 9-6	小結	琴錦	10-5
8年（1996）11月	前頭1	土佐ノ海	8-7	関脇 前頭15	魁皇 栃東	11-4 10-5	該当力士なし		
9年（1997）1月	前頭1	土佐ノ海	9-6	前頭11	琴龍	10-5	前頭3	旭鷲山	9-6
9年（1997）3月	前頭1	魁皇	12-3	前頭6 前頭13	玉春日 出島	10-5 11-4	前頭13	出島	11-4
9年（1997）5月	前頭1	玉春日	8-7	関脇 前頭6	土佐ノ海 栃東	10-5 11-4	前頭5	小城錦	11-4
9年（1997）7月	前頭1	貴闘力	11-4	前頭11	栃乃洋	10-5	小結	栃東	9-6
9年（1997）9月	前頭1	出島	11-4	前頭2	栃乃洋	9-6	関脇 前頭1	栃東 出島	10-5 11-4
9年（1997）11月	該当力士なし			前頭6	武双山	11-4	該当力士なし		
10年（1998）1月	関脇	栃東	11-4	関脇	武双山	10-5	小結	琴錦	10-5
10年（1998）3月	小結	魁皇	8-7	前頭6 前頭7	土佐ノ海 蒼樹山	10-5 11-4	前頭1	千代大海	8-7

三賞	殊勲賞			敢闘賞			技能賞		
場所（平成）	番付	しこ名	勝敗	番付	しこ名	勝敗	番付	しこ名	勝敗
10年（1998）5月	前頭2 前頭3	琴錦 小城錦	11-4 8-7	前頭11 前頭15	出島 若の里	10-5 10-5	小結	安芸乃島	10-5
10年（1998）7月	前頭4	出島	10-5	前頭9	琴の若	11-4	関脇	千代大海	11-4
10年（1998）9月	前頭2	琴乃若	9-6	該当力士なし			関脇	千代大海	9-6
10年（1998）11月	前頭12	琴錦	14-1	前頭9	土佐ノ海	12-3	前頭1 前頭12	栃東 琴錦	10-5 14-1
11年（1999）1月	関脇 関脇	千代大海 武双山	13-2 10-5	関脇 前頭14	千代大海 千代天山	13-2 10-5	前頭3	安芸乃島	11-4
11年（1999）3月	小結	安芸乃島	11-4	前頭7 前頭9	雅山 千代天山	9-6 9-6	該当力士なし		
11年（1999）5月	前頭1 前頭3	土佐ノ海 千代天山	8-7 9-6	関脇	魁皇	12-3	前頭10	若の里	11-4
11年（1999）7月	関脇	出島	13-2	関脇 小結	出島 土佐ノ海	13-2 11-4	関脇	出島	13-2
11年（1999）9月	前頭1	栃東	10-5	前頭3	安芸乃島	11-4	前頭3	安芸乃島	11-4
11年（1999）11月	小結	土佐ノ海	10-5	関脇	魁皇	11-4	関脇	栃東	10-5
12年（2000）1月	関脇 小結	武双山 雅山	13-2 12-3	前頭12 前頭13	隆乃若 旭天鵬	10-5 11-4	関脇	武双山	13-2
12年（2000）3月	前頭14	貴闘力	13-2	関脇 前頭14	雅山 貴闘力	11-4 13-2	関脇	武双山	12-3
12年（2000）5月	小結	魁皇	14-1	関脇 小結 前頭12	雅山 魁皇 栃乃花	11-4 14-1 12-3	前頭12	栃乃花	12-3
12年（2000）7月	関脇	魁皇	11-4	前頭11 前頭13	高見盛 安美錦	10-5 10-5	関脇	栃東	12-3
12年（2000）9月	該当力士なし			前頭10	若の里	11-4	前頭2 前頭7	追風海 栃乃花	9-6 10-5
12年（2000）11月	小結 前頭9	若の里 琴光喜	9-6 13-2	前頭9	琴光喜	13-2	前頭9	琴光喜	13-2
13年（2001）1月	関脇	若の里	10-5	前頭3	和歌乃山	9-6	小結	栃乃洋	9-6
13年（2001）3月	関脇 小結	栃乃洋 栃東	8-7 9-6	前頭10	玉乃島	11-4	前頭3	琴光喜	10-5
13年（2001）5月	小結	朝青龍	8-7	該当力士なし			小結	琴光喜	9-6

三賞受賞力士一覧

三賞	殊勲賞			敢闘賞			技能賞		
場所（平成）	番付	しこ名	勝敗	番付	しこ名	勝敗	番付	しこ名	勝敗
13年（2001）7月	小結	若の里	9-6	前頭7	玉乃島	12-3	関脇 前頭13	栃東 時津海	10-5 11-4
13年（2001）9月	前頭2	琴光喜	13-2	前頭1	朝青龍	10-5	前頭2 前頭4	琴光喜 海鵬	13-2 10-5
13年（2001）11月	該当力士なし			小結 前頭1 前頭15	朝青龍 若の里 武雄山	10-5 10-5 10-5	関脇	栃東	12-3
14年（2002）1月	該当力士なし			前頭8	武雄山	11-4	関脇 前頭11	琴光喜 時津海	12-3 11-4
14年（2002）3月	関脇	朝青龍	11-4	前頭11	隆乃若	11-4	前頭6	安美錦	10-5
14年（2002）5月	該当力士なし			関脇 前頭14	朝青龍 北勝力	11-4 11-4	前頭10	旭鷲山	10-5
14年（2002）7月	関脇 小結	朝青龍 土佐ノ海	12-3 10-5	前頭8	霜鳥	9-6	前頭2	高見盛	9-6
14年（2002）9月	該当力士なし			前頭7	琴光喜	12-3	該当力士なし		
14年（2002）11月	該当力士なし			小結 前頭1 前頭11	隆乃若 貴ノ浪 岩木山	11-4 10-5 10-5	該当力士なし		
15年（2003）1月	該当力士なし			小結 前頭13	若の里 春日王	11-4 10-5	該当力士なし		
15年（2003）3月	該当力士なし			前頭1	旭天鵬	9-6	前頭2	高見盛	8-7
15年（2003）5月	前頭3	旭鷲山	8-7	小結	旭天鵬	10-5	前頭7	安美錦	11-4
15年（2003）7月	前頭3	高見盛	9-6	該当力士なし			前頭7	時津海	9-6
15年（2003）9月	関脇	若の里	11-4	前頭1 前頭2	高見盛 旭天鵬	9-6 10-5	前頭5	岩木山	11-4
15年（2003）11月	前頭1 前頭2	栃乃洋 土佐ノ海	8-7 10-5	前頭3	玉乃島	10-5	該当力士なし		
16年（2004）1月	該当力士なし			前頭4	琴光喜	13-2	前頭5	垣添	11-4
16年（2004）3月	前頭12	朝赤龍	13-2	前頭13	琴ノ若	11-4	前頭12	朝赤龍	13-2
16年（2004）5月	前頭1	北勝力	13-2	前頭1 前頭16	北勝力 白鵬	13-2 12-3	前頭5	玉乃島	12-3
16年（2004）7月	該当力士なし			前頭14	豊桜	12-3	該当力士なし		

三賞	殊勲賞			敢闘賞			技能賞		
場所（平成）	番付	しこ名	勝敗	番付	しこ名	勝敗	番付	しこ名	勝敗
16年（2004）9月	前頭3	栃乃洋	11-4	前頭9 前頭15	琴ノ若 露鵬	10-5 10-5	該当力士なし		
16年（2004）11月	前頭1	白鵬	12-3	前頭10	琴欧州	11-4	関脇	若の里	11-4
17年（2005）1月	該当力士なし			該当力士なし			小結	白鵬	11-4
17年（2005）3月	該当力士なし			前頭7 前頭11	玉乃島 安馬	12-3 9-6	前頭10	海鵬	11-4
17年（2005）5月	該当力士なし			前頭9 前頭10	旭鷲山 普天王	12-3 11-4	小結	琴光喜	13-2
17年（2005）7月	小結	琴欧州	12-3	前頭6	黒海	9-6	前頭3	普天王	10-5
17年（2005）9月	該当力士なし			関脇 前頭16	琴欧州 稀勢の里	13-2 12-3	該当力士なし		
17年（2005）11月	関脇	琴欧州	11-4	関脇 前頭4 前頭14	琴欧州 雅山 栃乃花	11-4 10-5 11-4	前頭7	時天空	10-5
18年（2006）1月	関脇	白鵬	13-2	前頭11	北勝力	12-3	前頭14	時津海	12-3
18年（2006）3月	関脇	白鵬	13-2	前頭13	旭鷲山	11-4	関脇 前頭2	白鵬 安馬	13-2 8-7
18年（2006）5月	関脇	雅山	14-1	前頭2 前頭11	朝赤龍 把瑠都	10-5 11-4	関脇	雅山	14-1
18年（2006）7月	該当力士なし			前頭10	玉乃島	11-4	前頭12	玉春日	11-4
18年（2006）9月	小結	稀勢の里	8-7	前頭6	安馬	11-4	前頭3	安美錦	11-4
18年（2006）11月	該当力士なし			前頭11	豊真将	12-3	前頭2 前頭11	琴奨菊 豊真将	10-5 12-3
19年（2007）1月	該当力士なし			前頭9	豊ノ島	12-3	前頭9	豊ノ島	12-3
19年（2007）3月	該当力士なし			前頭14	栃煌山	11-4	前頭5	豊真将	11-4
19年（2007）5月	前頭4	安美錦	9-6	前頭10	出島	12-3	前頭8	朝赤龍	12-3
19年（2007）7月	小結	安美錦	8-7	関脇 前頭14	琴光喜 豊響	13-2 11-4	関脇	琴光喜	13-2
19年（2007）9月	小結 前頭5	安馬 豊ノ島	10-5 8-7	前頭12 前頭14	旭天鵬 豪栄道	12-3 11-4	該当力士なし		
19年（2007）11月	小結	安馬	10-5	前頭16	把瑠都	11-4	小結	琴奨菊	9-6
20年（2008）1月	関脇 前頭1	安馬 稀勢の里	9-6 10-5	前頭7	豪風	12-3	前頭8	鶴竜	11-4

三賞	殊勲賞			敢闘賞			技能賞		
場所（平成）	番付	しこ名	勝敗	番付	しこ名	勝敗	番付	しこ名	勝敗
20年（2008）3月	関脇	琴奨菊	8-7	前頭5 前頭7	黒海 把瑠都	12-3 12-3	前頭12	栃煌山	11-4
20年（2008）5月	前頭4	安美錦	10-5	小結 前頭5	稀勢の里 豊ノ島	10-5 11-4	関脇	安馬	9-6
20年（2008）7月	小結	豊ノ島	10-5	前頭13	豊響	10-5	関脇	安馬	10-5
20年（2008）9月	関脇	安馬	12-3	前頭5	豪栄道	10-5	該当力士なし		
20年（2008）11月	小結	安美錦	8-7	前頭12	嘉風	11-4	関脇	安馬	13-2
21年（2009）1月	該当力士なし			前頭16	豊真将	11-4	前頭3	豪栄道	10-5
21年（2009）3月	該当力士なし			前頭7	豊真将	11-4	前頭1	鶴竜	10-5
21年（2009）5月	該当力士なし			前頭4	稀勢の里	13-2	小結	鶴竜	9-6
21年（2009）7月	該当力士なし			前頭10	翔天狼	11-4	前頭5	安美錦	11-4
21年（2009）9月	該当力士なし			小結	把瑠都	12-3	前頭3	鶴竜	11-4
21年（2009）11月	該当力士なし			前頭8 前頭9	栃ノ心 雅山	12-3 12-3	前頭5	豊ノ島	11-4
22年（2010）1月	関脇	把瑠都	12-3	前頭16	豊響	12-3	前頭6	安美錦	11-4
22年（2010）3月	該当力士なし			関脇	把瑠都	14-1	関脇	把瑠都	14-1
22年（2010）5月	該当力士なし			前頭2 前頭10	栃ノ心 阿覧	8-7 12-3	該当力士なし		
22年（2010）7月	該当力士なし			前頭2 前頭13	阿覧 豊真将	11-4 11-4	前頭6	鶴竜	11-4
22年（2010）9月	該当力士なし			前頭11 前頭12	嘉風 豪風	11-4 12-3	関脇	栃煌山	11-4
22年（2010）11月	前頭1	稀勢の里	10-5	前頭9	豊ノ島	14-1	前頭9	豊ノ島	14-1
23年（2011）1月	関脇	稀勢の里	10-5	前頭13	隠岐の海	11-4	関脇	琴奨菊	11-4
23年（2011）5月	該当力士なし			前頭6 前頭16	栃ノ心 魁聖	12-3 10-5	小結 前頭1	鶴竜 豪栄道	12-3 11-4
23年（2011）7月	関脇	琴奨菊	11-4	前頭9	豊真将	11-4	該当力士なし		
23年（2011）9月	関脇 関脇	琴奨菊 稀勢の里	12-3 12-3	前頭11	臥牙丸	11-4	関脇	琴奨菊	12-3
23年（2011）11月	該当力士なし			前頭9 前頭16	若荒雄 碧山	12-3 11-4	関脇	稀勢の里	10-5
24年（2012）1月	関脇	鶴竜	10-5	前頭10	臥牙丸	12-3	前頭5	妙義龍	9-6

三賞	殊勲賞			敢闘賞			技能賞		
場所（平成）	番付	しこ名	勝敗	番付	しこ名	勝敗	番付	しこ名	勝敗
24年（2012）3月	関脇	鶴竜	13-2	前頭6	豪栄道	12-3	関脇 前頭4	鶴竜 豊ノ島	13-2 11-4
24年（2012）5月	関脇	豪栄道	8-7	前頭4 前頭7	栃煌山 旭天鵬	12-3 12-3	前頭2	妙義龍	9-6
24年（2012）7月	該当力士なし			前頭8 前頭13	魁聖 舛ノ山	11-4 11-4	小結	妙義龍	8-7
24年（2012）9月	前頭5	栃煌山	9-6	該当力士なし			関脇	妙義龍	10-5
24年（2012）11月	該当力士なし			前頭2	松鳳山	10-5	関脇	豪栄道	11-4
25年（2013）1月	該当力士なし			前頭7	髙安	12-3	該当力士なし		
25年（2013）3月	該当力士なし			前頭7	隠岐の海	11-4	該当力士なし		
25年（2013）5月	該当力士なし			該当力士なし			前頭1	妙義龍	11-4
25年（2013）7月	前頭1	髙安	9-6	該当力士なし			該当力士なし		
25年（2013）9月	関脇	豪栄道	11-4	前頭1	松鳳山	8-7	該当力士なし		
25年（2013）11月	該当力士なし			前頭6	勢	11-4	前頭6	千代大龍	11-4
26年（2014）1月	該当力士なし			前頭10	遠藤	11-4	該当力士なし		
26年（2014）3月	関脇	豪栄道	12-3	前頭4	嘉風	10-5	該当力士なし		
26年（2014）5月	関脇	豪栄道	8-7	前頭5 前頭17	勢 佐田の海	11-4 10-5	該当力士なし		
26年（2014）7月	関脇	豪栄道	12-3	前頭11	髙安	11-4	該当力士なし		
26年（2014）9月	前頭10	逸ノ城	13-2	前頭10	逸ノ城	13-2	前頭6	安美錦	10-5
26年（2014）11月	前頭3	髙安	10-5	前頭8 前頭11	栃ノ心 旭天鵬	11-4 10-5	該当力士なし		
27年（2015）1月	該当力士なし			前頭2	照ノ富士	8-7	該当力士なし		
27年（2015）3月	関脇	照ノ富士	13-2	関脇	照ノ富士	13-2	該当力士なし		
27年（2015）5月	該当力士なし			関脇	照ノ富士	12-3	該当力士なし		
27年（2015）7月	関脇	栃煌山	10-5	前頭8	嘉風	12-3	該当力士なし		
27年（2015）9月	前頭1	嘉風	11-4	小結 前頭12	栃ノ心 勢	10-5 11-4	前頭1	嘉風	11-4
27年（2015）11月	該当力士なし			前頭4 前頭10	勢 松鳳山	12-3 12-3	小結	嘉風	8-7
28年（2016）1月	前頭7	豊ノ島	12-3	前頭12	正代	10-5	該当力士なし		
28年（2016）3月	前頭1	琴勇輝	12-3	該当力士なし			該当力士なし		
28年（2016）5月	該当力士なし			前頭8	御嶽海	11-4	前頭4	栃ノ心	10-5

三賞受賞力士一覧

三賞	殊勲賞			敢闘賞			技能賞		
場所（平成）	番付	しこ名	勝敗	番付	しこ名	勝敗	番付	しこ名	勝敗
28年（2016）7月	前頭5	嘉風	10-5	前頭2 前頭10	宝富士 貴ノ岩	10-5 12-3	小結	髙安	11-4
28年（2016）9月	前頭1	隠岐の海	9-6	関脇	髙安	10-5	前頭14	遠藤	13-2
28年（2016）11月	該当力士なし			前頭3 前頭15	正代 石浦	11-4 10-5	小結	玉鷲	10-5
29年（2017）1月	前頭10	貴ノ岩	11-4	小結	髙安	11-4	前頭1 前頭10	御嶽海 蒼国来	11-4 12-3
29年（2017）3月	関脇	髙安	12-3	前頭13	貴景勝	11-4	該当力士なし		
29年（2017）5月	小結	御嶽海	8-7	前頭14	阿武咲	10-5	関脇 小結	髙安 嘉風	11-4 8-7
29年（2017）7月	関脇	御嶽海	9-6	前頭8	碧山	13-2	該当力士なし		
29年（2017）9月	前頭5	貴景勝	9-6	前頭3 前頭16	阿武咲 朝乃山	10-5 10-5	関脇	嘉風	8-7
29年（2017）11月	前頭1	貴景勝	11-4	前頭12 前頭13	隠岐の海 安美錦	11-4 8-7	前頭3	北勝富士	11-4

感　謝

今回の出版にあたり、大相撲に携わる様々な方々にご協力いただきました。

公益財団法人日本相撲協会には、横綱稀勢の里関の明治神宮奉納土俵入りと、管理されている野見宿禰神社の撮影許可とご協力、協会に所有されている貴重な写真を提供していただき、誠にありがとうございました。

二所ノ関部屋には平成28年12月に取材撮影でお邪魔しました。二所ノ関親方をはじめ湊川親方、松ヶ根親方、放駒親方、青菜マネージャー、力士の皆さんに、朝稽古の様子やちゃんこ風景の撮影のご協力を賜り、ちゃんこもご馳走になりました。幕内松鳳山関には入門前後から色々なエピソードを交えてお話を聞かせていただきました。二所ノ関親方女将・日高みづえさんには、餅つき取材のお誘い、インタビューにもご協力いただき大変感謝しております。

平成29年6月には立浪部屋へ取材撮影にお邪魔しました。立浪親方はご自身の現役時代からのエピソードや楽しいお話をお聞かせくださいました。十両明生関はとても明るい人柄で、充実した内容のインタビューになりました。部屋のベテラン力士飛天龍さんをはじめ皆さんの朝稽古の撮影、稽古後のちゃんこをご馳走になりながらのお話は大変参考になりました。立浪親方女将・市川美紗子さんには、部屋を切り盛りする心得などをお聞かせいただき大変感謝しております。

大相撲に因んだ両国回向院の本多将敬副住職には敷地内の展示物や墓所、力塚をはじめ報道関係の碑についてお話を聞き、大変興味深かったです。富岡八幡宮、芝大神宮にも取材をお願いし、大相撲に関わる石碑などの撮影にご協力いただきました。蔵前神社の宮司さんはこの著書のタイトルを決めるきっかけをくださいました。

イラストレーターの内山良治さん、早い段階から決まり手のイラスト制作をしてくださり、素敵な仕上がりで楽しく分かりやすい誌面になりました。

舵社の山岸カメラマン、鈴木デザイナー、企画時から本が仕上がるまでお世話になりました。

ご協力いただいた皆様に心よりお礼を申し上げます。本当にありがとうございました。

2017年12月　桜井誠人

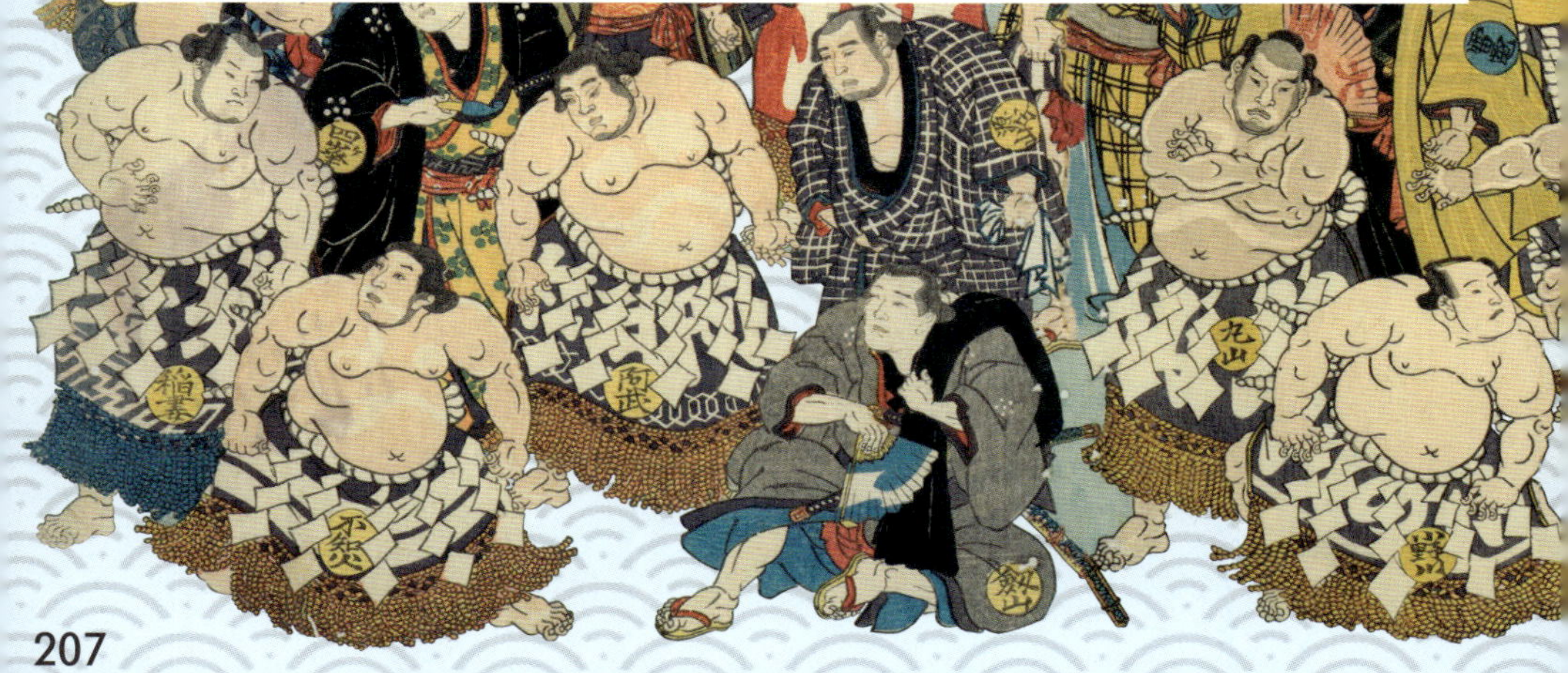

[著者紹介]

桜井 誠人（さくらい・まさと）

神奈川県横浜市在住

1967年　東京都生まれ。
2001年　株式会社舵社入社。
2017年　株式会社舵社在職中。

1978年 テレビ観戦した青葉山の取組をきっかけに大相撲ファンになり、40年近く毎場所各取組を見逃すことなくテレビ観戦または録画観戦している。東京場所では時間を見つけては国技館に足を運んでいる。大相撲に関する雑誌や書籍の蔵書は500冊以上あり、大相撲のことなら知らないことがないくらい豊富な知識を有している。

おもしろ大相撲百科

2017年12月20日第1版第1刷発行
[著　　者] 桜井誠人
[発 行 者] 大田川茂樹
[発 行 所] 株式会社　舵社
〒105-0013　東京都港区浜松町
1-2-17 ストークベル浜松町
電話：03-3434-5181（代表）
03-3434-4531（販売）
[撮　　影] 山岸重彦
[デザイン] 鈴木洋亮
[イラスト] 内山良治
[写真協力] 公益財団法人日本相撲協会
[取材協力] 二所ノ関部屋、立浪部屋

[印　　刷] 株式会社シナノ パブリッシング プレス
ISBN978-4-8072-1145-6